GUIDE VAGNON N° 7
DE TOURISME FLUVIAL

HENRI VAGNON

canaux du midi

7e Edition 1995

- GIRONDE
- GARONNE
- CANAL LATÉRAL A LA GARONNE
- BAÏSE
- CANAL DU MIDI
- CANAL DU RHONE A SÈTE
- PETIT RHÔNE

les éditions du plaisancier
B.P.27 - 69641 CALUIRE CEDEX - FRANCE
Tél 78.23.31.14
Fax 78.23.48.16

Le plus demandé des Guides Vagnon de tourisme fluvial vous propose avec la 7e édition 1995 :

- **l'itinéraire complet de Royan à Arles comprenant donc, avec le canal latéral à la Garonne et le canal du Midi, celui du Rhône à Sète et le Petit Rhône, comme dans l'édition précédente ;**
- **4 pages sur la Baïse, avec la nouvelle section ouverte à la navigation en 1993 jusqu'à Nérac ;**
- **une cartographie plus détaillée de la section du Petit Rhône allant de Saint-Gilles au Grau d'Orgon et aux Saintes-Marie de la mer, de plus en plus fréquentée par la plaisance ;**
- **une mise à jour des renseignements et de la cartographie de l'ensemble du guide, rendue nécessaire par le développement de la navigation touristique sur les canaux du Midi.**

C'est l'ouvrage indispensable aussi bien au vacancier qui a loué un bateau qu'au plaisancier qui passe de l'Atlantique à la Méditerranée avec son voilier.

C'est le plus important (132 pages) des Guides Vagnon parus à ce jour, avec la garantie de qualité et de documentation reconnue depuis longtemps à cette collection.

L'auteur du guide est Henri Vagnon qui l'a réalisé avec la collaboration de Jacky Milhe-Poutingon pour la cartographie.

Traducteurs (sauf pour les pages 53 à 56) : David Edwards-May (anglais) Konrad Nussbaum et Gerd Iltgen (allemand).

Photographies : H. Vagnon (pages 36 - 40 - 57 - 82 - 84 - 87 - 98 - 116 (3°) - 131) J. Vagnon (page 52) - J. Milhe-Poutingon (page 38) - L. Bardin (pages 68 - 69 - 70 - 72 - 75) - J. Morlot (pages 108 - 110 - 116 (2°) - 123) - J. de Blessebois (page 50) Yannick Collet ASF (page 74) - Service Maritime et de Navigation du Languedoc-Roussillon/G. Leblanc (pages 60 - 88 - 90 - 95 - 114 - 116 (1°) - 118 - 121) - P. Barnieu (page 41).

Pour les pages 53 à 56, les noms des auteurs des photographies sont indiqués au-dessous de celles-ci.

L'auteur remercie spécialement le Comité Régional de Tourisme de Midi-Pyrénées (M.M. Clary et Crispel) pour son concours à la réalisation de ce guide.

Il remercie également pour la documentation qu'ils ont aimablement fournie :

- les Ingénieurs subdivisionnaires et les fonctionnaires des Services Maritimes et de Navigation ;
- M.M. Monceyron et Dupuy (Service Maritime et de Navigation de la Gironde) ;
- M.M. Astruc, Duclos, Moulinet, Petit, Clastres (Service de la Navigation de Toulouse) ;
- M.M. Agostini, Lecœur, Izaac et Bravay (Service Maritime et de Navigation du Languedoc-Roussillon) ;
- M. Bonnefoy (Service de la Navigation de Lyon) ;
- M. Thoueilles (D.D.E. du Lot-et-Garonne) ;
- M. J. de Blessebois.

 ISBN 85.725.129.7

SOMMAIRE

CONTENTS

INHALT

ASSEMBLAGE DES CARTES DE NAVIGATION
ASSEMBLY OF NAVIGATION MAPS
ÜBERSICHT DER SCHIFFAHRTSKARTEN

Les numéros correspondent aux pages de ce guide
The figures correspond to the pages of the guide
Die Zahlen entsprechen den Seiten dieses Führers

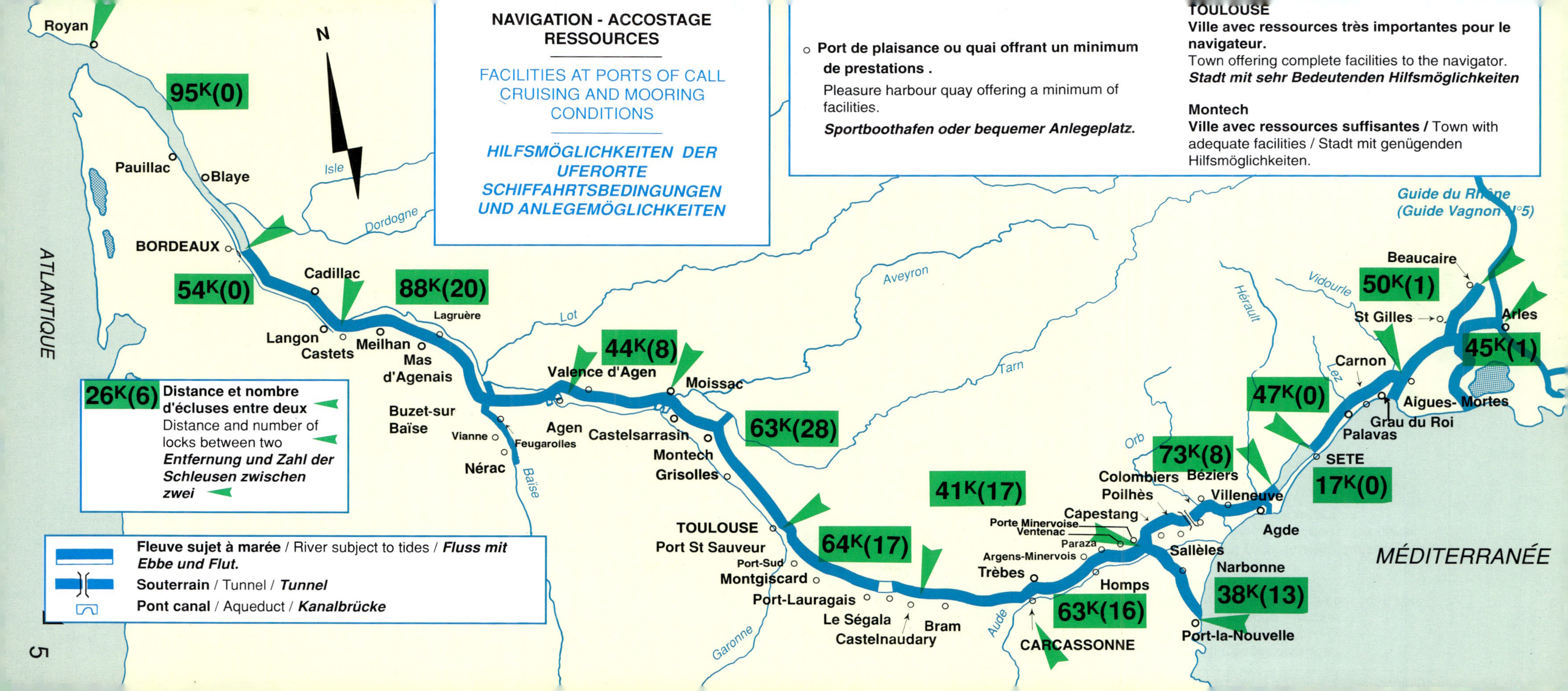
NAVIGATION - ACCOSTAGE RESSOURCES
FACILITIES AT PORTS OF CALL CRUISING AND MOORING CONDITIONS
HILFSMÖGLICHKEITEN DER UFERORTE SCHIFFAHRTSBEDINGUNGEN UND ANLEGEMÖGLICHKEITEN
Port de plaisance ou quai offrant un minimum de prestations .
Pleasure harbour quay offering a minimum of facilities.
Sportboothafen oder bequemer Anlegeplatz.
TOULOUSE
Ville avec ressources très importantes pour le navigateur.
Town offering complete facilities to the navigator.
Stadt mit sehr Bedeutenden Hilfsmöglichkeiten
Montech
Ville avec ressources suffisantes / Town with adequate facilities / Stadt mit genügenden Hilfsmöglichkeiten.
26K(6) Distance et nombre d'écluses entre deux
Distance and number of locks between two
Entfernung und Zahl der Schleusen zwischen zwei
Fleuve sujet à marée / River subject to tides / Fluss mit Ebbe und Flut.
Souterrain / Tunnel / Tunnel
Pont canal / Aqueduct / Kanalbrücke
N
ATLANTIQUE
MÉDITERRANÉE
Guide du Rhône (Guide Vagnon n°5)
Royan
Pauillac
Blaye
BORDEAUX
Cadillac
Langon
Castets
Meilhan
Lagruère
Mas d'Agenais
Buzet-sur Baïse
Vianne
Feugarolles
Nérac
Agen
Valence d'Agen
Castelsarrasin
Moissac
Montech
Grisolles
TOULOUSE
Port St Sauveur
Port-Sud
Montgiscard
Port-Lauragais
Le Ségala
Castelnaudary
Bram
Trèbes
CARCASSONNE
Argens-Minervois
Paraza
Porte Minervoise
Ventenac
Homps
Capestang
Poilhès
Colombiers
Béziers
Villeneuve
Agde
Sallèles
Narbonne
Port-la-Nouvelle
SETE
Palavas
Grau du Roi
Aigues-Mortes
Carnon
St Gilles
Beaucaire
Arles
Isle
Dordogne
Lot
Baïse
Garonne
Aveyron
Tarn
Aude
Orb
Hérault
Vidourle
Lez
95K(0)
54K(0)
88K(20)
44K(8)
63K(28)
64K(17)
41K(17)
63K(16)
38K(13)
73K(8)
47K(0)
17K(0)
50K(1)
45K(1)

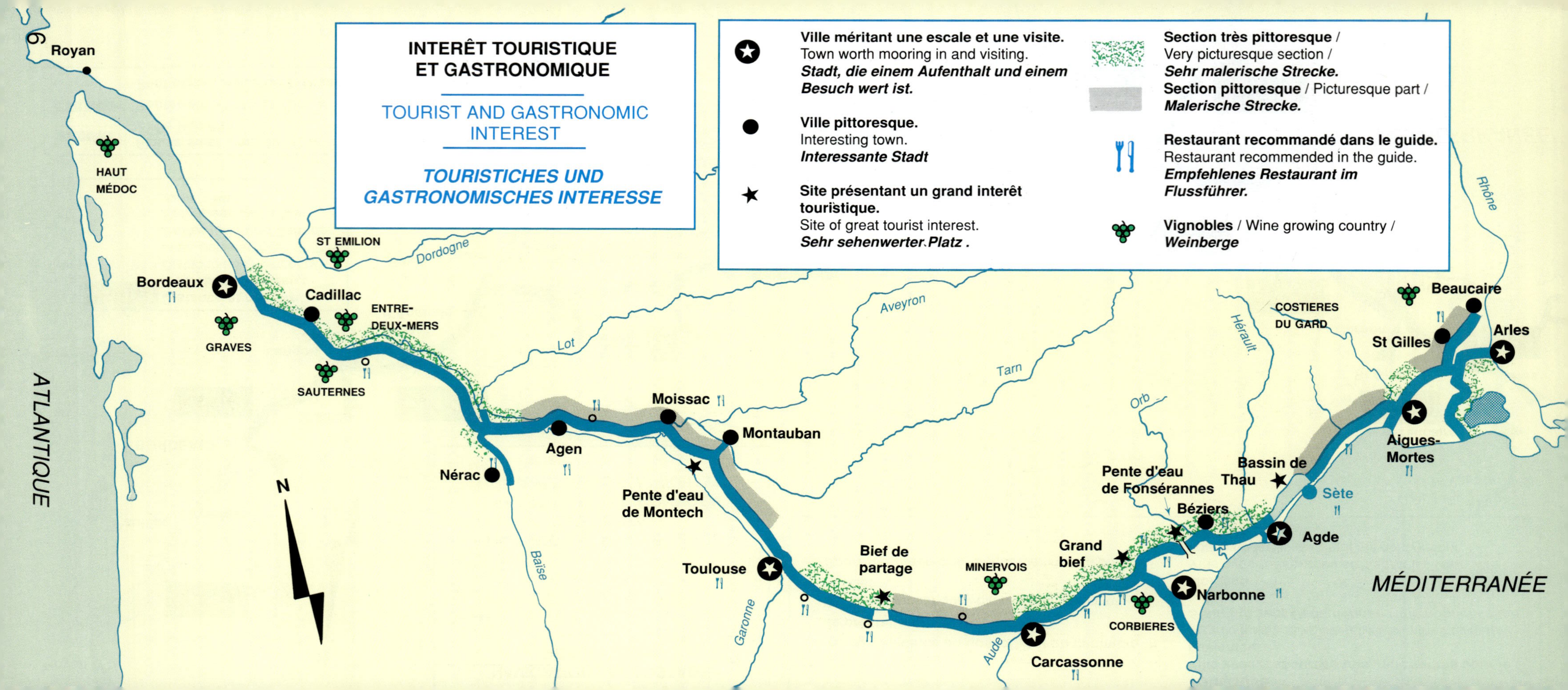
INTERÊT TOURISTIQUE ET GASTRONOMIQUE
TOURIST AND GASTRONOMIC INTEREST
TOURISTICHES UND GASTRONOMISCHES INTERESSE
Ville méritant une escale et une visite. Town worth mooring in and visiting. Stadt, die einem Aufenthalt und einem Besuch wert ist.
Ville pittoresque. Interesting town. Interessante Stadt
Site présentant un grand interêt touristique. Site of great tourist interest. Sehr sehenwerter.Platz .
Section très pittoresque / Very picturesque section / Sehr malerische Strecke.
Section pittoresque / Picturesque part / Malerische Strecke.
Restaurant recommandé dans le guide. Restaurant recommended in the guide. Empfehlenes Restaurant im Flussführer.
Vignobles / Wine growing country / Weinberge
Royan
HAUT MÉDOC
ATLANTIQUE
Bordeaux
GRAVES
ST EMILION
Dordogne
Cadillac
ENTRE-DEUX-MERS
SAUTERNES
Lot
Nérac
Baïse
Agen
Moissac
Montauban
Pente d'eau de Montech
Aveyron
Tarn
Toulouse
Garonne
Bief de partage
MINERVOIS
Aude
Carcassonne
Grand bief
CORBIERES
Narbonne
Orb
Pente d'eau de Fonsérannes
Béziers
Hérault
Bassin de Thau
Agde
Sète
COSTIERES DU GARD
St Gilles
Beaucaire
Arles
Aigues-Mortes
Rhône
MÉDITERRANÉE
N

LES CANAUX DU MIDI
et la Garonne
DE ROYAN A LA MEDITERRANEE

PRÉSENTATION GÉNÉRALE :

L'itinéraire Atlantique-Méditerranée, de Royan à Sète (ou de Royan à Port-la-Nouvelle) par la Garonne, le canal latéral à la Garonne et le Canal du Midi proprement dit, est très fréquenté par la navigation de plaisance pour les deux raisons essentielles suivantes :

- il permet de passer très rapidement (en moins de huit jours si on le désire) de l'Atlantique à la Méditerranée ou vice-versa ;

- son parcours est d'une très grande beauté et convient parfaitement au tourisme fluvial qui y connaît un essor considérable.

Cet itinéraire peut être utilement prolongé par le Canal du Rhône à Sète et le Petit Rhône, qui permettent d'éviter la dangereuse côte camarguaise et qui conviennent parfaitement, eux aussi, au tourisme fluvial.

Navigation

CARACTÉRISTIQUES TECHNIQUES

(ne comprenant pas celles du Canal du Rhône à Sète et du Petit Rhône, qui sont données à partir de la page 103)

On compte 600 km de Royan à Sète et 550 km de Royan à Port-la-Nouvelle, qui se répartissent de la façon suivante :

Voie	Itinéraire	Km.	Nombre d'écluses (1)	Nombre de sassements
Gironde et Garonne	Royan à Bordeaux	95	0	0
Garonne fluviale	Bordeaux à Castets	54	0	0
Canal latéral	Castets à Toulouse	194	53	53
Canal du Midi	Toulouse aux Onglous	240	61	90 (2)
Bassin de Thau	Onglous à Sète	17	0	0
Canal du Midi et embranchement de La Nouvelle	Toulouse à Port-La-Nouvelle	207	66	89

(1) Situation mars 1995. Le Canal du Midi comprend un certain nombre d'écluses à sas multiples (2, 3, 4 sas et une de 7 sas).

(2) 84 en empruntant la Pente d'Eau de Fonsérannes.

Autres caractéristiques fournies par l'arrêté du 1.7.85 :

VOIES CONCERNEES	LONGUEUR utile des écluses	LARGEUR utile des écluses	MOUILLAGE théorique	ENFONCEMENT ou tirant d'eau **(3)**	TIRANT D'AIR — SUR RETENUE NORMALE — Dans l'axe de navigation	TIRANT D'AIR — SUR RETENUE NORMALE — Au gabarit de 5,50 m. de largeur	TIRANT D'AIR — Sous lignes aériennes
Canal du Midi :							
- de l'étang de Thau à l'aval de l'écluse d'Argens	40,50	6,00	2,00	1,60	3,40	2,40	7,50
- d'Argens à l'écluse du Sanglier près Baziège	30,00	5,60	2,00	1,60	3,30	2,40	7,50
- d'Ayguevives à Toulouse	40,50	6,00	2,00	1,60	3,55	2,70	7,50
Canal de Brienne et descente en Garonne à Toulouse	30,00	6,00	2,00	1,60	3,85	3,55	7,50
Embranchement de Port-la-Nouvelle :							
- canal de jonction et de la Robine	40,50	5,85	1,80	1,60	3,30	2,60	7,50
- traversée de l'Aude	-	-	1,80	-	-	-	-
Traversée de l'Hérault et Hérault de Bessan à Agde	40,50	5,60	2,00	-	4,10	2,60	7,50
- canal et bras de l'écluse ronde à l'Hérault	40,50	5,60	2,00	1,60	3,70	3,50	7,50
Canal latéral à la Garonne :	40,50	6,00	2,20	1,80	3,60	3,00	7,50
- embranchement de Montauban	30,50	6,00	2,20	1,80	3,70	3,50	7,50
- descente dans le Tarn (Moissac)	30,50	6,00	2,20	-	3,70	3,20	7,50
- descente en Baïse (Buzet)	30,65	6,00	2,00	-	3,75	3,20	7,50

Pour la Garonne fluviale, dimensions autorisées : longueur 90,00, largeur 15,00, tirant d'eau 1,80 (1), tirant d'air 6,50 (2).

(1) : Chiffre susceptible d'être réduit en certains lieux, à basse mer, en période de sécheresse et à la responsabilité de l'usager.

(2) : Chiffre susceptible d'être réduit en temps de crue.

(3) : Chiffre susceptible d'être réduit en période de sécheresse.

REGLES DE NAVIGATION :

La vitesse est limitée (pour les bateaux de plaisance de moins de 20 tonnes) à :
- 25 km/heure en Garonne.
- 8 km/heure (le jour) et 6 km/heure (la nuit) sur les canaux latéral et du Midi et l'embranchement de La Nouvelle ; elle est réduite à 3 km/heure au passage sous les ponts étroits et sur les ponts-canaux.

Passage aux écluses :
Les bateaux de plaisance peuvent subir une attente pour écluser de 60 minutes, ceci pour faciliter les regroupements de bateaux aux écluses afin d'économiser l'eau.

Horaires de navigation - Ils sont fixés chaque année. Voici ceux de 1992 donnés à titre d'exemple (se renseigner sur place pour les autres années), pour les mois de juin, juillet, août et septembre :

- Canal latéral, de Castets à l'écluse 38 (Bruch)..:	6 h 30 à 19 h 30	avec arrêt de 12 h 30 à 13 h 30.
- Canal latéral, de l'écluse 37 à Toulouse...:	8 h 00 à 19 h 30	
- Canal du Midi...:	8 h 00 à 19 h 30 (18 h 30 en septembre)	

D'octobre à mai, horaires plus réduits et arrêt de la navigation certains samedis, dimanches et jours de fête (se renseigner au Service Navigation ou aux écluses).

Arrêt de la navigation pour : Pâques - 1er mai - Pentecôte - 14 juillet - 1er Novembre - 11 novembre et Noël.

Stationnement - Le stationnement de nuit des bateaux d'un tirant d'eau supérieur à 0,80 mètre dans les biefs de moins d'un kilomètre s'effectue aux risques et périls du conducteur (dans l'éventualité d'un abaissement du plan d'eau dû à une avarie à une porte d'écluse).

Stationnement interdit au-delà des portiques avancées supportant les perches de commande des écluses automatisées.

Sens conventionnel - En partant du bief de partage du Canal du Midi (page 73) : à l'Est vers la Méditerranée, à l'Ouest vers l'Atlantique.

RESSOURCES ET POINTS D'ESCALE :

Pour le ravitaillement alimentaire, de Bordeaux à la Méditerranée, les villages ne sont jamais éloignés du canal et des villes importantes offrent toutes les ressources. Toutes les indications nécessaires sont fournies sur les cartes de ce guide, tout au long du parcours. Sur le Canal du Midi, des éclusiers proposent des légumes frais, des oeufs et, dans le Minervois, des vins du pays (cartes des pages 79 et 83).

Les points d'eau sont assez nombreux : à certaines écluses, aux bases des loueurs, aux petits ports de plus en plus aménagés. Ils sont, la plupart du temps, bien signalés par des panneaux, ainsi que les poubelles.

En ce qui concerne le carburant (et notamment le gazole) on ne trouve de postes à quai qu'aux bases des sociétés de location mais elles sont nombreuses maintenant. Dans certaines localités, on peut le faire venir par camion. Mais les stations-service ne sont jamais éloignées du canal et on peut se dépanner avec des jerrycans.

Les points d'escale sont assez variés. Pontons en Garonne à Cambes, Langoiran, Cadillac, Langon, St Pierre d'Aurillac. Haltes nautiques sur le canal latéral comme à Castets, Mas d'Agenais, Lagruère, Buzet, Agen. Sur le Canal du Midi, ports de plaisance (Port-Sud et Port-Lauragais), bases des sociétés de location et des ports publics avec plus ou moins de prestations (Toulouse, Castelnaudary, Carcassonne, Trèbes, Homps, Capestang, Poilhès, Béziers, Agde, Narbonne, etc.)

Mais exception faite pour la Garonne fluviale, l'accostage sauvage, en pleine nature, est presque partout possible et constitue l'un des charmes principaux de cet itinéraire.

RENSEIGNEMENTS ADMINISTRATIFS :

De Bordeaux à Castets, la Garonne fluviale dépend du Service Maritime de la Gironde, Palais de la Bourse, Place Gabriel à Bordeaux, tél. 56.92.81.41. Ingénieurs subdivisionnaires à Bordeaux (page 29) et Cadillac (page 32).

De Castets à la Méditerranée, le canal latéral à la Garonne et le Canal du Midi dépendent du Service de la Navigation de Toulouse, 2 Port St Etienne à Toulouse, tél. 61.35.24.24. Ingénieurs subdivisionnaires à : Agen, Moissac, Toulouse, Carcassonne, Béziers. L'emplacement de leur bureau est positionné sur les cartes, de même que les conducteurs des T.P.E., qui sont sous leurs ordres.

Tourisme

UN PEU D'HISTOIRE... TOUT COURT

Un itinéraire joignant l'Atlantique à la Méditerranée, intéressant la moitié méridionale de la France, provoque forcément des rappels historiques. Citons pêle-mêle et dans le sens du voyage: l'Aquitaine et Bordeaux longtemps anglais ; Bordeaux magnifié par le règne des Intendants au 18è siècle ; la Renaissance particulièrement florissante à Agen ; les Comtes de Toulouse qui régnèrent du 9è au 13è siècles avant d'être rattachés à la couronne française ; la "Narbonnaise", province romaine dont Narbonne fut la capitale ; au 12è siècle le sang versé par les Cathares ; l'existence d'Agde du temps des Phocéens, etc... etc... Dans les villes riveraines, de nombreux monuments témoignent de ces siècles riches de sang mais aussi de civilisation.

DESCRIPTION TOURISTIQUE DU PARCOURS FLUVIAL

La croisière fluviale commence à Bordeaux par la remontée de la *Garonne* en franchissant tout de suite le Pont Saint-Jean et le pont du chemin de fer. Rempli à ras-bords par la marée, le fleuve s'étale, immensément large et très majestueux. Un double rideau de feuillage, parfois épais, parfois clairsemé, accompagnera le bateau jusqu'à Castets. Il s'entrouvre de temps en temps pour laisser apparaître des résidences secondaires de Bordelais ou des pontons d'accostage servant aux pêcheurs du coin. Des senteurs de pins parviennent au bateau. Un calme et un silence impressionnants marquent ce parcours fluvial de 50 kilomètres. Pas de navigation en sens opposé ; quelques ponts, quelques villages passent. Alors que la rive gauche est plate, des collines serrent de près la rive droite et, de Langoiran à Saint-Maixant, portent des vignes célèbres. Au pont et aux écluses de Castets s'achève cette première étape qui n'a pas manqué de charme et à présenté un caractère très différent de celui que vont offrir les canaux du Midi.

Le canal latéral qui commence à Castets déroule tout de suite une succession de biefs assez courts mais très ombragés. Il remonte la Garonne en la longeant de très près, notamment à Meilhan et à Mas d'Agenais, villages perchés sur leur côteau et dominant le feuillage de la voie d'eau. Celle-ci, plus loin, traverse la Baïse et, dans une plaine riche, se dirige vers Agen. L'arrivée à Agen est précédée d'une chaîne de quatre écluses et de la traversée d'un très long pont-canal. Puis, à l'amont de la ville, le décor devient assez inégal : industriel à la sortie d'Agen, coincé entre la voie ferrée et la route, très ombragé avant Moissac, puis encaissé dans la traversée de briques rouges de la ville. Moissac, capitale de l'art roman, offre aussi un très beau plan d'eau sur le Tarn que l'on franchit par un autre pont-canal. Après Castelsarrasin et avant l'embranchement de Montauban (recommandé au navigateur qui dispose de temps), l'amateur de technique fluviale pourra s'intéresser à la "pente d'eau" (voir page 60) qui double les écluses 15 à 11. La traversée très agréable de la forêt de Montech précède ensuite de longs biefs rectilignes très quelconques (à l'exception du passage à l'écluse de l'Hers), qui amènent à Toulouse, dans un cadre de banlieue industrielle.

A Toulouse, on prend le *Canal du Midi* en tournant à angle droit aux Ponts Jumeaux. La traversée de cette grande ville est pleine de contrastes : quais très animés, bordés de platanes, mais eau très sale. Eclusages en pleine ville, devant la gare centrale, sous l'oeil de dizaines de badauds. Port Saint-Sauveur grouillant de péniches. Puis le navigateur va découvrir le visage du Canal du Midi, assez différent de celui du canal latéral, et qu'il savourera jusqu'à la Méditerranée : voie assez étroite et très sinueuse, biefs ombragés presque en permanence, petits ponts ravissants, lavoirs avec lavandières (à ne pas mouiller), canards coupant votre route, petits villages écrasés de soleil, écluses ovales avec éclusiers à l'accent rocailleux qui ne deviendra méridional que bien plus loin, à partir de Carcassonne ou de Trèbes. Le canal monte lentement jusqu'au très joli bief de partage, véritable avenue de feuillage dans laquelle se déversent, par la "rigole", les eaux venues de la Montagne Noire. Tout près, obélisque édifié en hommage à Riquet.

Et c'est la descente vers la Méditerranée. D'abord dans une plaine de maïs, de Castelnaudary à Carcassonne où l'on arrive par une tranchée mais où un port de plaisance permet de faire escale pour aller visiter la Cité. Puis, à partir de Carcassonne et jusqu'à Béziers, l'enchantement ne quitte plus le plaisancier. Les pins commencent à Carcassonne ; le chant des cigales à Trèbes. On aborde le Minervois aux pierres dorées, à la lumière méditerranéenne, aux vignes célèbres. De gigantesques platanes, des cyprès, des pins-parasols forment une double haie continue, de part et d'autre du bateau. Dans des échancrures : au loin les Corbières, plus près la vallée de l'Aude en contrebas. Le chant des cigales, les senteurs des pins ne nous quittent plus, et un bief de 54 kilomètres permet une journée entière de navigation de rêve sans un seul arrêt, sans aucune rupture de l'envoûtement. Ce long bief de 54 kilomètres est certainement le plus beau de tous les canaux français. Les plaisanciers qui louent un bateau à Port Cassafières ou à Marseillan se doivent de la parcourir en entier avant de revenir à leur base. Ceux qui vont d'une mer à l'autre auront le bonheur de ne pouvoir l'éviter.

La plongée sur Béziers par les sept écluses de Fonsérannes ou la "Pente d'Eau" est très spectaculaire. Puis le paysage devient plus quelconque de Portiragnes à Agde. L'écluse ronde d'Agde est très curieuse, d'autant plus curieuse qu'elle n'est plus ronde, depuis les travaux d'allongement du bassin. Après avoir remonté l'Hérault sur 700 mètres, entre deux haies de feuillage, le navigateur reprend le canal pour le dernier tronçon qui le conduira au Bassin de Thau, véritable mer intérieure qui miroite au soleil du Midi. Au bout du bassin, sous le Mont Saint-Clair, ville grouillante de couleur locale, Sète lui ouvrira les portes de la Méditerranée ou celles du Rhône par le Canal du Rhône à Sète.

L'embranchement de La Nouvelle, lui, s'est détaché dans le grand bief de 54 kilomètres. Bordé, à son début, de pins-parasols et de cyprès, il permet une traversée très pittoresque de Narbonne, sous de vieilles maisons, et une arrivée le long de quais fleuris de lauriers-roses. Au-delà de Narbonne, le canal coule dans un décor très plat, entre les étangs, jusqu'à Port La Nouvelle qui permettra de prendre la mer pour la Costa Brava et la Méditerranée occidentale.

MONUMENTS ET CURIOSITÉS À VOIR

Le détail des monuments et curiosités à voir est donné dans le texte se rapportant à chaque ville de l'itinéraire.

BASE DES SOCIÉTÉS DE LOCATION :

Canal latéral à la Garonne et Baïse

- Meilhan : L'Escapade - 43 bis, rue des Salières - 33210 Langon - Tél. 56 63 06 45
- Mas d'Agenais : Rive de France - 47430 Le Mas d'Agenais - Tél. 53 20 97 17
- Buzet-sur-Baïse : Aquitaine-Navigation - 47160 Buzet-sur-Baïse - Tél. 53 84 72 50
- Agen : Locaboat-Plaisance - La Gare du Pin - 47000 Agen - Tél. 53 66 00 74
- Moissac : Moissac Navigation - Port du Canal - 82200 Moissac - Tél. 63 04 48 28
- Montech : Rive de France - 82700 Montech

Canal du Midi

- Négra : Locaboat-Plaisance (siège : quai du Port au Bois - 89300 Joigny - Tél. 86 91 72 72)
- Le Ségala : Rive de France (voir à Colombiers, ci-dessous)
- Castelnaudary : Crown Blue Line - Le Grand Bassin - BP 19 - 11400 Castelnaudary - Tél. 68 23 17 51
- Bram : Saintonge Rivières - Tél. 68 76 17 50 (siège : BP 55 - 17413 Saint-Jean d'Angely - Tél. 46 32 00 16)
- Argens-Minervois : Locaboat-Plaisance - 11200 Argens-Minervois - Tél. 68 27 03 33 - Fax 68 27 27 18 (siège : quai du Port au Bois - 89300 Joigny - Tél. 86 91 72 72)
- Homps : Camargue-Plaisance - 11200 Homps - Tél. 68 91 25 99 (siège : B.P. 8 - 34280 La Grande Motte - Tél. 67 56 83 54). Canaux de France - Tél. 67 29 15 76
- Homps (Port Minervois) : Luc Lines SA - BP 2 - 11200 Homps - Tél. 68 91 24 00 - Fax 68 91 24 11
- Le Somail : Minervois Cruisers - Le Somail - 11120 Ginestas - Tél. 68 46 28 52
- Capestang : Camargue-Plaisance - Tél. 67 56 83 54
- Colombiers - Au fil de l'Eau Sud - 34440 Colombiers - Tél. 67 37 14 23 - 42 26 42 00
- Colombiers - Rive de France - 34440 Colombiers - Tél. 67 37 14 60 (siège : 172, boulevard Berthier 75017 Paris - Tél. (1) 46 22 10 86)
- Béziers : Amica Tours - 34500 Béziers - Tél. 67 35 28 70
- Port Cassafières : Crown-Blue Line - 34420 Portiragnes - Tél. 67 90 91 70
- Agde : Nautic - Port fluvial - 34300 Agde
- Narbonne : Connoisseurs Cruisers - BP 151 - 34302 Agde Cedex - Tél. 67 94 94 20
- Narbonne : Nicols - Tél. 41 56 46 56

Canal du Rhône à Sète

Voir page 103

Gastronomie

La croisière qui permet de relier l'Atlantique à la Méditerranée commence au pied des crus fameux du Bordelais (Médoc, Graves et Sauternes rive gauche de la Garonne, Côtes de Bordeaux, Loupiac, Ste-Croix-du-Mont rive droite). Elle se termine en Languedoc, entre les crus du Minervois et des Corbières, dans une région de grande production vinicole.

Sur ce même parcours, les spécialités gastronomiques sont nombreuses. Spécialités aux vins de Bordeaux : anguilles, entrecôtes. Pruneaux d'Agen. Cassoulet de Castelnaudary. Puis, jusqu'aux confins du Languedoc, persiste la cuisine du Sud-Ouest à base de confits d'oie. En arrivant à la Méditerranée, les huîtres et les moules du Bassin de Thau (Bouzigues). Et les spécialités sétoises : bourride, encornets, tielle, rouille de sèches, moules farcies.

NOTRE SÉLECTION DES "BONNES TABLES"

Comme nous l'avons fait dans les dernières éditions des Guides Vagnon de tourisme fluvial, nous avons sélectionné, tout au long du parcours, une vingtaine de restaurants. Ceux-ci vont de la "grande table" bardée d'étoiles et de toques au petit établissement sans prétention situé au bord même du canal. Des escales très différentes donc, mais de bonnes escales !

Vous ne trouverez pas les bonnes tables rassemblées à l'intérieur d'un même chapitre mais tout au long du guide, dans la rubrique de la ville intéressée et face à la carte où elle figure. Ce mode d'utilisation est plus pratique.

La mention du restaurant est précédée chaque fois d'une barre penchée qui indique la fourchette des prix des menus, afin de choisir en conséquence :

/ (une barre) Menus de 75 à 200 F.
// (deux barres) Menus de 150 à 300 F.
/// (trois barres) A la carte de 300 à 500 F.

Il s'agit des prix pratiqués en 1994, qui peuvent être modifiés par la suite.

Enfin, pour certaines villes, nous avons indiqué des restaurants que nous n'avons pas testés mais qui peuvent utilement compléter notre sélection.

Les appréciations et les numéros de téléphone sont ceux de 1994. Ils sont susceptibles d'être modifiés ultérieurement.

Conseils pratiques

HORAIRES DES ÉCLUSES

Sur le réseau fluvial français, les écluses sont ouvertes toute l'année, sauf les cinq jours suivants : dimanche de Pâques - 1er mai - 14 juillet - 11 novembre - Noël, et sauf le dimanche sur certaines voies ou pendant les chômages (fermeture de la voie pour réparations).

Les heures d'ouverture varient en fonction de la saison. Elles sont généralement de 7 h 30 à 19 h 30 d'avril à septembre, avec un arrêt à l'heure du déjeuner. Le guide de chaque voie vous donne les horaires précis en vigueur sur cette voie. Voir page 8 de ce guide

PASSAGE D'UNE ÉCLUSE (NON AUTOMATISÉE)

1. <u>Si vous êtes montant</u>

Généralement, l'écluse est ouverte. Si elle ne l'est pas, attendre qu'elle s'ouvre en laissant sortir le bateau qui l'occupait.

A 20 ou 50 mètres avant l'écluse, débarquer un équipier qui rejoint l'écluse à pied.

Vous entrez lentement dans le bassin, en vous arrêtant assez loin des portes amont. Lancez vos amarres à l'équipier qui les passera autour des bollards. Laissez tourner le moteur, en étant débrayé.

Pendant ce temps, l'éclusier a commencé à fermer la porte aval, du côté opposé au vôtre. Avec son accord, l'équipier ferme la porte de votre côté.

Les portes aval fermées, ils se rendent tous les deux sur les portes amont pour ouvrir les vannes, les "ventelles" de ces portes par lesquelles l'eau va pénétrer dans le bassin. Attention ! Ne pas ouvrir les ventelles trop brutalement et ouvrir en premier la ventelle du côté du bateau.

L'eau monte et vous raidissez au fur et à mesure les amarres pour que le bateau ne s'écarte pas du mur de l'écluse.

Quand l'eau cesse de monter (le niveau de l'eau dans l'écluse étant celui du bief amont) et que le grondement de la chute s'est arrêté, le bateau se trouve au niveau du terre-plein de l'écluse. Eclusier et équipier ouvrent alors leur porte amont, chacun de son côté.

L'équipier passe à bord du bateau. Vous embrayez et démarrez lentement, sans heurter le musoir de l'écluse avec l'arrière du bateau.

2. <u>si vous êtes avalant</u>

Vous entrez dans l'écluse au niveau du terre-plein. L'équipier saute sur celui-ci avec les amarres qu'il passe aux bollards. Vous vous arrêtez assez loin de la porte amont, pour éviter de toucher le busc, maçonnerie immergée au fond du bassin, qui dépasse des portes amont.

Attention ! Le liston de votre bateau ne doit pas reposer sur le bord du quai. Sinon, lorsque l'eau baissera, vous resterez suspendu et vous basculerez... Surveillez bien ce point, au début de la manoeuvre tout au moins. Quand vous serez plus bas, le danger sera passé.

Pendant ce temps, l'équipier est allé fermer la porte amont, de votre côté (en s'assurant que les ventelles sont bien fermées) pendant que l'éclusier en fait autant de son côté.

Ils se rendent ensuite tous les deux sur les portes aval et ouvrent en grand les ventelles. Le niveau descend - sans remous - dans le bassin. Vous donnerez du mou aux amarres au fur-et-à-mesure de la descente.

Quand l'eau du bassin et celle du bief aval sont au même niveau, éclusier et équipier ouvrent chacun leur porte. Vous embrayez et sortez lentement. L'équipier partira à pied sur le chemin de halage et vous le récupérerez un peu plus loin.

3. <u>Quelques précisions</u>

- A la montée, dans certaines écluses, des remous très violents tentent d'écarter le bateau et de le mettre en travers. A bord, tenir très fortement les amarres...

- Pour l'équipier, la manoeuvre des ventelles peut être dangereuse en cas d'inattention. Bien enclencher la manivelle, sinon elle risque de vous échapper des mains et de vous blesser. Le système à crémaillère comporte 2 vitesses : l'une démultipliée pour l'ouverture, l'autre moins démultipliée pour la fermeture. A la première écluse, l'éclusier vous expliquera. Ensuite, vous saurez faire pour toutes les écluses suivantes.

Faire attention à ne pas faire tomber à l'eau ladite manivelle (cas fréquent). Dans ce cas, il faut la payer....

- Le passage des écluses est gratuit mais l'éclusier appréciera une cigarette ou un petit mot gentil ou des bonbons pour ses enfants.

PASSAGE D'UNE ÉCLUSE AUTOMATISÉE - Voir page 38.

D'AUTRES CONSEILS :

- Si vous avez l'intention de vous arrêter dans le bief suivant, dites-le à l'éclusier. Il préviendra l'écluse suivante qui ne vous attendra pas en vain.
- Sur les canaux et les fleuves, les bâtiments de commerce ont toujours priorité sur les bateaux de plaisance.
- Toute la réglementation fluviale est contenue dans le "Code Vagnon fluvial" de l'année, édité par les Editions du Plaisancier de même que le tableau de la signalisation fluviale.

1-2 Portes amont
3-4 Portes aval
5 Ventelle et sa crémaillère
6 Manivelles des portes
7 Bief amont
8 Bief aval
9 Busc
10 Bollards
11 Maison éclusière
12 Chemin de halage

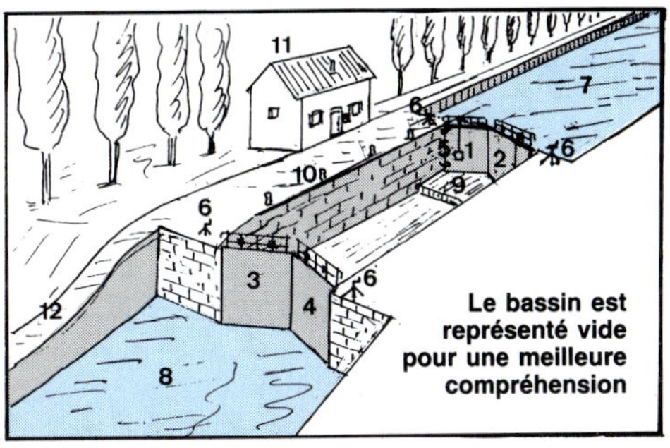

Les différents éléments d'une écluse.

ITINERARY FROM THE ATLANTIC TO THE MEDITERRANEAN

GENERAL INTRODUCTION

The itinerary from the Atlantic to the Mediterranean, from Royan to Sète or from Royan to Port-la-Nouvelle, via the Garonne, the Garonne Lateral Canal and the Canal du Midi, is heavily used by pleasure traffic, for two main reasons. First, it allows the safe and extremely rapid passage from the Atlantic to the Mediterranean or vice-versa (the through voyage can be completed in as little as a week if one is really pushed). Secondly, its route is extremely attractive and ideal for inland cruising, which has shown a remarkable increase in popularity in recent years.

Navigation

TECHNICAL CHARACTERISTICS (without Canal du Rhône à Sète)

The total length of the waterways making up the itinerary is 600 kilometres from Royan to Sète and 550 kilometres from Royan to Port-la-Nouvelle, distributed as follows:

Waterway	Route covered	Length in km.	Number of locks (1)	Number of chambers (1)
Gironde and Garonne	Royan / Bordeaux	96	0	0
Tidal Garonne	Bordeaux / Castets	54	0	0
Lateral canal	Castets / Toulouse	194	53	53
Canal du Midi	Toulouse / Les Onglous	240	61	90
Bassin de Thau	Onglous / Sète	17	0	0
Canal du Midi and La Nouvelle branch	Toulouse / Port-La-Nouvelle	207	66	89

(1) Situation in 1995. The Canal du Midi comprises a number of staircase locks (double, triple or quadruple, and in one case even septuple), which are at present being modified to allow navigation with 38.50 m barges.

<u>Other characteristics</u>

The maximum authorised dimensions for vessels on these waterways are as follows :

Waterways concerned	LENGTH of locks	WIDTH of locks	WATER DEPTH	MAXIMUM DRAUGHT (3)	AIR DRAUGHT OR HEADROOM		
					ABOVE THE NORMAL WATER LEVEL		Under power trans mission lines
					In the middle of the arch	over the navigable width of 5,50	
Canal du Midi :							
- From the Etang de Thau to downstream of Argens lock	40.50	6.00	2.00	1.60	3.40	2.40	7.50
- From Argens to Sanglier lock	30.00	5.60	2.00	1.60	3.30	2.40	7.50
- From Ayguevives to Toulouse	40.50	6.00	2.00	1.60	3.55	2.70	7.50
Canal de Brienne and locks down to the Garonne in Toulouse	30.00	6.00	2.00	1.60	3.85	3.55	7.50
Port La Nouvelle branch :							
- Canal de jonction et de la Robine	40.50	5.85	1.80	1.60	3.30	2.60	7.50
- River Aude crossing	-	-	1.80	-	-	-	-
Traversée de l'Hérault et Hérault de Bessan à Agde	40.50	5.60	2.00	-	4.10	2.60	7.50
- Canal from the round lock to the riverHérault	40.50	5.60	2.00	1.60	3.70	3.50	7.50
Garonne lateral canal	40.50	6.00	2.20	1,80	3.60	3.00	7.50
- Montauban branch	30.50	6.00	2.20	1.80	3.70	3.50	7.50
- Locks down to the river Tarn	30.50	6.00	2.20	-	3.70	3.20	7.50
- Lock down to the river Baïse	30.65	6.00	2.00	-	3.75	3.20	7.50

For the tidal Garonne above Bordeaux, maximum authorised dimensions are : length 90 m, beam 15 m, draught 1.80 m (1) and headroom 6.50 m (2).

(1) Value likely to be reduced at certain places, at low tide, during periods of drought, at the navigator's risk.

(2) Value likely to be reduced at high tide, during flood flows.

(3) Value likely to be reduced during periods of drought

NAVIGATION REGULATIONS

<u>Speed</u> is limited (for pleasure craft of less than 20 tonnes) to 25 km/h on the Garonne and to 8 km/h (by day) or 6 km/h (by night) on the Garonne Lateral and Midi canals. These maximum speeds are reduced to 3 km/h for the passage under narrow bridges and on the aqueducts.

<u>Passing locks</u> - Pleasure boats may be required to wait up to 60 minutes to pass through a lock, in order to group boats for the purpose of saving water during periods of drought.

<u>Navigation times</u> - These are fixed each year. By way of indication, here are the times for 1991 (enquire locally the following years), during the months ofJune, July, August and September.

- lateral canal, from Castets to lock 38 — 6:30 to 19:30
- lateral canal, from lock 37 to Toulouse — 8:00 to 19:30 } September 18:30
- Canal du Midi — 8:00 to 19:30 } September 18:30

with a lunch-break from 12:30 to 13:30.

From October to May, shorter times apply, and navigation is closed on certain Saturdays, Sundays and public holidays (enquire at the 'Service Navigation' or at the locks).

Public holidays when navigation is closed : Easter Sunday, 1st May, Whitsunday, 14th July, 1st November, 11 th November, Christmas Day.

Mooring :

Overnight mooring of boats with a draught of more than 0.80 m in pounds less than 1 kilometre long is at the risk and peril of the navigator.

Direction considered conventionally as 'downstream' - from the summit level of the Canal du Midi (page 73) : eastwards down to the Mediterranean, and westwards down to the Atlantic.

Waterway authority ('Service Navigation') :

From Bordeaux to Castets : Service Maritime, Palais de la Bourse, Place Gabriel, 33000 Bordeaux, tél. 56.92.81.41.

From Castets to the Mediterranean : Service de la Navigation de Toulouse, 2 Port Saint-Etienne, 31000 Toulouse, tél. 61.36.24.24.

MOORINGS AND FACILITIES

For taking on provisions, from Bordeaux to the Med, villages are never far from the canal, and there are a number of large towns offering all facilities. All necessary indications are given in the guide, throughout the itinerary. The lock-keepers on the Canal du Midi offer fresh vegetables and eggs for sale, and those in the Minervois have the local wines.

There are sufficient water points, mostly well indicated by signs, as well as refuse bins.

Regarding fuel (and especially diesel), the only quayside fuelling points are those at the boat hire bases. In certain places it is possible to have diesel delivered by tanker lorry. Otherwise, service stations are never far from the canal, and fuel can be purchased in jerrycans to tide over.

Mooring conditions vary widely. There are pontoon moorings on the Garonne at Cambes, Langoiran, Cadillac, Langon and St Pierre d'Aurillac, and special pleasure boat moorings on the lateral canal, as at Castets, Le Mas d'Agenais, Lagruère, Agen and Moissac, while on the Canal du Midi, there are the marina at Port-Sud, numerous hire bases, and a number of ports offering varying service and facilities (Toulouse, Port-Lauragais, Castelnaudary, Carcassonne, Trèbes, Homps, Argens, Béziers, Agde and Narbonne).

However, mooring in the countryside is also possible virtually everywhere (except on the tidal Garonne), and this possibility is one of the chief attractions of the itinerary.

Tourism

DESCRIPTION OF ITINERARY

Cruising up the **Garonne** from Bordeaux, the navigator can see the slopes which bear the reputed Bordeaux vineyards (Barsac, Loupiac, Sauternes), interspersed with views of wooded escarpments. The scenery is pleasant, making a restful cruise with the flood up to Castets.

The **Lateral Canal**, which begins at Castets, then takes the navigator through a succession or remarkably shaded pounds, between the slopes and the Garonne, crosses the river on a long aqueduct at Agen, passes through the middle of Moissac, a centre of Roman art and then, still following the Garonne, reaches Toulouse and the junction with the Canal du Midi.

The **Canal du Midi** is characterised at first by the tree-shaded (but noisy) passage through the city of Toulouse. It then climbs gradually through the Lauragais region to the Naurouze summit. The summit level is very beautiful, an avenue completely enclosed by thick foliage. Then there is the descent to Castelnaudary, the town of "cassoulet" (a dish consisting of beans and pieces of goose, duck and pork), and Carcassonne, through a fertile maze-growing plain. The navigator should pause at the marina in Carcassonne to visit the famous medieval city, surrounded by its fortification towers and ramparts. Then, between Carcassonne and Béziers, comes the most beautiful part of the voyage, through the Minervois and Corbières wine-growing regions, in the golden light of the Languedoc and with the constant background chirping of the cicadas. The canal winds its leisurely course between two rows of trees 300 years old, plane trees, cypress trees and umbrella pines. After Béziers and Agde, with its unique circular lock, the canal emerges into the Etang de Thau, which is already the Mediterranean, shimmering under the hot sun of the South of France.

MONUMENTS AND SITES

Details of the monuments and sites to visit are given on the following pages, at the end of the text describing each town on the itinerary.

BOAT HIRE FIRMS : see addresses in French text on page 10

Gastronomy

The cruise which takes the yachtsman or boatowner from the Atlantic to the Mediterranean begins at the foot of the famous Bordeaux vineyards and ends in Languedoc, another region producing large quantities of wine : the cruise will start in the environment of Graves, Sauternes, Côtes de Bordeaux and Loupiac, and end in that of Minervois and Corbières.

Gastronomic specialities are also numerous on this itinerary.

OUR SELECTION OF GOOD RESTAURANTS

As in all recent editions of the Vagnon cruising guides, we have selected a dozen restaurants throughout the itinerary, ranging from top-class restaurants to small village restaurants without pretentions. In all cases, the meal will make the stop worthe while.

An innovation in this new edition - the 'recommended restaurants' are indicated not in a single feature, but throughout the guide, under the description of the town concerned and opposite the appropriate map. This should prove more convenient for readers.

The restaurant reference is preceded in each case by one, two or three slashes, indicating the range of prices (1994 prices) :

Finally, for certain towns, we have indicated restaurants that have not been tested but which usefully complement our selection.

/	(one slash)	Menus from FF 75 to FF 200.
//	(two slashes)	Menus from FF 150 to FF 300.
///	(three slashes)	'A la carte' from FF 300 to FF 500.

The appreciations, telephone numbers are those of 1994. They may have changed since then.

Practical advice

LOCK OPERATING TIMES

On the French waterway network, locks are open throughout the year, except for the following five days : Easter Sunday, 1st May, 14th July, 11th November and Christmas Day, as well as Sundays on certain waterways, and during stoppages (closure of the waterway for maintenance and repairs).

The opening times vary according to the season. They are generally 8:00 to 19:30 from April to September, with a pause of one hour at lunch-time. The guide to each waterway gives the exact times applicable.

PASSING THROUGH A LOCK (non-automatic)

1. Heading upstream

The lock will generally be open. If not, wait until it opens and the boat from the other direction comes out.

Between 20 and 50 metres before reaching the lock, set down on the bank a member of the crew, who will walk up to the lock.

Proceed slowly into the lock chamber, stopping well short of the upstream gates. Throw your lines to the crew member on the lock side, who will pass them round the bollards. Keep the engine running, out of gear.

In the meantime, the lock-keeper has started closing the downstream gate on the opposite side to yours. With his agreement, your crew member can close the gate on the boat's side.

Once the downstream gates have been closed, both lock-keeper and crew(wo)man proceed on to the upstream gates to open the sluices or 'paddles' in these gates, through which the lock will be filled from the upstream pound. Be careful not to open the paddles too quickly, and start by raising the one on the same side as the boat.

As the lock fills, keep the mooring lines tight, so that the boat does not drift away from the lock wall.

When the water stops rising (the level in the lock then being the same as in the upstream pound) and the roar of the inflowing water ceases, the boat is above the level of the lock side. Lock-keeper and crew then open the upstream gates, each on the same side as before.

The crew then board the boat again. You engage forward gear and proceed slowly, taking care not to hit the corner of the lock with the boat's stern.

2. Heading downstream

You enter the lock above the level on the lock-side. A member of the crew jumps off the boat with the lines, which he passes round the bollards. Stop some distance from the upstream gates, so that the boat remains clear of the submerged masonry gate sill as the level drops.

Take care also to ensure that the beading or strake does not get caught on the lock-side ; otherwise, as the water drops the boat will be suspended and overturn. Pay close attention to this point, especially at the beginning of the manoeuvre. When the water has started lowering, there will no longer be any risk.

In the meantime, the crew member will have closed the upstream gate on the side of the boat (ensuring that the gate paddle has been closed), while the lock-keeper does the same on his side.

They then both proceed to the downstream gates and open the paddles completely. The level drops in the lock chamber, without turbulence. Be sure simply to slacken the lines progressively as the lock empties.

When the water in the chamber has reached the level of the lower pound, the crew member and lock-keeper each open the gate on their side. Engage gear and proceed slowly out of the lock.

The crew member will usually walk down the towpath to be picked up at a convenient point along the bank.

3. A few hints

- Certain locks are subject to heavy turbulence as they fill, tending to force the boat away from the lock side and across the chamber. Those holding the lines on board must be sure to keep the lines taut.
- For the crew member on lock duty, handling the paddle gear can be dangerous if certain simple precautions are not taken. Hold the windlass firmly, otherwise it might slip out of your hands and injure you. The paddle gear has two speeds, a 'slow' speed, geared down to facilitate opening, and a higher speed for closing. This will be explained to you by the lock-keeper at the first lock encountered. You will then know how to tackle all the others.
- Be especially careful not to drop the windlass into the water (a frequent occurrence). Otherwise, you will have to pay for its replacement.
- There is no charge for passing through locks, but the lock-keeper will doubtless appreciate a cigarette or some kind words, or perhaps some sweets for his or her children.

PASSING THROUGH AN AUTOMATIC LOCK - see page 40.

OTHER ADVICE :

- If you intend to stop in the next pound, tell the lock-keeper, who will then advise the next lock-keeper, who will thus not have to wait unnecessarily.
- On canals and rivers, commercial traffic always has priority over pleasure boats.
- All the regulations for inland navigation are contained in the Vagnon 'waterway code' (Code Fluvial) for the year, published by Editions du Plaisancier, together with the complete table of navigation signs and signals.

1-2 Upstream gates
3-4 Downstream gates
5 Paddle and its operating gear
6 Gate windlasses
7 Upstream pound
8 Downstream pound
9 Upstream gate sill
10 Bollards
11 Lock-keeper's house
12 Towpath

The different parts of a lock.

REISEBESCHREIBUNG VOM ATLANTIK ZUM MITTELMEER

ALLGEMEINE ÜBERSICHT

Der Reiseweg vom Atlantik zum Mittelmeer, von Royan nach Sète oder von Royan nach Port-La-Nouvelle, über die Garonne, den Garonne-Seitenkanal und den Canal du Midi wird sehr häufig von der Sportschiffahrt befahren, und zwar hauptsächlich aus den beiden folgenden Gründen :

- er erlaubt es, sehr schnell (in weniger als 8 Tagen, wenn man will) und gefahrlos vom Atlantik zum Mittelmeer zu gelangen oder umgekehrt ;

- sein Fahrtverlauf ist wunderschön und harmonisiert völlig mit dem Wassertourismus, der hier einen beachtlichen Aufschwung nimmt.

Schiffahrt

TECHNISCHE BESCHREIBUNG

Die Entfernung von Royan nach Sète beträgt 600 Kilometer und von Royan nach Port-La-Nouvelle 550 Kilometer, die sich wie folgt aufteilen :

WASSERWEG	Fahrtstrecke	Km.	Anzahl der Schleusen (1)	Anzahl der Schleusungen (1)
Gironde und Garonne	Royan / Bordeaux	95	0	0
Garonne fluviale	Bordeaux / Castets	54	0	0
Canal latéral	Castets / Toulouse	194	53	53
Canal du Midi	Toulouse / Onglous	240	61	90
Bassin de Thau	Onglous / Sète	17	0	0
Canal du Midi et embranchement de La Nouvelle	Toulouse / Port-La-Nouvelle	207	66	89

(1) Situation in 1995. Der Canal du Midi weist eine gewisse Anzahl Schleusen mit mehreren Schleusenkammern auf (2, 3, 4 Schleusenkammern, und eine Schleuse mit 7 Kammern), an denen Änderungsarbeiten ausgeführt werden.

Weitere technische Angaben

Betreffende Wasserstrassen	LÄNGE der Schleusen	BREITE der Schleusen	Wassertiefe	Eintauchung oder Tiefgang	SCHIFFSHÖHE ÜBER WASSER: BEI NORMALSTAU: in der Achse des Bauwerks	SCHIFFSHÖHE ÜBER WASSER: BEI NORMALSTAU: bei einer Schiffsbreite von 5.50Meter	SCHIFFSHÖHE ÜBER WASSER: -Unter Freileitungen
Canal du Midi :							
- vom Strandsee von Thau bis unterhalb der Schleuse Argens.................................... ...	40,50	6,00	2,00	1,60	3,40	2,40	7,50
- von Argens bis zur Schleuse Sanglier.......	30,00	5,60	2,00	1,60	3,30	2,40	7,50
- von Ayguevives bis Toulouse....................	40,50	6,00	2,00	1,60	3,55	2,70	7,50
Canal de Brienne und Abstieg in die Garonne inToulouse..................................	30,00	6,00	2,00	1,60	3,85	3,55	7,50
Zweigkanal von Port-la-Nouvelle :							
- Canal de jonction et de la Robine..............	40,50	5,85	1,80	1,60	3,30	2,60	7,50
- Querung des Flusses Aude.......................	-	-	1,80	-	-	-	-
Traversée de l'Hérault et Hérault de Bessan à Agde..	40,50	5,60	2,00	-	4,10	2,60	7,50
- Kanal von der Runden Schleuse zum Hérault..	40,50	5,60	2,00	1,60	3,70	3,50	7,50
Seitenkanal der Garonne :	40,50	6,00	2,20	1,80	3,60	3,00	7,50
- Zweigkanal nach Montauban....................	30,50	6,00	2,20	1,80	3,70	3,50	7,50
- Abstieg in den Tarn (Moissac).................	30,50	6,00	2,20	-	3,70	3,20	7,50
- Abstieg in den Baïse (Buzet)....................	30,65	6,00	2,00	-	3,75	3,20	7,50

.Für den Fluss Garonne, höchstzulässige Abmessungen : Länge 90 ,00 Meter, Breite 15,00 Meter, Tiefgang 1,80 Meter (1), Schiffshöhe 6,50 Meter (1).

(1) Diese Zahlen können an gewissen Orten unterschritten werden, bei Niedrigwasser, in Zeiten von Trockenheit. Sie liegen in der Verantwortung des Schiffsführers.

VORSCHRIFTEN FÜR DIE SCHIFFAHRT

Die Geschwindigkeit ist beschränkt (für Sportboote unter 20 Tonnen) auf 25 Stunden-Kilometer auf der Garonne, sowie auf 8 Stunden-Kilometer (bei Tag) und 6 Stunden-Kilometer (bei Nacht) auf dem Garonne-Seitenkanal und dem Canal du Midi. Sie darf 3 Stunden-Kilometer nicht überschreiten bei engen Brückendurchfahrten und auf Kanalbrücken.

Schleusendurchfahrt - Die Sporboote können vor der Schleuse eine Wartezeit von 60 Minuten erfahren. Sie dient dazu, die Zusammenstellung der Boote in der Schleuse so vorzunehmen, dass Schleusungswasser gespart wird.

Schiffahrtszeiten - Sie werden jedes Jahr festgelegt. Hier folgen als Beispiel die Zeiten von 1991 für die Monate Juni bis September (für die folgenden Jahre muss man sich an Ort und Stelle erkundigen) :

- Seitenkanal, von Castets bis Schleuse 38 — 6.30 bis 19.30 Uhr
- Seitenkanal, von Schleuse 37 bis Toulouse — 8.00 bis 19.30 Uhr } 18.30 Uhr
- Canal du Midi — 8.00 bis 19.30 Uhr } in September

mit einer Mittagspause von 12.30 bis 13.30 Uhr.

Von Oktober bis Mai sind die Zeiten verkürzt und an gewissen Samstagen, Sonn - und Feiertagen sind die Schleusen ausser Betrieb, (sich bei der Schiffahrtsverwaltung oder an den Schleusen erkundigen).

Schleusenruhe : Ostern - 1. Mai - Pfingsten - 14. Juli - 1. November - 11. November - Weihnachten.

Stilliegen

Das nächtliche Stilliegen von Booten mit einem grösseren Tiefgang als 0,80 Meter in Stauhaltungen von weniger als einem Kilometer Länge geschieht auf eigene Gefahr des Schiffsführers.

Festgelegte Fahrtrichtung

Vom Beginn der Scheitelhaltung des Canal du Midi (Seite 73) : nach Osten zum Mittelmeer, nach Westen zum Atlantik.

Schiffahrtsverwaltung

Von Bordeaux nach Castets : Service Maritime, Palais de la Bourse, Place Gabriel, 33000 Bordeaux, tél. 56.92.81.41.

Von Castets bis zum Mittelmeer : Service de la Navigation de Toulouse, 2 Port Saint-Etienne, 31000 Toulouse, tél. 61.36.24.24.

HILFSMÖGLICHKEITEN UND ZWISCHENHALTE

Zur Ergänzung der Verpflegung liegen die Dörfer zwischen Bordeaux und dem Mittelmeer nie weit vom Kanal und bedeutende Städte bieten alle Hilfsmöglichkeiten. Alle notwendigen Hinweise sind in diesem Führer auf der ganzen Länge des Reisewegs angegeben. Auf dem Canal du Midi bieten die Schleusenwärter frisches Gemüse und Eier an, im Minervois auch Landweine.

Wasserzapfstellen sind ziemlich zahlreich. Sie werden meist gut durch Schilder bezeichnet, ebenso wie die Müllbehälter.

Was Treibstoff anbelangt (besonders Diesel) so findet man Tankstellen am Kai nur in den Stützpunkten der Charter-Firmen. In einigen Orten kann man Treibstoff mit Lastwagen anliefern lassen. Aber die Tankstellen sind nie weit vom Kanal entfernt und man kann sich mit Kanistern aus der Verlegenheit helfen.

Die Orte für einen Zwischenhalt sind sehr verschieden. Pontons gibt es an der Garonne in Cambes, Langoiran, Cadillac, Langon, St Pierre d'Aurillac. Nautische Stützpunkte auf dem Seitenkanal, wie in Castets, Mas d'Agenais, Lagruère, Agen, Moissac. Auf dem Canal du Midi den Sporthafen in Port-Sud, zahlreiche Stützpunkte der Charter-Firmen und Häfen mit verschiedenen Dienstleistungen (Toulouse, Port-Lauragais, Castelnaudary, Carcassonne, Trèbes, Homps, Béziers, Agde, Narbonne).

Aber mit Ausnahme des Flusses Garonne ist das wilde Anlegen mitten in der Natur fast überall möglich und bietet einen der grössten Reize auf dieses Fahrt.

Tourismus

GESCHICHTLICHER ÜBERBLICK

Bereits die Römer hatten daran gedacht, Atlantik und Mittelmeer durch einen Kanal zu verbinden, und noch jahrhundertelang nach ihnen beschäftigte man sich damit. Aber erst 1666 erhielt der Baron Paul Riquet, der für das Problem der Wasserspeisung der Scheitelhaltung eine Lösung gefunden hatte, die Genehmigung, den Canal du Midi herzustellen, von Toulouse zum Mittelmeer. Er beschaffte teilweise dessen Baukosten, richtete sich zugrunde und starb 6 Monate vor der Einweihung des Kanals, die 1681 stattfand.

Zwischen 1777 und 1789 wurds die Verbindung zwischen dem Canal du Midi und Narbonne geschaffen.

Von Bordeaux nach Toulouse blieb die Schiffahrt auf der Garonne unsicher. Um hier Abhilfe zu schaffen wurde von 1830 bis 1856 der Seitenkanal hergestellt, der in Castets beginnt, an der oberen Grenze der Gezeiten.

TOURISTISCHE BESCHREIBUNG

Von Bordeaux färht man die Garonne stromauf und man kann vom Fluss aus bewaldete Steilhänge sehen und berühmte Weinlagen des Bordelais (Barsac, Loupiac, Sauternes). Eine sehr erholsame Fahrstrecke, man muss sie bis Castets mit dem Flutstrom machen.

Der Seitenkanal, der in Castets beginnt, entfaltet dann eine Folge sehr schattiger Kanalhaltungen zwischen den Hängen und der Garonne, überquert den Fluss auf der sehr langen Kanalbrücke in Agen, führt an Moissac vorbei, einem bedeutenden Ort römischer Kunst, folgt immer der Garonne und endet in Toulouse, wo der Canal du Midi beginnt.

Der Canal du Midi steht zu Beginn unter dem Einduck der schattigen (aber sehr schmutzigen). Durchfahrt durch die Grosstadt Toulouse. Er steigt dann langsam durch das Lauragais bis auf den Sattel von Naurouze. Die Scheitelhaltung ist sehr schön, unter einer Grünallee. Dann folgt der Abstieg nach Castelnaudary (Land des "Cassoulet") und Carcassonne, in eine fruchtbare Ebene, in der Mais angepflanzt wird. Es empfiehlt sich in Carcassonne Halt zu machen (im Sportboothafen) um die berühmte Altstadt aus dem Mittelalter zu besichtigen, die von ihren Bollwerken und Türmen umgeben ist. Dann breitet sich von Carcassonne nach Béziers die schönste Strecke der Reise aus, zwischen Minervois und Corbières, im goldenen Licht des Languedoc, beim Gesang der Zikaden. Der Kanal zieht durch 2 Reihen 300 Jahre alter Bäume, Platanen Zypressen, Pinien. Nach Béziers, nach Agde mit seiner eigenartigen runden Schleuse mündet der Kanal in das Seebecken von Thau, das schon zum Mittelmeer gehört, das in der Sonne des Midi glänzt.

BAUDENKMÄLER UND SEHENSWÜRDIGKEITEN :

Einzelheiten über Baudenkmäler und Sehenswürdigkeiten werden auf den folgenden Seiten angegeben, am Ende der Beschreibung der einzelnen Städte.

CHARTER-FIRMEN

Siehe die Liste auf Seite 10 unter "Bases de location".

Gastronomie

Die Flusskreuzfahrt, die vom Atlantik zum Mittelmeer führt, beginnt am Fuss berühmter Weinlagen des Bordelais und endet im Languedoc, in einem grossen Weinanbaugebiet : einmal Graves, Sauternes, Côtes de Bordeaux, Loupiac ; dann Minervois und Corbières.

Auch die gastronomischen Spezialitäten sind auf dieser Reise zahlreich. Spezialitäten zu den Weinen von Bordeaux : Aale, Rippenstücke. Backpflaumen von Agen. Bis zum Languedoc ist es die Küche des Südwestens, auf der Grundlage von Gänseleber. Cassoulet von Castelnaudary (Eintopf von Bohnen, Gänse-, Enten- und Schweinefleisch). Dann die Austern und die Muscheln des Strandsees von Thau (Bouzigues) und die Spezialitäten von Sète : Bourride, Encornets, Tielle, Rouille von Tintenfisch, gefüllte Muscheln.

UNSERE RESTAURANT-EMPFEHLUNGEN

Wie wir es schon in den letzten Ausgaben der Vagnon-Flussführer machten, so haben wir auch hier entlang des ganzen Reisewegs ein Dutzend Restaurants ausgewählt : "grosse Häuser" und kleine anspruchslose Gaststätten. In allen Fällen ein lohnenswerter Besuch.

Neu dieses Jahr : Sie finden die Feinschmeckerrestaurants entlang der gesamten Route in den Abhandlungen der einzelnen Städte mit den entsprechenden Lageplänen. Die Auswertung des Führers wurde somit praktischer gestaltet.

Dem Hinweis auf ein Restaurant geht jeweils ein Schrägstrich voraus, der auf die jeweils praktizierte Preisspanne hinweist (1994).

/	(ein Schrägstrich)	Menüs von 75 bis 200 FF.
//	(zwei Schrägstriche)	Menüs von 150 bis 300 FF.
///	(drei Schrägstriche)	Nach Karte von 300 bis 500 FF.

Die Preise wurden 1994 notiert und sind im Laufe der Zeit eventuellen Änderungen unterworfen.

Für einige Städte haben wir Restaurants angegehen, die wir zwar nicht getestet haben, aber die unsere Auswahl nützlicherweise vervollständigen können.

Die Bewertungen, die Telefon-Nummern und die Schliessungszeiten gelten für 1992 Sie können sich seitdem geändert haben.

Praktische Ratschläge

SCHLEUSENZEITEN

Auf dem Netz der französischen Wasserstrassen sind die Schleusen ganzjährig offen, mit Ausnahme der folgenden 5 Tage : Oster-Sonntag, 1. Mai, 14. Juli, 11. November, Weihnachten, und mit Ausnahme sonntags auf bestimmten Wasserwegen, sowie während der "chômages" (Schliessung der Wasserstrasse wegen Reparaturarbeiten).

Die Öffnungszeiten sind je nach der Jahreszeit verschieden. Im allgemeinen gehen sie ab April bis September von 7,30 bis 19,30 Uhr, mit einer Unterbrechung zur Mittagszeit. Der "Führer" einer jeden Wasserstrasse gibt Ihnen die genauen Zeiten an, die auf der jeweiligen Wasserstrasse gelten.

DURCHFAHRT DURCH EINE (NICHT AUTOMATISIERTE) SCHLEUSE

1. Auf der Bergfahrt

Im allgemeinen steht die Schleuse offen. Wenn nicht, so wartet man bis die Schleuse sich öffnet und das geschleuste Schiff ausfährt.

Auf 20 bis 50 Meter vor der Schleuse ein Besatzungsmitglied an Land setzen, das zu Fuss zur Schleuse geht.

Langsam in die Schleusenkammer einfahren und mit ziemlichen Abstand vor den oberen Toren anhalten. Werfen Sie dem Besatzungsmitglied Ihre Leinen zu, die dieser dann um die Poller legt. Lassen Sie den Motor ausgekuppelt mitlaufen.

Inzwischen hat der Schleusenwärter damit begonnen, das gegenüberliegende untere Tor zu schliessen. Mit seiner Zustimmung schliesst Ihr Besatzungsmitglied das untere Tor an Ihrer Seite.

Wenn die unteren Tore geschlossen sind, gehen beide zu den oberen Toren, um die Schieber zu öffnen, die "Schützen" dieser Tore, durch welche das Wasser nun in die Schleusenkammer strömt. Achtung ! Die Schieber nicht zu heftig öffnen und zuerst den Schieber an der Seite öffnen, an der das Boot liegt.

Das Wasser steigt nun und Sie holen die Leinen soweit durch, dass das Boot immer an der Schleusenwand bleibt.

Wenn das Wasser nicht weiter steigt (bei Gleichstand in der Schleuse und im Oberwasser) und wenn das Rauschen des einlaufenden Wassers aufhört, dann befindet sich das Boot in gleicher Höhe wie das Schleusengelände. Schleusenwärter und Ihr Besatzungsmitglied öffnen nun jeder an seiner Seite das obere Tor.

Ihr Besatzungsmitglied kommt wieder an Bord. Sie kuppeln ein und fahren langsam los, ohne mit dem Heck an die Schleusenmauer zu stossen.

2. <u>Auf der Talfahrt</u>

Sie fahren in gleicher Höhe wie das Schleusengelände in die Schleuse ein. Das Besatzungsmitglied springt mit den Leinen an Land und legt sie um die Poller. Sie halten mit ziemlichen Abstand von den oberen Toren an, um ein Aufkommen auf die Schleusenschwelle zu vermeiden, deren Mauerwerk unter Wasser in die Schleusenkammer hinein ragt.

Achtung ! Die Scheuerleiste Ihres Bootes darf nicht auf der Ufermauer aufliegen. Sonst bleiben Sie beim Abschleusen hängen und kippen...

Achten Sie besonders auf diesen Punkt, zumindest bei Beginn des Abschleusens. Wenn Sie dann tiefer sind, ist die Gefahr vorbei.

Inzwischen hat das Besatzungsmitglied das obere Tor an der Seite geschlossen, an der das Boot liegt (wobei er sich davon überzeugt, dass die Schieber völlig geschlossen sind), während der Schleusenwärter das Gleiche an seiner Seite erledigt.

Nun gehen beide zu den unteren Toren und öffnen die Schieber ganz. Der Wasserspiegel sinkt in der Kammer, ohne Schwall. Geben Sie dabei den Leinen entsprechend Lose.

Wenn der Wasserspiegel in der Kammer und im Unterwasser gleich ist, öffnen Schleusenwärter und das Besatzungsmitglied das jeweilige Tor. Kuppeln Sie ein und fahren langsam aus der Schleuse.

Das Besatzungsmitglied geht nun zu Fuss auf den Treidelweg und Sie nehmen ihn in der Nähe wieder an Bord.

3. <u>Einige notwendige Anmerkungen</u>

- Bei der Hochschleusung entsteht in bestimmten Schleusen ein sehr heftiger Schwall, der das Boot von der Schleusenwand wegziehen und quer legen kann. Also an Bord die Leinen kräftig halten.

- Für das Besatzungsmitglied kann das Bedienen der Schieber bei Unaufmerksamkeit gefährlich sein. Die Kurbel gut einrücken, sonst kann diese Ihnen aus den Händen gleiten und Sie verletzen. Bei der Bedienung der Zahnstangen gibt es 2 Geschwindigkeiten : eine untersetzte für das Öffnen, die andere weniger untersetzte für das Schliessen. Der Schleusenwärter wird es Ihnen an der ersten Schleuse erklären. Dann können Sie es für alle folgenden Schleusen.

- Lassen Sie die erwähnte Kurbel nicht ins Wasser fallen (geschieht oft). Dann muss man sie bezahlen...

- Das Durchfahren der Schleusen ist kostenlos, aber der Schleusenwärter freut sich über eine Zigarette, ein nettes Wort oder über Bonbons für seine Kinder.

DURCHFAHRT DURCH EINE AUTOMATISCHE SCHLEUSE - SIEHE SEITE 40.

WEITERE RATSCHLÄGE

- Wenn Sie in der anschliessenden Stauhaltung anhalten wollen, so sagen Sie es dem Schleusenwärter. Er unterrichtet die folgende Schleuse, damit diese nicht vergebens wartet.

- Auf den Kanälen und Flüssen haben die Güterschiffe immer Vorfahrt vor den Sportbooten.

- Die gesamten Vorschriften für den Verkehr auf den Binnenwasserstrassen findet man im "Code Vagnon fluvial". Dieser wird jährlich von den Editions du Plaisancier heraus gegeben, ebenfalls eine Schautafel mit bildlicher Darstellung der Zeichen und Lichter für den Verkehr auf den Binnenwasserstrassen.

1-2 Obere Tore
3-4 Unter Tore
5 Schieber mit Zahnstange
6 Kurbeln für die Schleusentore
7 Obere Stauhaltung
8 Untere Stauhaltung
9 Schleusenschwelle
10 Poller
11 Schleusenhaus
12 Treidelweg

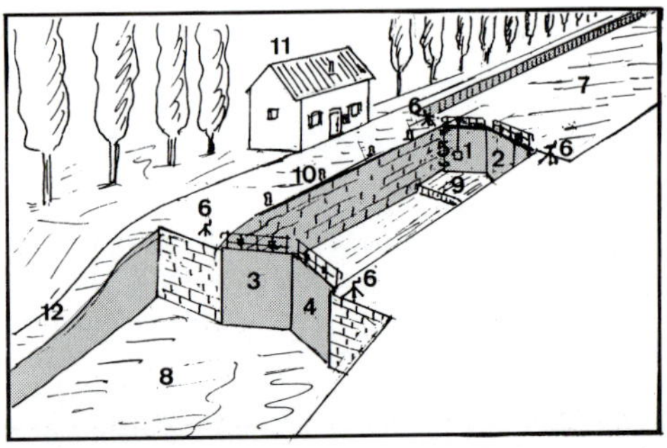

Die Gundbegriffe einer Schleuse.

TEXTES
ET CARTES DE NAVIGATION
TEXTS
AND NAVIGATION MAPS
ERLÄUTERUNGEN
UND SCHIFFAHRTSKARTEN

(Voir à partir de la page 101, le Canal du Rhône à Sète et le Petit Rhône).

L'amateur de tourisme fluvial qui a loué un bateau sur le Canal latéral à la Garonne se reportera directement aux pages 36 à 64.

Celui qui désire naviguer sur le Canal du Midi se reportera aux pages 65 à 100.

Celui qui va emprunter le Canal du Rhône à Sète se reportera aux pages 103 à 121.

Le transit de l'Atlantique à la Méditerranée (ou l'inverse) est couvert par les pages 21 à 117 puis 122 à 127.

Consulter la carte d'assemblage de la page 4.

Ce guide vous permet donc une navigation sans problème sur les voies navigables du Midi de la France.

The waterway cruising holidaymaker who has rented a boat on the Garonne lateral canal will refer directly to pages 36 to 64.

If cruising on the canal du Midi, refer to pages 65 to 100.

Those navigating on the Rhône-Sète canal will refer directly to pages 103 to 121.

The through route from the Atlantic to the Mediterranean (or vice versa) is covered by pages 21 to 117 and then 122 to 127.

Consult the assembly of navigation maps on page 4.

This guide gives you all the information you need for cruising through the waterways of southern France.

Der Charterer eines Bootes auf dem Garonne-Seitenkanal findet seine Informationen auf den Seiten 36 bis 64.

wer den Canal du Midi befahren wil auf den Seiten 65 bis 100.

wer den Kanal von der Rhone nach Sète befahren will auf den Seiten 103 bis 121.

Die Durchfahrt vom Atlantik zum Mittelmeer (oder umgekehrt) umfasst die Seiten 21 bis 117 und danach 122 bis 127.

Beachten Sie die Kartenübersicht auf Seite 4. Dieser Kanalführer ermöglicht also ein problemloses Befahren der Wasserwege Frankreichs.

1. De Royan à Bordeaux

Echelle / Scale / ***Masstab*** 0 2 4 6 8 10

1 / 200.000 1 cm = 2 km

NAVIGATION DE ROYAN À BORDEAUX

Pour naviguer de Royan à Bordeaux (ou inversement), il convient impérativement de se munir des deux cartes marines du SHOM suivantes :
- N° 7028 (de Royan au K. 80, approximativement 15 kilomètres à l'amont de Royan) ;
- N° 7029 (du K. 80 à Bordeaux).

Ces deux cartes fournissent, entre autres, le balisage, les feux, les fonds, les tableaux des heures de marée, de courants. Les cartes 23 et 25 du présent guide ne sont pas des cartes marines. Elles vous indiquent essentiellement les ports et leurs ressources et l'intérêt touristique des rives. Lire aussi les "Instructions Nautiques" du SHOM, volume C.2.3, pages 249 à 261.

La Gironde s'étend de Royan au Bec d'Ambès (confluent de la Dordogne). Elle devient la Garonne maritime en amont du Bec d'Ambès jusqu'à Bordeaux. Le kilométrage part de Bordeaux (km 0 au Pont de Pierre), en direction de la mer. Sur tout ce parcours s'appliquent les règles de navigation maritime (Règlement pour prévenir les abordages en mer) que l'on trouve dans le Code Vagnon de la mer Permis A, édition de l'année.

De Royan à Bordeaux, suivre le balisage qui comporte de nombreuses bouées à réflecteur radar, toutes dotées de feux. Ne pas s'écarter de ce chenal principal (qui est suffisamment large pour le croisement de grands navires).

Courants : les cartes 7028 et 7029 fournissent les tableaux des courants. Ceux-ci atteignent, en jusant de vive eau, au maximum 4,4 noeuds (au droit du Verdon) ou 4,2 noeuds au droit de la raffinerie de Pauillac. En morte eau : 2,5 noeuds. Maxima atteints généralement 3 à 4 heures après le pleine mer.

Au départ de Royan, partir une heure avant la basse mer pour profiter de l'onde de marée qui remonte le fleuve plus vite que les navires, ce qui permet d'atteindre Bordeaux sans problème.

Au départ de Bordeaux, partir à la pleine mer pour profiter du jusant. La descente sera plus rapide que la remontée.

Les crues de la Garonne n'ont d'influence sur les hauteurs de PM et BM que de Bordeaux au Bec d'Ambès. Mais elles peuvent avancer l'heure des pleines mers à Bordeaux et perturber les courants de marée.

NAVIGATION FROM ROYAN TO BORDEAUX

For navigation between Royan and Bordeaux, it is essential to have on board the following two charts published by the French hydrographic service (SHOM) ;
- N° 7028 (from Royan to K.80, about 15 km inland from Royan),
- N°7029 (from K.80 to Bordeaux).

These two maps indicate, among other features, the buoys, beacons, depths, tide and current tables. Maps 23 and 25 of this guide are not marine charts. They indicate essentially the harbours and their facilities, and points of tourist interest along the banks.

The Gironde extends from Royan to the Bec d'Ambès (at the confluence of the Dordogne). It becomes the maritime river Garonne upstream from Bec d'Ambès to Bordeaux. Distances are counted from Bordeaux (Km0 at the Pont de Pierre) towards the sea.Throughout this part of the itinerary, the regulations for maritime navigation apply (these are set out in the 'Code Vagnon' for the navigation licence).

From Royan to Bordeaux, follow the navigation aids, which include numerous buoys with radar reflectors, all equipped with lights. Do not leave the main channel (which is sufficiently wide and deep for large ships to pass each other).

Currents : the charts 7028 and 7029 provide current tables. These can reach (on the ebb of a spring tide) 4.4 knots at Le Verdon and 4.2 knots at the level of the Pauillac refinery. At neap tides, the maximum ebb current is 2.5 knots. The current generally reaches its peak 3 to 4 hours after high tide.

When leaving from Royan, it is best to get under way an hour before low tide, to take advantage of the tide, which propagates faster than ships or boats proceeding up the estuary. Thus Bordeaux will be reached without difficulty.

From Bordeaux, leave at high tide, to take advantage of the ebb. The cruise down the estuary will generally be faster than coming up.

The floods of the Garonne only influence the high tide and low tide levels between Bordeaux and Bec d'Ambès. On the other hand, they may result in high tide occuring earlier at Bordeaux, and can disturb the tidal currents.

SCHIFFAHRT VON ROYAN NACH BORDEAUX

Für die Fahrt von Royan nach Bordeaux (oder umgekehrt) ist es absolut erforderlich sich die beiden folgenden französischen Seekarten zu beschaffen :
- Nr. 7028 (von Royan bis km 80, etwa 15 kilometer stromauf von Royan) ;
- Nr. 7029 (von km 80 bis Bordeaux).

Diese beiden Karten enthalten u.a. die Betonnung, die Befeuerung, die Untiefen, Gezeiten- und Strömungstabellen. Die Karten des vorliegenden Flussführers sind keine Seekarten. Sie weisen vor allem auf die Häfen und Ihre Hilfsmöglichkeiten hin, sowie auf das touristische Interesse an den Ufern.

Die Gironde erstreckt sich von Royan bis Bec d'Ambès (Mündung der Dordogne). Oberhalb von Bec d'Ambès bis Bordeaux wird sie zur Seeschiffahrtsstrasse Garonne. Die Kilometrierung zählt von Bordeaux (Km 0 bei der Pont de Pierre) in Richtung zum Meer. Auf diesem gesamten Abschnitt gelten die Vorschriften für die Seeschiffahrt (die man im Code Vagnon de la Mer findet).

Von Royan bis Bordeaux folgt man der Betonnung, die zahlreiche Bojen mit Radar-Reflektoren umfasst, alle befeuert. Nicht vom Hauptfahrwasser abkommen (dieses ist breit genug für das Begegnen grosser Schiffe).

Strömungen : die Karten 7028 und 7029 enthalten die Tabellen der Strömungen. Diese erreichen bei Ebbstrom zur Springzeit mindestens 4,4 Knoten (bei Verdon) oder 4,2 Knoten bei der Raffinerie von Pauillac. Bei Nippzeit 2,5 Knoten. Den höchsten Wert erreichen sie im allgemeinen 3 bis 4 Stunden nach Hochwasser.

Man sollte von Royan eine Stunde vor Niedrigwasser abfahren um die Gezeitenwelle auszunützen, die schneller den Fluss hinauf läuft als die Schiffe. So kann man Bordeaux ohne Probleme erreichen.

Von Bordeaux sollte man bei Hochwasser abfahren um den Ebbstrom auszunützen. Die Fahrt stromab wird dann schneller sein als die Fahrt stromauf.

Die Fluss-Hochwasser der Garonne haben nur Einfluss auf die Wasserstände bei Hoch- und Niedrigwasser zwischen Bordeaux und Bec d'Ambès. Aber sie können die Zeit des Hochwassers in Bordeaux vorverlegen und die Gezeitenströme stören.

LE PHARE DE CORDOUAN

Ce phare est le plus ancien de France et l'un des plus beaux. Depuis le Moyen-Age, il guide les bateaux dans les passes de la Gironde. Le phare actuel (fin du 16è siècle, classé monument historique), en pierres de Saintonge, comprend un appartement pour le Roi et une chapelle. Caractéristiques de son feu : Oc (2+1) WRG 12s 60m.

Cordouan lighthouse :

This is the oldest lighthouse in France and one of the most beautiful. Since the Middle Ages, it has been guiding ships through the entrance channels into the Gironde estuary. The lighthouse as it stands today dates from the 16th century, and is classified a historic monument. Made of Saintonges stone, it includes an apartment for the King of France and a chapel. The characteristics of its light are : Oc (2+1) WRG 12s 60 m.

Der Leuchtturm von Cordouan :

Dieser Leuchtturm ist der älteste in Frankreich und einer der schônsten. Seit dem Mittelalter geleitet er die Schiffe durch die Fahrwasser der Gironde. Der jetzige Leuchtturm (Ende des 16. Jahrhunderts, unter Denkmalschutz gestellt), aus Steinen der Saintonge, enthält eine Wohnung für den König und eine Kapelle. Feuerkennung : Oc (2+1) WRG 12s 60m.

ROYAN

Ville entièrement reconstruite après la guerre de 1939-45, Royan marque l'entrée en Gironde pour les navigateurs qui comptent relier l'Atlantique à la Méditerranée par les canaux du Midi. La ville et le port sont suffisamment importants pour qu'on puisse y trouver toutes les prestations dont on peut avoir besoin. Sur le plan touristique, citons l'église Notre-Dame, de style moderne, le Front de Mer et, de part et d'autre de la ville, les forêts de pins et de chênes-verts et les plages de sable fin.

A town completely rebuilt after World War II, Royan marks the entrance to the Gironde for navigators intending to cruise from the Atlantic to the Mediterranean through the Midi canals. The town and its harbour are substantial enough to provide all services which may be required. From the tourist standpoint, the modern-style church of Notre Dame is noteworthy, and of course the seafront, with on either side of the town the vast pine and evergreen oak forests and fine sand beaches.

Royan, nach dem Zweiten Weltkrieg vollständig wiederaufgebaut, weist den Schiffer darauf hin, dass er auf seinem Weg vom Atlanktik zum mittelmeer über den Canal du Midi in die Gironde einfährt. Stadt und Hafen sind von ausreichender Bedeutung, um alle Versorgungsmôglichkeiten zu bieten. Von touristischem Interesse sind die im modernen Baustil errichtete Kirche Notre Dame, die Uferpromenade, die Kiefern- und Steineichenwälder, die die Stadt beidseitig einfassen sowie der feine Sandstrand.

Office de Tourisme : Palais des Congrès, tél. 46.38.65.11.
Marché : mercredi - dimanche.
Fêtes locales : Fête de la mer en juin. Jumping international en juillet.
Piscine, près du Palais des Congrès.

/ Le France, 2 rue Gambetta, tél. 46.05.17.41.
Pas trop loin du port de plaisance.
Not far from the boat harbour.
Nicht sehr weit vom Sporthafen.

LE VERDON

Port récent (1976), faisant partie du Port Autonome de Bordeaux. Reçoit pétroliers et porte-conteneurs sans aucune contrainte de marée ni d'écluse.

A recently developed terminal (opened in 1976), Le Verdon is part of the port of Bordeaux. It accommodates oil tankers and container ships, which are free to berth and get under way without constraints of tide or locks.

Ein neuer Hafen (1976), welcher der Hafenverwaltung von Bordeaux untersteht. Erreichbar für Tanker und Container-Schiffe ohne Beschränkungen durch Gezeiten oder eine Schleuse.

LES VINS DE BORDEAUX

Le vignoble bordelais compte parmi les plus célèbres au monde. Des appellations comme Médoc, Graves, Sauternes, Saint-Emilion, des crus comme Château Margaux, Château Latour, Château Yquem bénéficient d'une renommée considérable. Il se trouve que le navigateur qui se rend de l'Atlantique à la Méditerranée ou inversement n'est jamais très éloigné de tous ces crus fameux (à l'exception peut-être de Saint-Emilion) et qu'il lui est parfaitement possible, par une escale à Pauillac ou à Bordeaux, d'aller visiter ces "châteaux" pour des dégustations qui lui laisseront un souvenir inoubliable ...

Le vignoble bordelais existe depuis le Moyen-Age. Il connut une époque faste au 17ème siècle, amenant l'activité du port de Bordeaux à son apogée. Vers 1875, le phylloxéra puis, un peu plus tard, le mildiou, faillirent l'anéantir. Mais des repiquages lui permirent de surmonter ces épreuves et de connaître la prospérité et la célébrité mondiale qui sont les siennes actuellement.

Il existe une très grande variété de vins de Bordeaux. D'une manière générale, les vins rouges s'enrichissent au vieillissement (au minimum 5 ans, plutôt 10 ou 15 ans). Les plus célèbres sont les Médoc (les plus grands crus étant des Haut-Médoc) mais aussi certains Graves, les Saint-Emilion. Les Bordeaux blancs les plus renommés sont les Sauternes et les Barsac et aussi des Graves, Entre-Deux-Mers, Premières Côtes de Bordeaux (Cadillac et Saint-Macaire). Les vins rouges doivent être servis chambrés (mais pas trop). Les vins blancs, eux, doivent être servis frais (mais pas à moins de 5 degrés).

A titre indicatif, on peut boire un Graves blanc avec des crustacés ou des poissons, un Médoc avec des volailles, un Saint-Emilion avec du gibier ou des viandes, un Sauternes avec un dessert peu sucré. Mais il n'est pas de règle précise et les conseils d'un vrai connaisseur de Bordeaux seront précieux.

Au navigateur qui partira à la découverte des vins de Bordeaux, signalons que le terme "château" désigne généralement un domaine viticole (avec ou sans château) et que les "chais" sont des celliers dans lesquels la température est maintenue constante.

Port de Royan. Cap.t.46.38.72.22. Chenal d'entrée à - 1 m VHF Cal 9.

Port. Bloc. Cap. t. 56.09.63.91. Bassin accessible à toute heure

Conditions de navigation jusqu'à Bordeaux : voir p. 23
Conditions of navigation up to Bordeaux : see page 23
Schiffahrtsbedingungen bis Bordeaux : siehe Seite 23

Chenal balisé
Buoyed channel
Betonntes Fahrwasser.

Meschers. Cap. tél. 46.02.58.69. Bassin d'échouage. Accès 4h avant. 4h après PM pour T.E. 1,50m

Mortagne. Bassin à flot. Accès 2h30 avant PM. Bureau du port tél.46.90.63.15.

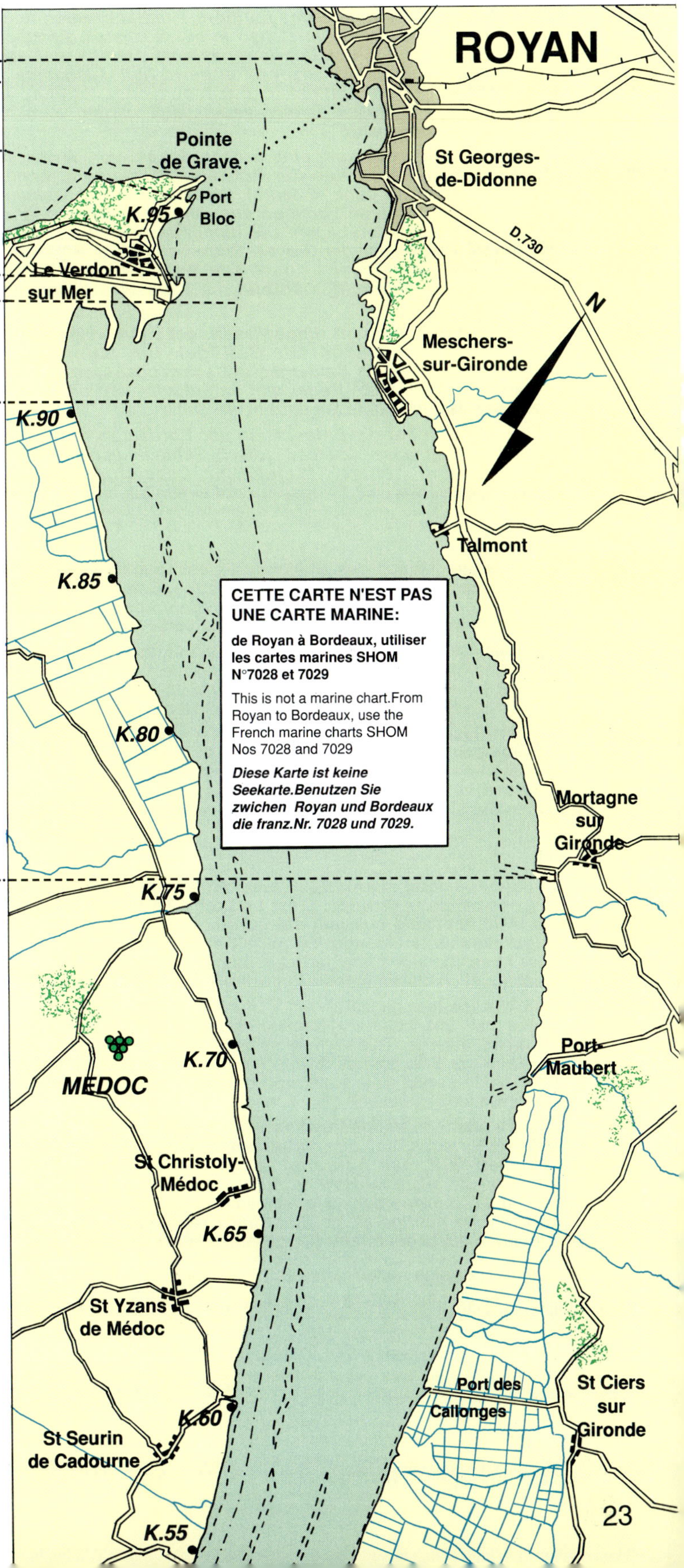

BORDEAUX WINES

The Bordeaux vineyards are among the most famous in the world. Wines such as Médoc, Saint-Emilion, Graves and Sauternes, and vintages like Château Margaux, Château Latour and Château Yquem are deservedly renowned. It so happens that the boat on its way from the Atlantic to the Mediterranean or vice versa is never very far from all these famous vineyards (except perhaps for Saint-Emilion), making it perfectly feasible, while moored at Bordeaux or Pauillac, to go and visit these 'châteaux' and indulge in some tasting, which will leave unforgettable memories...

There is an extraordinary variety of Bordeaux wines. Generally speaking, the red wines become richer when left to mature (at leasts 5 years, and often 10 or 15 years). The best-known are the Médoc (the greatest vintages being Haut-Médoc), but also certain Graves, and Saint-Emilion. The best Bordeaux white wines are Sauternes and Barsac, as well as Graves, Entre-Deux-Mers, and Premières Côtes de Bordeaux (Cadillac and Saint-Macaire), etc. The red wines are to be served at room temperature (but not too warm). The white wines must be served cool (but not below 5 degrees).

BORDEAUXWEINE

Das Weingebiet Bordeaux zählt zu den berühmtesten in der Welt. Weinlagen wie Médoc, Graves, Sauternes, Saint Emilion. Prädikatsweine wie Château Margaux, Château Latour, Château Yquem stehen in allerhôchstem Ansehen. Der Zufall will es, dass sich die Trasse des Schiffahrtsweges vom Atlantik zum Mittelmeer von diesen berühmten Weingebieten nie allzuweit entfernt (mit Ausnahme von Saint Emilion), weshalb von den Landeplätzen in Bordeaux oder Pauillac leicht Ausflüge mit Weinproben in den Schlosskellereien veranstaltet werden können, die der Schiffer so schnell nicht vergessen wird.

Der Bordeauxwein umfasst eine grosse Anzahl von Weinsorten. Im allgemeinen entwickeln sich die Qualitäten der Rotweine bei längerer Lagerung (mindestens 5 Jahre, besser jedoch 10 oder 15 Jahre). Die berühmtesten Weine sind aus dem Médoc (die besten Qualitätsweine kommen aus dem Haut Médoc), aber auch aus einigen Graves- und Saint Emilion-Lagen. Die namhaftesten Weissweine sind der Sauternes und der Barsac sowie auch der Graves, Entre-Deux-Mers, Premières Côtes de Bordeaux (Cadillac und Saint-Macaire) usw. Die Rotweine werden auf eine schwache Zimmertemperatur gebracht, während die Weissweine kalt (aber nicht unter 5°C) serviert werden.

Zur Information sei darauf hingewiesen, dass ein weisser Graves zu Krebs- oder Fischgerichten, ein Médoc mit Geflügel, ein Saint Emilion mit Wild oder Fleischgerichten sowie ein Sauternes mit schwachsüssen Nachspeisen eingeschenkt werden können. Eine feste Regel gibt es jedoch nicht und der Rat eines wirklichen Bordeauxweinkenners sollte angestrebt werden.

Schiffer, die sich auf die Entdeckung der Bordeauxweine begeben möchten, seien darauf hingewiesen, dass "Château" (dtsch. Schloss) generell Weingüter (mit oder ohne Schlossbau) und "chais" Weinkeller bezeichnet, wobei in letzteren zu Weinlagesungszwecken die Temperatur auf einem beständigen Wert gehalten wird.

PAUILLAC

Pour visiter le "Médoc des Châteaux", c'est l'escale idéale. Château-Lafite, Mouton-Rothschild, Château-Latour sont à 3 kilomètres, Saint-Estèphe à 8, Château-Margaux à 18. Cette petite ville de 6000 habitants possède un beau quai ombragé qui fait oublier la raffinerie Shell implantée un peu plus loin au Nord.

This is the ideal stopping place for visiting the Médoc 'châteaux'. Château Laffite, Mouton-Rothschild and Château Latour are just three kilometres away, St Estèphe 8 km and Château Margaux 18 km. This small town of 6000 inhabitants has a fine shaded quay, in peaceful contrast with the Shell refinery a short distance to the north.

Für einen Besuch der namhaften Médoc-Weingüter ist Pauillac ideal. Château Lafite, Mouton-Rothschild, Château Latour liegen in einem Umkreis von 3 km, bis nach Saint-Estèphe sind es 8 km, bis nach Château Margaux 18 km. Diese kleine Stadt von 6000 Einwohnern verfügt über eine schattige, anheimelnde Uferpromenade, die den Reisenden die Shell-Raffinerie weiter nördlich vergessen lässt.

BLAYE

Bien suivre la carte marine 7029 pour accéder au port de Blaye après avoir quitté le chenal principal de la Gironde. C'est un port d'échouage, accostage délicat par jusant. Ville de 5000 habitants qui vaut surtout par sa citadelle construite par Vauban au 17è siècle, qui domine la Gironde. En parfait état de conservation, elle récèle derrière ses murailles et ses bastions une véritable petite ville avec hôpital, chapelle, poudrière, etc... Blaye est aussi un centre viticole important ("Premières côtes de Blaye").

Carrefully follow the channel shown on marine chart 7029 to enter the harbour of Blaye, after leaving the main channel in the Gironde estuary. This is a beaching harbour, and berthing is delicate on the ebb tide. This town with population of 5000 is notable mainly for its citadel built by Vauban in the 17th century, overlooking the Gironde. Maintained in perfect condition, it contains, hidden behind its walls and bastions, a complete town with hospital, chapel, gunpowder works, etc. Blaye is also a major vine-growing centre (Premières Côtes de Blaye).

Nachdem man das Hauptfahrwasser der Gironde verlassen hat muss man genau der Seekarte 7029 folgen, um zum Hafen von Blaye zu kommen. Es ist ein Hafen, in dem man trocken fällt, das Anlaufen ist bei Ebbstrom heikel. Eine Stadt von 5000 Einwohnern, vor allem bedeutend durch ihre Zitadelle über der Gironde, gebaut von Vauban im 17. Jahrhundert. Sie ist völlig erhalten und hat hinter ihren Mauern und Bollwerken eine richtige kleine Stadt mit Krankenhaus, Kapelle, Pulvermagazin u.s.w. Blaye ist auch ein bedeutender Hauptort des Weinbaus (Premières côtes de Blaye).

Office de Tourisme : Allées Marines - Tél. 57 42 12 09.
Marché : mercredi et samedi.

★ A visiter : Château-Lafite.

★ A visiter : MoutonRothschild

Pauillac. Accès permanent par tout temps. Délicat à mi-marée. Echouage au fond du port. Tél. 56.59.12.16. VHF canal 9

★ A visiter : Château de Beychevelle

★ Citadelle de Blaye.

Blaye. Cap.t. 57.42.13.63. Accès 2h30 après BM. Délicat par jusant. Port à échouage.

★ Château 11è-19è

▲ Ne pas s'engager dans ce bras.

Do not use this arm.

Nicht in diesen Stromarm fahren.

★ A visiter : Château-Margaux.

Bourg-sur-Gironde. Tél. 57.68.40.06. Pontons.

▲ Chenal balisé

Buoyed channel

Betonntes Fahrwasser

▲ **Conditions de navigation de Bordeaux à Royan : voir page 23.**

Conditions of navigation up to Bordeaux : see page 23.

Schiffahrtsbedingungen bis Bordeaux : siehe Seite 23.

Bordeaux. Voir page 31

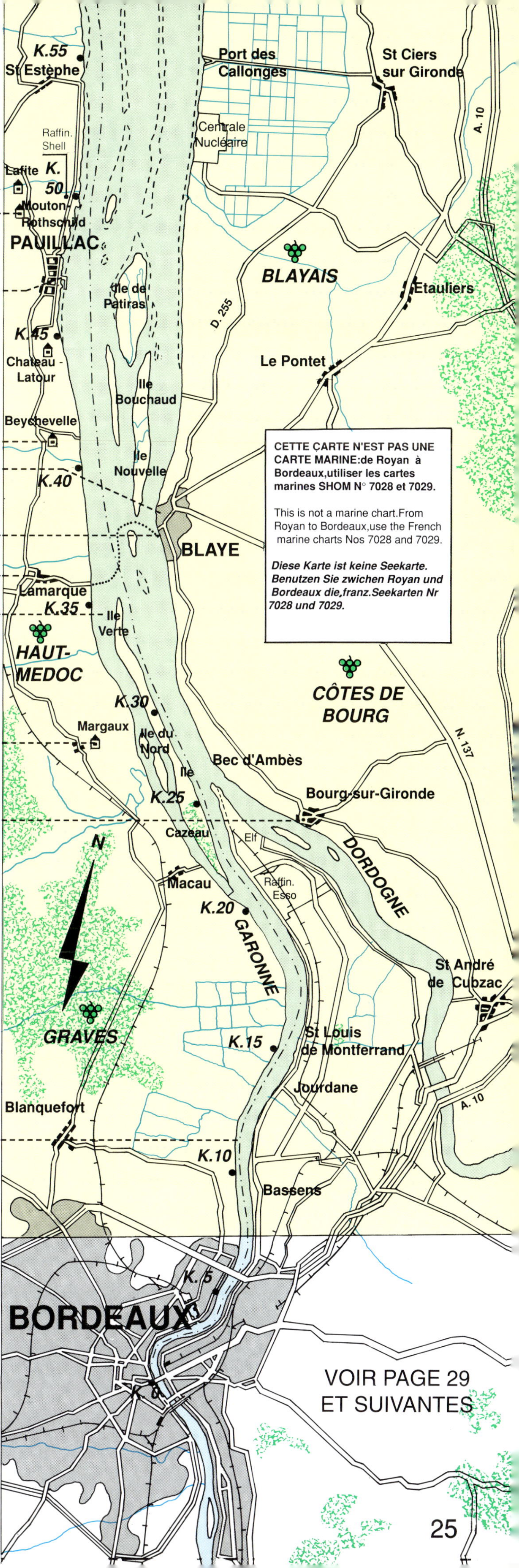

2. Garonne fluviale

Echelle / Scale / ***Masstab*** 0 0,5 1 1,5 2 2,5

1 / 50.000 2 cm = 1 km

CONSEILS DE NAVIGATION DE BORDEAUX À CASTETS (pages 28 à 36)

En venant de l'Atlantique, on peut démâter au Port de la Société Nautique de la Gironde situé rive gauche, en amont du Pont d'Aquitaine, à l'entrée de Bordeaux, ou dans le bassin à flot N°2 à Bordeaux même. En effet, on ne peut pas passer mâté le Pont de Pierre à Bordeaux, début de la Garonne fluviale.

A Bordeaux, le plaisancier peut trouver tous renseignements utiles concernant la navigation jusqu'à Castets en s'adressant au Service de la Navigation Intérieure dont les bureaux sont installés Hangar B, face au N°4 quai Sainte-Croix entre le Pont de Pierre et le Pont Saint-Jean. Ces bureaux sont positionnés sur la carte 29. En cours de route, ces mêmes renseignements peuvent être obtenus à la Subdivision de Cadillac du Service Navigation dont les bureaux sont positionnés carte 33.

La marée remonte jusqu'à Castets (54 km de Bordeaux) où prend le canal latéral et même jusqu'à la Réole. Il conviendra donc d'en tenir compte et d'utiliser le courant de marée favorable dans un sens comme dans l'autre. Dans le sens de la remontée du fleuve, partir de Bordeaux 4 à 5 heures avant la marée haute. Dans le sens de la descente, partir de Castets dès le début du jusant. Avec le flot, on peut mettre 6 heures pour remonter de Bordeaux à Castets (4 heures de Cambes à Castets). Les basses eaux se produisent dès la fin de l'été (août à novembre) et l'effet de la marée devient plus important.

Dans son annuaire des marées, le Port Autonome de Bordeaux a publié le tableau ci-après (que nous reproduisons avec son aimable autorisation) fournissant la durée approximative de la propagation de la marée entre Bordeaux et Castets.

Coeffts de marée	Instant	BORDEAUX		PORTETS		CADILLAC		LANGON		CASTETS	
		Heures	Haut.	Heures	Haut.	Heures	Haut.	Heures	Haut.	Heures	Haut.
45	P.M.	T	3,95	T+0h30	3,90	T+0h50	3,20	T+1h10	1,30	non accusé	
	M.	"	0,10	T+2h00	-0,10	T+2h40	-0,20	T+3h40	0,00	non accusé	
70	P.M.	"	4,70	T+0h40	4,40	T+1h00	3,40	T+1h30	1,80	T+2h10	0,70
	B.M.	"	-0,15	T+1h20	0,10	T+2h20	0,10	T+3h40	0,00	T+5h10	0,00
100	P.M.	"	5,20	T+0h50	5,00	T+1h20	4,00	T+1h50	2,30	T+2h10	
	B.M.	"	0,00	T+1h30	-0,10	T+2h30	-0,20	T+3h40	0,00	T+5h10	

Les hauteurs de marée, établies par le Port Autonome de Bordeaux sont données sous toutes réserves et n'engagent en aucun cas sa responsabilité. Elles sont sujettes à de fortes variations en fonction du débit fluvial. Les valeurs portées ont pour zéro de référence le niveau de l'étiage du lieu.

Les 54 kilomètres de Garonne présentent certaines difficultés de navigation : courant, hauts-fonds, chenal passant d'une rive à l'autre (mais le plus souvent sensiblement au milieu du fleuve). Le Service de la Navigation fluviale recommande de suivre les péniches qui, tout comme vous, devront attendre la marée et que vous trouverez ainsi automatiquement en votre compagnie. Vous pouvez aussi utiliser les services d'un pilote de la Garonne en s'adressant pour cela au Service Navigation ou aux péniches amarrées devant.

En règle générale, on peut recommander de tenir le milieu du fleuve en évitant les rives convexes.

A signaler la manifestation du "mascaret" qui se produit en période d'étiage à la reprise de marée entre Cambes et Barsac. Les bateaux amarrés aux pontons doivent renforcer les amarres et rester très vigilants. Pour Cadillac, par fort coefficient, il est recommandé de quitter l'appontement et de prendre le mascaret au milieu du fleuve, à l'amont du pont.

Des épis placés perpendiculairement aux rives pour la régularisation du fleuve peuvent être dangereux ; passer au large de leur pointe. Le passage des deux ponts de Langon et les piles de l'ancien pont et celui du pont de Castets peuvent être délicats, à la montée, si la marée est descendante. Il convient donc de disposer d'un bon moteur très fiable. Faire attention aussi aux filets des pêcheurs tendus en travers du fleuve.

La Garonne ne comporte pas de balisage. Toutefois une signalisation est en place pour certains passages délicats : pont de Cadillac (losanges jaunes), seuil de Loupiac (passage difficile signalé par des espars noirs), traversée de Langon et rocher de St Pierre d'Aurillac (signalé uniquement en basses eaux).

Le kilométrage du fleuve est signalé par des panneaux sur la rive, portant des chiffres jaunes sur fond marron, placés en principe (mais cela n'a pas toujours été possible) du côté du chenal de navigation, dans la partie concave des courbes.

De Bordeaux à Castets, les meilleurs accostages envisageables sont à Cambes, Langoiran, Cadillac, Langon, et St Pierre d'Aurillac où un ponton d'accostage est mis en place de juin à octobre.

L'approche de l'écluse de Castets, pour emprunter le canal latéral à la Garonne, est assez délicate. Tous les détails sont donnés page 36.

CONDITIONS OF NAVIGATION FROM BORDEAUX TO CASTETS (p. 28 to 36)

Yachts heading inland from the Atlantic can step their masts at the harbour run by the Société Nautique de la Gironde (on the left bank beneath the Pont d'Aquitaine, on the outskirts of Bordeaux).

At Bordeaux, the navigator can obtain all relevant information concerning navigation upstream to Castets by enquiring at the offices of the Service de la Navigation Intérieure (see page 29).

The influence of the tide is felt right up to Castets (54 km from Bordeaux), where the Lateral Canal begins. It is therefore sensible to take it into account and to wait for a favourable tide, whether cruising upstream or downstream. If heading upstream to Castets leave Bordeaux 4 to 5 hours before high tide. In the other direction, leave Castets as soon as the tide begins to ebb. On the flood tide, the cruise upstream from Bordeaux to Castets can be completed in 6 hours.

This 54 kilometre section of the Garonne presents a number of difficulties to navigation : the current, shoals and the shifting of the channel from one bank to the other (although most of the time the channel is more or less in the middle of the river). The waterway authorities recommend following the barges, which also have to wait for the tide, so that you will automatically find yourself in their company. You can also engage the services of a pilot for the river Garonne by making the appropriate enquiries at the Service de la Navigation Intérieure in Bordeaux or by asking the skipper of a moored barge.

Groynes placed perpendicular to the banks for the regularisation of the river can present a danger. Keep clear of the extremities of the groynes.

Cruising upstream through the bridges of Langon and Castets can be awkward if the tide is on the ebb.

Other particular difficulties of navigation : Loupiac (map page 33), St Pierre d'Aurillac (map page 35), and the "mascaret" between Cambes and Barsac (pages 31 and 33).

The same is true of the entrance to Castets lock. Boats must wait until high tide before approaching the lock entrance. It is recommended to manoeuvre slowly, since turbulent currents (which vary according to the depth of water) can create difficulties on entering the lock.

Between Bordeaux and Castets, there are barely five places where it is practicable to moor, at Cambes, Langoiran, Cadillac, Langon and St Pierre d'Aurillac.

RATSCHLÄGE FÜR DIE SCHIFFAHRT VON BORDEAUX NACH CASTETS (Seiten 28 bis 36)

Vom Atlantik kommend kann man den Mast legen beim Hafen der Société Nautique de la Gironde (rechtes Ufer unter der Pont d'Aquitaine bei der Einfahrt nach Bordeaux).

In Bordeaux kann der Sportschiffer alle notwendigen Auskünfte über die Schiffahrt bis Castets beim Binnenschiffahrtsamt erhalten (Siehe Seite 29).

Die Gezeiten gehen flussaufwärts bis Castets (54 km von Bordeaux), wo der Seitenkanal beginnt. Man sollte sie entsprechend berücksichtigen und die günstige Gezeitenströmung in der einen wie in der anderen Richtung nutzen. Bei der Fahrt stromaufwärts sollte man von Bordeaux 4 bis 5 Stunden vor Hochwasser abfahren. Bei der Fahrt stromabwärts sollte man von Castets beim Einsetzen der Ebbe abfahren.

Mit steigender Flut kann die Strecke Bordeaux-Castets in 6 Stunden zurückgelegt werden.

Die 54 Kilometer der Garonne bieten einige Schwierigkeiten für die Schiffahrt : Strömung, Untiefen, Wechsel der Fahrrinne von einem Ufer zum anderen (aber meistens deutlich in Strommitte). Das Binnenschiffahrtsamt empfiehlt den Penichen nachzufahren die ebenso wie Sie, die Geseiten abwarten und die Sie dann zwangsläufig in Ihrer Gesellschaft finden werden. Sie können auch die Dienste eines Losten für die Garonne in Anspruch nehmen, wenn Sie sich deswegen an das Binnenschiffahrtsamt wenden oder an stilliegende Penichen.

Senkrecht zum Ufer gebaute buhnen zur Regulierung des Flusses können gefährlich sein ; von ihrem äusseren Ende weiten Abstand halten.

Die Durchfahrt durch die Brücken von Langon und Castets kann auf der Bergfahrt schwierig sein, wenn der Ebbstrom abläuft.

Andere Schwierigkeiten für die Schiffahrt : Loupiac (Seite 33), St Pierre d'Aurillac (Seite 35).

Das Gleiche ist der Fall bei der Einfahrt in die Schleuse von Castets. Man muss sie nur bei Hochwasser anfahren. Es empfiehlt sich langsam zu manövrieren, da Gegenströmungen, die je nach Wasserstand verschieden sind, die Einfahrt schwierig machen können.

Zwischen Bordeaux und Castets gibt es höchstens 5 brauchbare Möglichkeiten zum Anlegen : in Cambes, Langoiran, Cadillac, Langon und St Pierre d'Aurillac.

BORDEAUX (carte ci-contre)

Grand port et grande ville de France, Bordeaux frappe le navigateur par la ligne majestueuse des façades de ses quais, qui datent du 18è siècle. C'est la ville du 18è qu'il ira voir après avoir débarqué. Nous en parlerons plus loin.
Diverses possibilités d'amarrage, toutes indiquées sur la carte de la page 29 :
- sous le Pont d'Aquitaine, halte nautique du Point-du-Jour ;
- au bassin à flot N°2 ;
- au port fluvial, en amont du Pont de Pierre. Devant le Service Navigation intérieure et aux pontons de la batellerie, amarrage exceptionnellement ouvert aux plaisanciers, après accord du Service Navigation. Poste d'eau mais pas de carburant (stations-service dans un rayon de 300 mètres).
Les commerces alimentaires sont assez loin (rien dans le quartier de l'église Sainte-Croix), à plusieurs centaines de mètres, dans la rue des Faures et le Cours Victor Hugo (haltes).
Tourisme : une visite de plusieurs jours s'impose ! L'histoire très riche de Bordeaux - qui fut anglaise trois siècles durant - et sa période faste du 18è ont laissé de nombreux monuments et de belles artères parmi lesquelles on citera :
- le Grand Théâtre (1773-1780), œuvre de Victor Louis (qui construisit le Théâtre Français à Paris) ;
- la Place de la Comédie, les Allées de Tourny, l'Esplanade des Quinconces, la place et l'hôtel de la Bourse ;
- la Basilique Saint-Michel (14-16è siècle) et la Tour Saint-Michel (15è siècle, modifiée au 19è) au sommet de laquelle on découvre un très beau panorama ;
- la Grosse Cloche, dans une porte du 13è et du 15è siècles ;
- la Cathédrale Saint-André, construite du 11è au 15è siècle. Sa "porte royale" (13è) est remarquable ;
- divers musées et églises dont la liste serait trop longue à citer ainsi.
Bordeaux est aussi une métropole moderne, qui se transforme hardiment avec la restauration du quartier Meriadeck, l'aménagement du quartier du Lac, l'industrialisation de sa banlieue. Quant au Port Autonome de Bordeaux, le plaisancier aura pu en saisir l'importance tout au long de sa croisière, puisqu'il s'étend sur 100 kilomètres, du Verdon au Pont de Pierre.

A major port and a major city of France, Bordeaux strikes the navigator first of all by the majestic façades of its 18th century quays. It is in fact 18th century monuments that he ought to visit.
There are various mooring possibilities, all indicated on the map on page 29 :
- under the Pont d'Aquitaine, the 'Point du Jour' pleasure harbour,
- the tidal dock N° 2,
- the barge quay upstream of the Pont de Pierre.
Masts have necessarily to be stepped downstream of the Pont de Pierre.
Tourism : a stay of several days is called for ! The very rich history of Bordeaux - which was English for three centuries - and its period of prosperity in the 18th century have left numerous monuments and fine avenues, among which the following in particular are worth seeing :
- Grand Théâtre (1773-1780) ;
- Place de la Comédie, Allées de Tourny, Quinconces, Bourse ;
- Basilique and Tower Saint-Michel ;
- Cathédrale Saint-André ;
- various museums and churches, too numerous to mention individually.
Bordeaux is also a modern metropolis, undergoing sweeping changes, with reconstruction of its Meriadeck district, development of the so-called 'lake' district, and industrialisation of its suburbs. As regards the Bordeaux Port Authority, the yachtsman will have appreciated the vast scale of its installations, spread out over the 100 km from Le Verdon to the Pont de Pierre.

Als ein grosser Hafen und eine grosse Stadt in Frankreich beeindruckt Bordeaux den Bootsfahrer durch die erhabene Linie seiner Kaifassaden aus dem 18. Jahrhundert. Diese Stadt aus dem 18. Jahrhundert sollte er besichtigen :
Verschiedene Möglichkeiten zum Festmachen, sie sind alle auf der Karte Seite 29 angegeben :
- unter der Pont d'Aquitaine, nautischer Stützpunkt Point du Jour ;
- im Flutbecken Nr. 2 ;
- im Flusshafen, oberhalb der Pont de Pierre.
Den Mast sollte man unbedingt schon stromab der Pont de Pierre legen.
Tourismus : Man sollte hier einen Aufenthalt von mehreren Tagen einlegen ! Die sehr reiche Geschichte von Bordeaux - die Stadt war 3 Jahrhunderte englisch - und die günstige Periode im 18. Jahrhundert haben zahlreiche Baudenkmäler und schöne Verkehrsadern hinterlassen, von denen genannt werden :
- das Grosse Theater (1773 - 1780) ;
- Place de la Comédie, Allées de Tourny, Quinconces, Bourse ;
- Basilique Saint-Michel ;
- Cathédrale Saint-André ;
- verschiedene Museen und Kirchen, deren Aufzählung auch zu lang würde.
Bordeaux ist auch eine moderne Grosstadt, die ihr Gesicht kühn ändert mit der Umstrukturierung des Meriadeck-Viertels, dem Ausbau des Lac-Viertels, der Industrialisierung ihres Umlandes. Über das Einflussgebiet der Hafenverwaltung sollte sich der Sportschiffer auf seiner ganzen Reise klar sein, denn deren Bereich erstreckt sich auf 100 Kilometer, von Verdon bis zur Pont de Pierre.

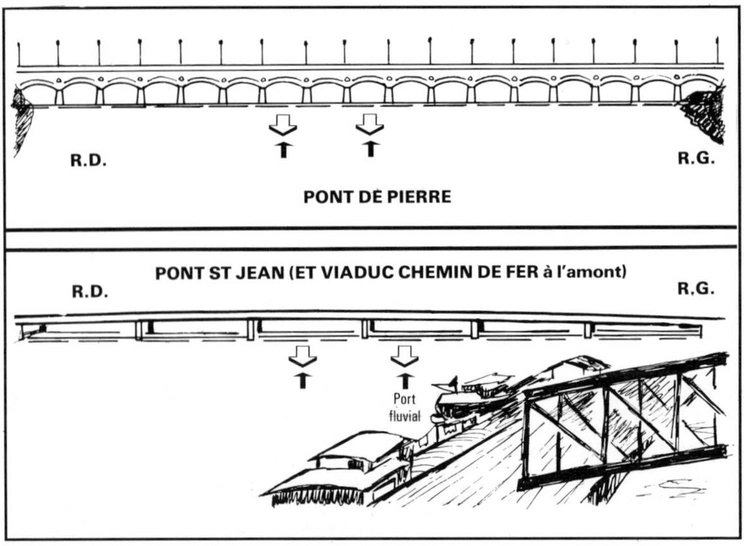

Renseignements pratiques :

Service Navigation Intérieure - Hangar B, face au 4, quai Ste-Croix - Tél. 56 92 81 41.
Affaires Maritimes : 1 rue Fondaudège - Tél. 57 81 12 69.
Capitainerie du Port : 110 bis quai des Chartrons - Hangar 14 - Tél. 56 90 59 96.
Douanes : 1 quai de la Douane - Tél. 56 44 47 10.
Eau : au Service Navigation.
Carburant : stations-service en ville, le long des quais.
Professionnels du bateau : très nombreux.
Point Librairie Vagnon : Corderie de l'Atlantique - 271, bd Alfred-Daney - Tél. 56 43 19 61.
Ressources : très importantes. 5 piscines.
Taxis : Tél. 56 86 80 30 - 56 96 00 34.
Aéroport de Bordeaux : Mérignac à 11 km. Tél. 56 34 50 00.
Office du Tourisme : 12, cours du 30 juillet - Tél. 56 44 28 41 - Télex 570 362.
Marchés : tous les jours. Marchés couverts pittoresques place des Capucins et cours Victor Hugo.
Fêtes et manifestations : Mai musical de Bordeaux - Foire Internationale - Festival Occitan (mai) - Fête de la musique (juin) - La ville en fête, animations d'été (août).

Halte nautique "Le Point duJour" Tél.56.50.84.14.

Bassin à flot N°2. Ouverture des portes de PM - 2 à + + 0.30, à demander à la capitainerie. Tél. 56.90.58.00 VHF Canal 9

▲ **Passage sous Pont de Pierre: passer sous les arches au bandeau peint en blanc.**

▲ **Limite de la navigation fluviale**

Port fluvial et Service de la Navigation

▲ **Passage sous Pont St Jean et Viaduc SNCF : suivre signalisation**

▲ **Conditions de navigation en Garonne fluviale : voir p. 26.**
Conditions of navigation in the tidal Garonne : see page 26.
Schiffahrtsbedingungen auf dem Fluss Garonne : siehe Seite 26.

▲ **Passage du pont : v. page 30.**
Passage under the bridge : see page 30 / ***Brückendurchfahrt : siehe Seite 30***

▲ **Limite du Port Autonome**

▲ **Ne pas emprunter ce bras**
Do not use this arm.
Nicht in diesen Stromarm fahren.

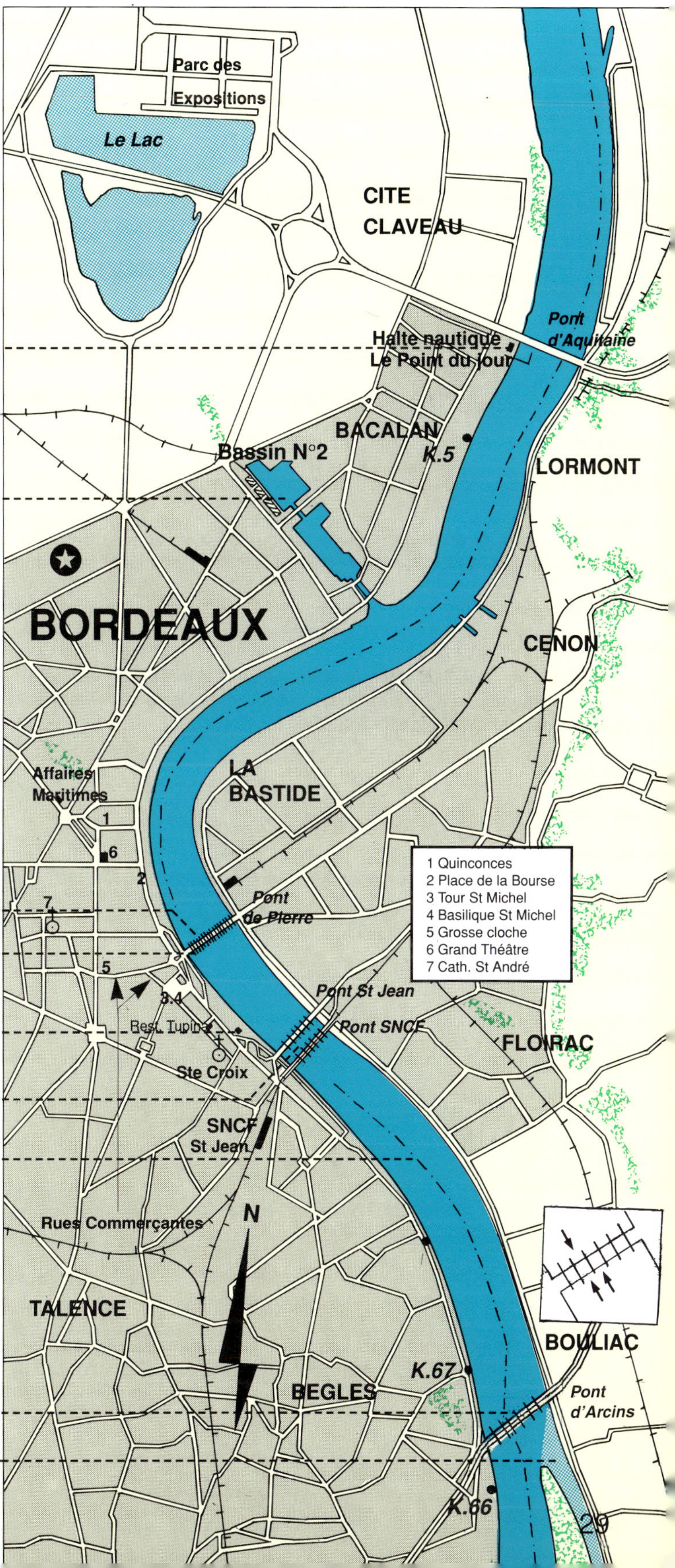

// **La Tupina, 6 rue Porte de la Monnaie, tél. 56.91.56.37.**
Excellent restaurant pas très éloigné des pontons de la Batellerie (500 mètres).
Excellent restaurant which is not far (about 500 metres) from the barge mooring pontoons.
Nur 500 Meter von den Pontons der Güterschiffahrt entfernt.

// **La Ferme Saint-Michel, 21 rue Menuts, tél. 56.91.54.77**
Près de la basilique Saint-Michel. Produits du terroir.
Near the basilica church of St Michel. Good regional dishes.
In der Nähe der Basilika St. Michael. Landeserzeugnisse.

/// **Le Chapon Fin, 5 rue Montesquieu, tél. 56.79.10.10**
Le meilleur restaurant de Bordeaux. Dans le centre.
The best restaurant in Bordeaux. In the centre.
Das beste Restaurant von Bordeaux. In Stadtmitte.

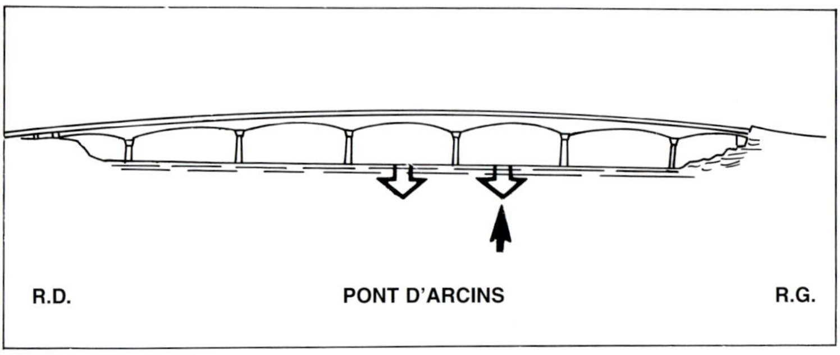

CAMBES

Si on accoste au ponton mis là pendant la belle saison, on peut aller voir l'église romane de Cambes et sa curieuse corniche. Retable du 18è et bas-reliefs du 15è.

The mooring here, using the pontoon installed for the cruising season, is convenient for visiting the romanesque church of Cambes and its curious corniche. Altar piece and bas-reliefs.

Wenn man am Ponton festmacht, der dort während der Reisezeit ausliegt, so kann man die romanische Kirche Cambes mit ihrem sehenswerten Gesims besichtigen. Altaraufsatz und Flachreliefs.

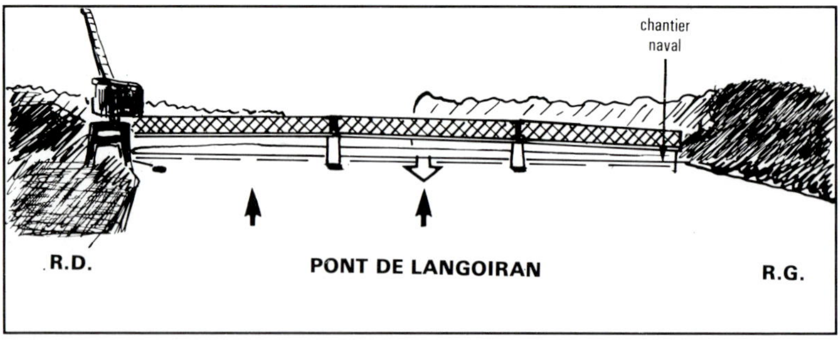

LANGOIRAN

Autre ponton à Langoiran où l'on pourra aller se ravitailler dans ce bourg de 1600 habitants qui conserve les ruines d'une forteresse des 13è et 14è siècles, incendiée pendant la Fronde.

Another pontoon at Langoiran, convenient for taking on provisions in this town, with 1600 inhabitants. Ruins of a 13th/14th century fortress.

Ein weiterer Ponton in Langoiran. In diesem kleinen Ort von 1600 Einwohnern kann man sich mit Lebensmitteln versorgen. Ruinen einer Festung aus dem 13. und 14. Jahrhundert.

Marché : jeudi.

Ne pas emprunter ce bras
Do not use this arm.
Nicht in diesen Stromarm fahren.

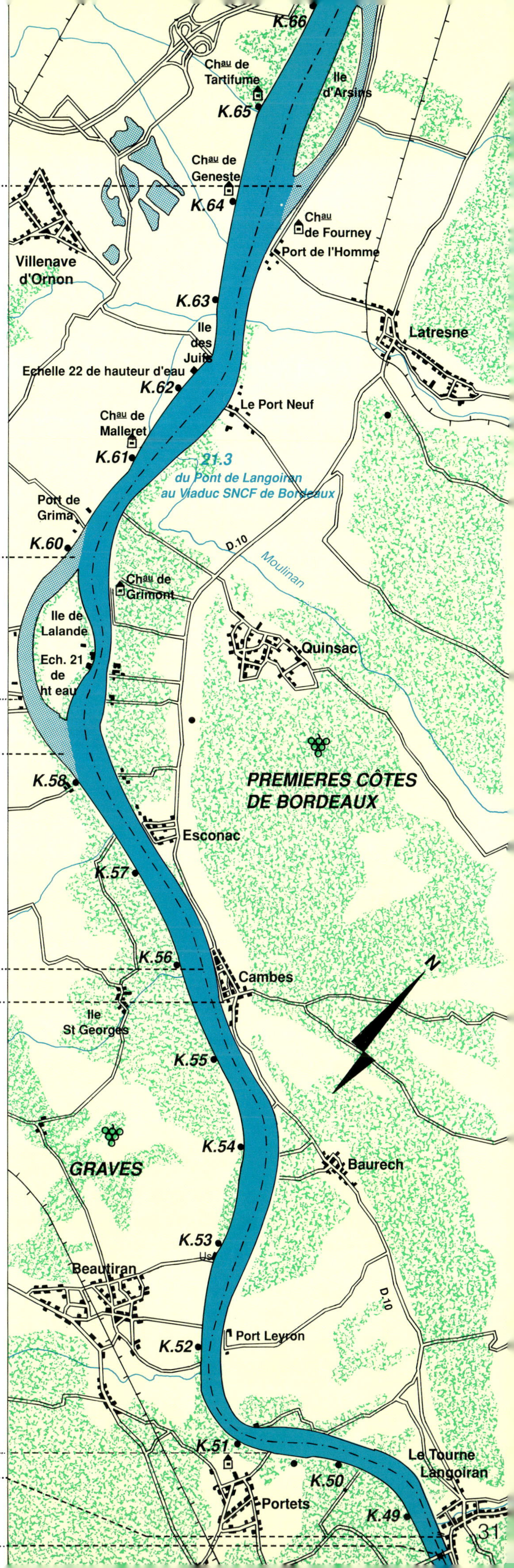

Ne pas emprunter ce bras
Do not use this arm.
Nicht in diesen Stromarm fahren.

Ponton de Cadaujac
Pontoon/*Ponton*

Haut-Fond. Ne pas emprunter le bras rive gauche.
There is little depth. Do not use the left bank arm of the river.
Keine Tiefe. Den linken Uferarm des Flusses nicht benutzen.

Vue sur les falaises d'Esconac

Ponton de juin à octobre.
Pontoon, from June to October.
Ein Ponton von Juni bis Oktober.

Quai de Portets
Ponton/Pontoon/*Ponton*

A l'aval du pont R.D.

Passage du pont : v. page 33.
Passage under the bridge : see page 33 / *Brückendurchfahrt :* *siehe Seite 33.*

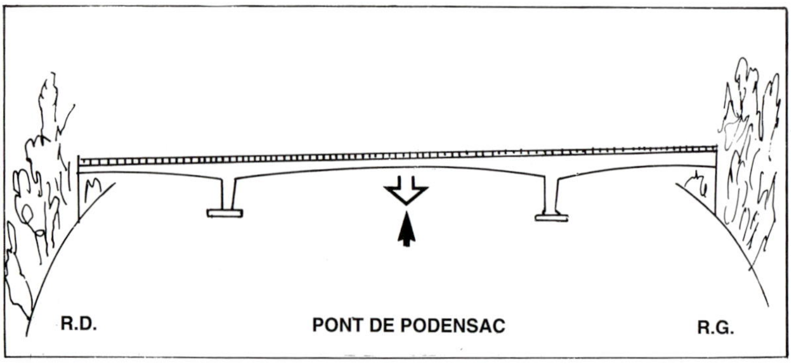

PODENSAC

Le pont de Béguey-Podensac est le plus récent de la Garonne fluviale. Attention aux rochers à 20 mètres de la rive droite.

Béguey-Podensac bridge is the most recent to have been built on the navigable Garonne. Watch out for the rocks 20 metres from the right bank.

Die Brücke von Béguey-Podensac ist die neueste Brücke auf dem Garonne-Fluss. Achtung auf Felsen in 20 Metern vom rechten Ufer.

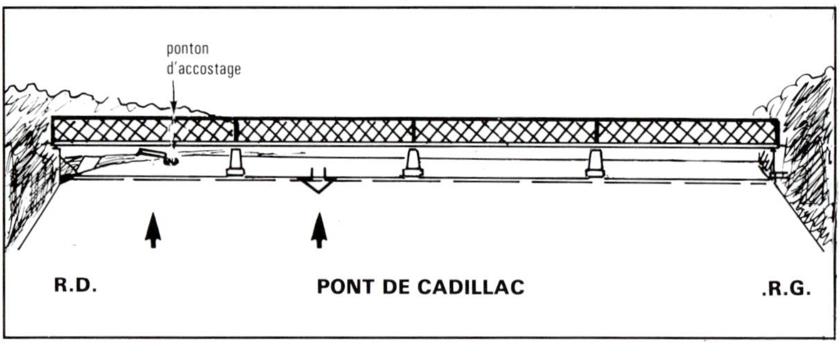

CADILLAC

Escale intéressante avec ponton, poste d'eau, local d'accueil et toutes ressources. Siège de la subdivision du Service de la Navigation de la Garonne. Cadillac est une "bastide" avec des remparts bien conservés et deux belles portes. L'imposant château des ducs d'Epernon (1598-1620) comporte 8 cheminées monumentales et des sous-sols voûtés.

En période de basse eaux, le "mascaret" peut être dangereux à l'accostage. Voir page 26.

This is a place worth stopping at, with a pontoon mooring, water point, reception building and all shops and services on hand. Cadillac is a 'blockhouse' with well-preserved ramparts and two fine gates. The imposing castle of the dukes of Epernon (1598-1620) has eight monumental chimmeys and vaulted basements.

In periods of low flows, the "mascaret" or tidal bore can be dangerous.

Ein interessanter Zwischenhalt, mit Ponton, Trinkwasser, Empfangsraum und allen Hilfsmöglichkeiten. Sitz der Schiffahrtsbehörde der Garonne. Cadillac ist ein Ort mit einem grossen Platz in der Mitte, mit gut erhaltenen Bauwerken und 2 schönen Toren. Das stattliche Schloss der Herzöge von Epernon (1598-1620) hat 8 übergrosse Schornsteine und gewölbte Untergeschosse.

Bei Niedigwasser kann der "Mascaret" (eine Welle, die stromaufwärts läuft) gefährlich werden.

Service Navigation, tél. 56.62.66.50.
Piscine (voir carte).
Marché : samedi.
Fête locale : Fête de la fleur (mai - juin). Fête du vin nouveau (octobre).

Ponton, de juin à octobre.

Passage arche RD ou arche centrale. Voir croquis

au chantier sous pont RG.

Beau rideau de peupliers.
Fine row of poplar trees.
Eine schöne Baumwand aus Pappeln.

A voir : Château de Langoiran (13è).

Cale du Service Navigation.

Epis rive gauche.
Groynes on left bank.
Buhne am linken Ufer.

Epis rive droite.
Groynes on right bank.
Buhne am rechten Ufer.

A voir : Porte 14è à Rions

Chantier Laubie.

Quai rive gauche.
Mauvaises conditions en été.
Quay on left bank.
Kai am linken Ufer.

Passage sous arche centrale. Voir croquis.Rochers à 20 m. de la R.D.
Passage under the central arch of the bridge.
Durchfahrt unter dem Mittelbogen der Brücke.

Pont délicat. Courant. Suivre croquis.
Delicate bridge. Current. Follow course shown on sketch plan.
Schwierige Brücke. Strömung. Dem Detailplan folgen.

Ponton de juin à octobre.

A voir : Château des ducs d'Epernon.

Haut-Fond de Loupiac K. 33,5 à 35. Attendre le flot.
Loupiac shoal. Navigation signs. Wait for the flood tide.
Untiefe von Loupiac. Signalgebung. Den Flutstrom abwarten.

Pieux rive droite. Accostage en cas de nécessité.
Piles on right bank. Mooring possible in case of need.
Pfähle am rechten Ufer. Anlandung bei Notlage.

Epis rive droite.
Groynes on right bank.
Buhne aù rechten Ufer.

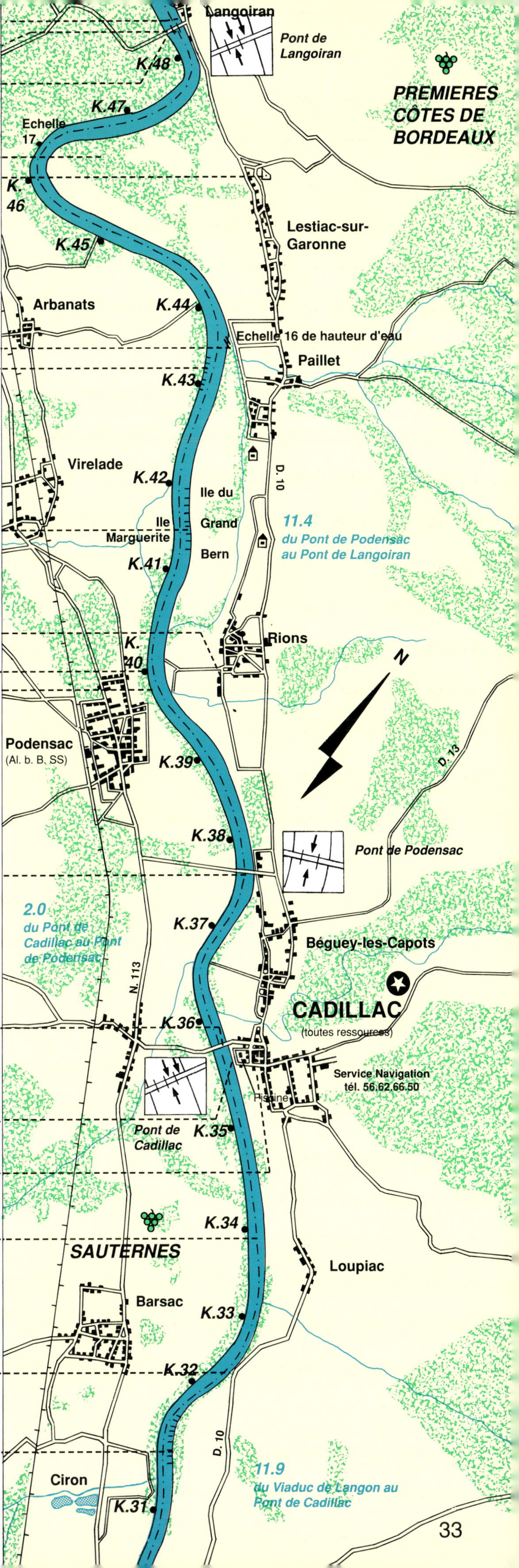

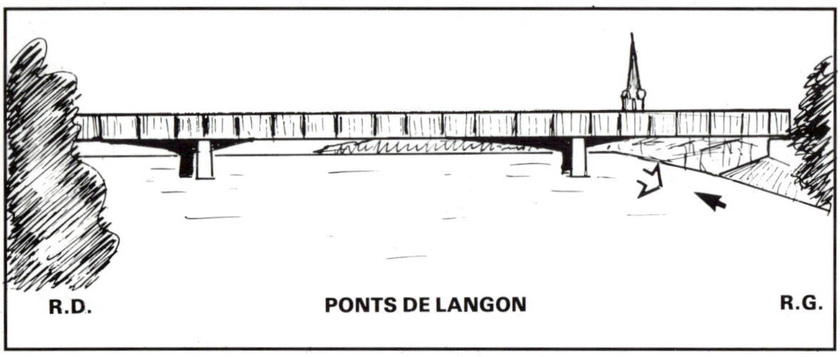

LANGON

Cette sous-préfecture commerçante est la seule petite ville de notre itinéraire entre Bordeaux et Agen. Mais elle ne possède aucune curiosité notable. Accostage à l'amont de la ville, (halte nautique) à moins qu'on ne préfère un amarrage plus tranquille à Castets, dans les bassins du canal, à 8 kilomètres de là. Langon est une excellente base de départ pour aller visiter les vignobles de Sauternes (Château Yquem) et Barsac, des Graves, de l'Entre-Deux-Mers et des Côtes de Bordeaux - Saint-Macaire.

This is the only sizeable town on our itinerary between Bordeaux and Agen, but it has no notable curiosity. Moorings upstream of the town, unless it is preferred to proceed upstream to the calmer moorings in the canal basins at Castets, 8 km away. Langon is an excellent departure point for visiting the vineyards of Sauternes (Château-Yquem), Barsac, Graves, Entre-Deux-Mers and Côtes de Bordeaux Saint-Macaire.

Dies ist die einzige Stadt auf unserem Reiseweg zwischen Bordeaux und Agen. Sie besitzt aber keine nennenswerte Sehenswürdigkeit. Anlandung oberhalb der Stadt, wenn man nicht einen ruhigeren Liegeplatz in Castets vorzieht, in den Kanalbecken auf 8 Kilometern Entfernung. Langon ist ein ausgezeichneter Ausgangspunkt um die Weinberge von Sauternes (Château Yquem) zu besuchen, auch Barsac, Graves, Entre-Deux-Mers und Côtes de Bordeaux Saint - Macaire.

Office de Tourisme : allées J. Jaurès, tél. 56.62.34.00.
Marché : mardi et vendredi

SAINT-MACAIRE

Cité médiévale très pittoresque. Trois portes fortifiées, un dédale de ruelles étroites, une église Saint-Sauveur dotée d'une nef du 13è et d'un clocher hexagonal du 14è et de nombreuses maisons Renaissance. Et, plus inattendu, le Musée Postal d'Aquitaine. La Poste d'autrefois, quand les PTT ne faisaient pas grève...

Picturesque medieval town. It boasts three fortified gateways, a maze of narrow streets, a church with 13th century nave, and a 14th century hexagonal clocktower, as well as numerous houses from the Renaissance period.

Es gibt einen Kai und eine Rampe am rechten Ufer um die sehr malerische mittelalterliche Stadt zu besichtigen. Drei befestigte Tore, ein Labyrinth von engen Gassen, eine Kirche mit einem Kirchenschiff aus dem 13. Jahrhundert und einem sechseckigen Glockenturm aus dem 14. Jahrhundert, sowie zahlreiche Häuser aus der Zeit der Renaissance.

SAINT-PIERRE D'AURILLAC

Une halte nautique offre eau et bornes électrique sur le ponton.

Boat moorings with water and electricity connections on the pontoon.

Ein nautischer Haltepunkt mit Trinkwasser und elektr. Strom auf dem Ponton.

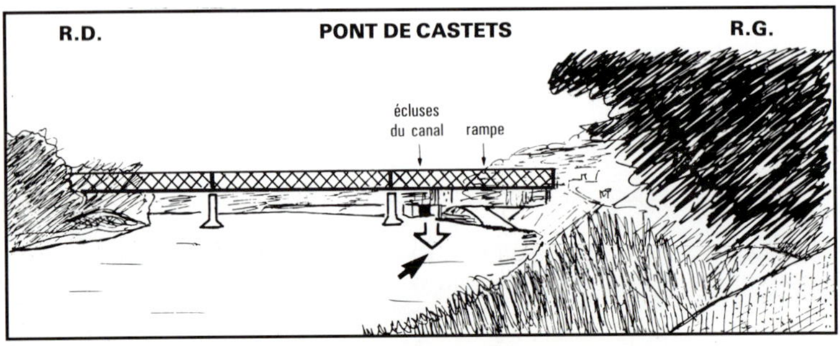

Epis rive droite.
Groynes on right bank.
Buhne am rechten Ufer.

Passage des ponts délicat. Passes selon croquis. Courant. Passer entre la pile R.G. et la rive gauche.
Bridges difficult to negotiate. Strong current. Pass between the left-bank pier and the left bank.
Schwierige Durchfahrt unter den Brücken, Strömung.Zwischen dem linken Ufer und dem linken Brückenpfeiler durchfahren

Piles de l'ancien pont. Passer entre la RG et la pile RG.
Piers of former bridge.
Pfeiler der alter Brücke.

Epis R.D.
Groynes on right bank.
Buhne am rechten Ufer.

Halte nautique.

Epis R.G.
Groynes on left bank
Buhne am linken Ufer

Accostage pas facile

Cité médiévale St Macaire.

Section délicate. Courant. Balisé.
Difficult section. Strong current.
Durchfahrt mit gewissen Schwierigkeiten. Verbunden Strömungen !

Seuil rocheux. Passe étroite balisée rive gauche
Delicate section. Sill.
Felsiger Grund. Enge. Durchfahrt am linken Ufer betonnt.

Halte nautique
Boat moorings
Nautischer Haltepunkt

Section délicate. Seuil.
Delicate section. Sill
Schwierige Strecke. Untiefe.

Epis rive gauche.
Groynes on left bank.
Buhne am linken Ufer.

Arrivée à l'écluse de Castets. **Voir page 38.**
Ecl. 53 Castets M

Halte nautique de Castets

Conditions de navigation en Garonne fluviale : **voir p. 26.**
Conditions of navigation in the tidal Garonne : see page 26.
Schiffahrtsbedingungen auf dem Fluss Garonne : ***siehe Seite 26.***

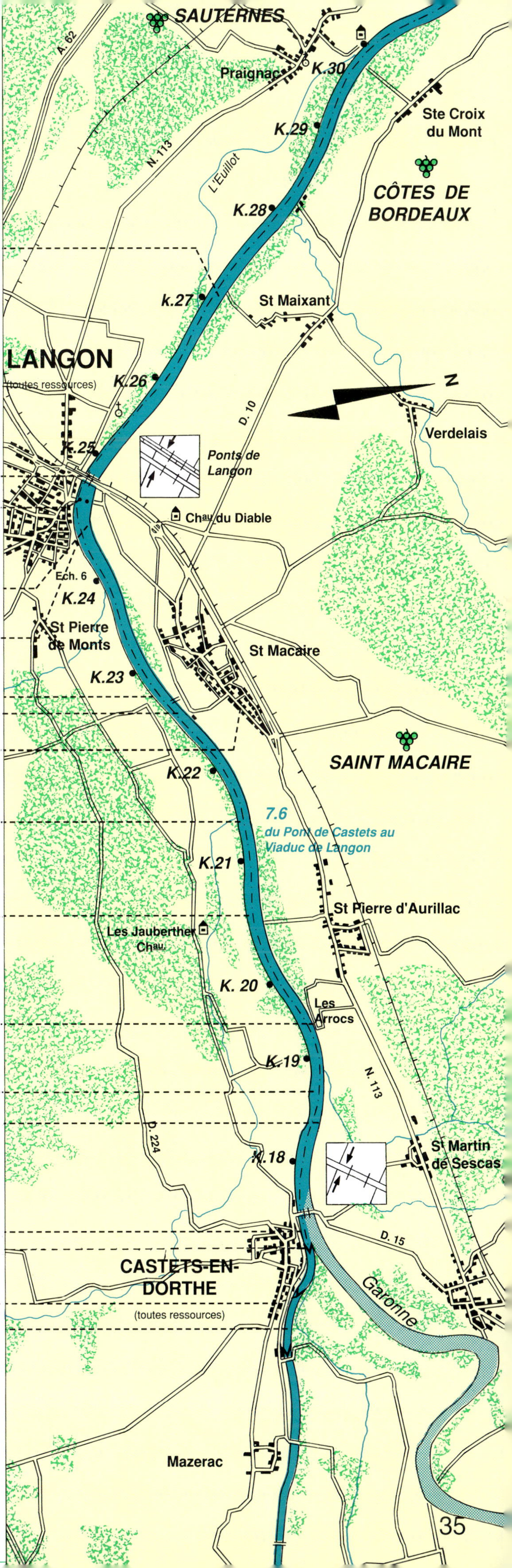

Entrée dans l'écluse de Castets

ARRIVÉE À L'ÉCLUSE DE CASTETS - **L'écluse de Castets permet l'entrée du canal latéral à la Garonne. Par rapport aux horaires normaux de navigation, son ouverture est avancée ou sa fermeture retardée aux heures de marée haute, avec l'amplitude maximale ci-après : après 5 heures du matin et avant 23 heures le soir, du 1er avril au 30 septembre (21 heures du 1er octobre au 31 mars).**

En vue du pont, se présenter côté rive gauche pour passer entre la pile rive gauche et la rive.

Si l'écluse n'est pas ouverte, utiliser un poste d'accostage d'attente, rive gauche, à 200 mètres en aval du pont, ou mouiller à l'aval du pont, au milieu du fleuve.

Entre le pont et l'écluse, serrer la rive en se méfiant du haut-fond (banc de gravier, voir croquis). L'écluse comporte deux sas accolés : c'est celui côté terre qui est de préférence utilisé.

Manoeuvrer lentement pour entrer, en raison de remous. La hauteur de chute est impressionnante. S'amarrer aux tubes encastrés dans le bajoyer (on a vu parfois l'éclusier tendre une perche). Pas de manivelle à tourner ; l'écluse est électrique, manoeuvrée depuis la tourelle située entre les deux sas.

Dans le bassin qui suit l'écluse 52, excellents accostages ombragés (voir page 39).

On arrival at Castets, pass between the left bank and the left-bank pier of the bridge. If the lock is not open, use the mooring on the left bank 200 m downstream of the bridge, or drop anchor downstream of the bridge, in mid-stream. Upstream-bound vessels may lock through at any time from 5.00 to 23.00, on request to the lock-keeper. (Winter : from 5.00 to 21.00)).

Between the bridge and the lock, watch out for the gravel bank (see diagram). Proceed slowly and carefully into the lock, on account of the turbulence. Tie up to the tubes set into the wall of the lock chamber. The lock is electrically operated.

There are pleasant shaded moorings in the pound following lock 52 (see page 39).

ARRIVEE A L'ÉCLUSE DE CASTETS

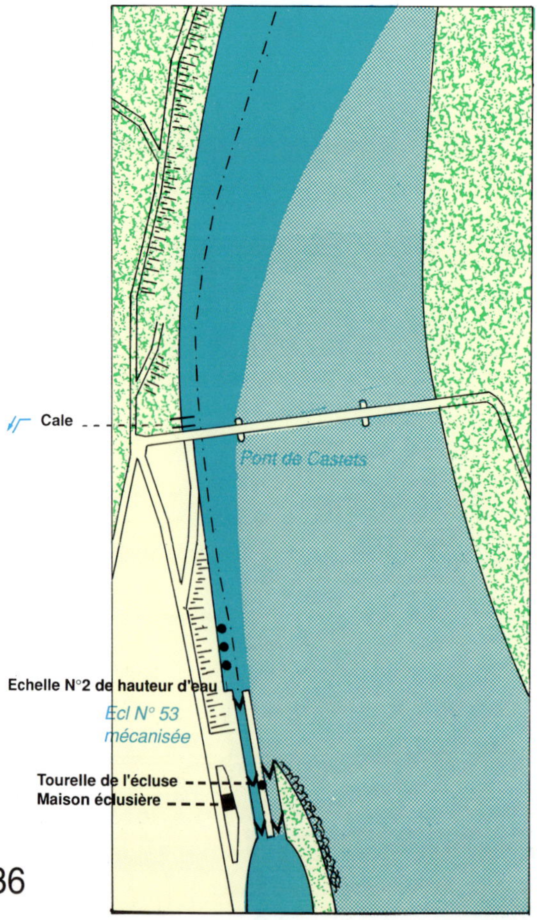

Bei der Ankunft in Castets zwischen dem linken Flussufer und dem linken Brückenpfeiler durchfahren. Wenn die Schleuse nicht geöffnet ist, 200 m stromaufwärts vor der Brücke festmachen oder in der Mitte des Flussbettes unterhalb der Brücke den Anker werfen. Bergfahrer können nach Anmeldung beim Schleusenwächter zwischen 5 Uhr und 23 Uhr durchgeschleust werden. (im Winter von 5 bis 21 Uhr).

Zwischen der Brücke und der Schleuse auf die in der Zeichnung angegebenen Kiesbänke achtgeben. Für die Einfahrt in die Schleuse langsam manövrieren aufgrund der Widerwasser oder Strudel. An den in den Mauern des Schleusenbeckens eingelassenen Gestängen festmachen. Die Schleuse wird elektrisch betätigt.

In dem Becken nach der Schleuse 52 gibt es ausgezeichnete, schattige Anlegemöglichkeiten (Seite 39).

3. Canal latéral

Echelle / Scale / ***Masstab*** 0 1 2 3 4 5

1 / 100.000 1 cm = 1 km

CONDITIONS DE NAVIGATION SUR LE CANAL LATÉRAL

Le canal latéral comporte de longs biefs rectilignes et des tournants à rayon assez grand ; pas de difficulté particulière à cet égard. Le croisement des péniches se fait sans difficulté particulière ; pour le dépassement, il est préférable de ne l'opérer que lorsque le marinier vous en donne l'autorisation. Un léger courant se dirige en direction de Bordeaux. A l'aval de chaque écluse, un déversoir provoque un courant traversier. Il faut en tenir compte quand on se prépare à engager le bateau dans l'écluse. A l'amont de l'écluse, la prise d'eau de ce déversoir produit un effet d'aspiration. A chaque écluse, le côté d'amarrage est celui du chemin de halage.

Beaucoup d'écluses sont automatisées (voir notice d'utilisation page 38). A Montech, une "pente d'eau" double 5 écluses mais les bateaux de plaisance doivent continuer à emprunter les écluses normales (carte 61).

Tout au long du canal latéral, se méfier des bassins et des anciens ports qui, pour la plupart, sont envasés.

Le trafic commercial est moyen ; on peut rencontrer 1 ou 2 péniches par journée de navigation.

La traversée des longs ponts-canaux (Agen, Moissac) ne pose pas de problème. Priorité au bateau se dirigeant sur Bordeaux.

CONDITIONS OF NAVIGATION

The Lateral Canal consists of many long, straight pounds with tairly easy curves. Consequently, there is no reason to be apprehensive about meeting barges ; however, it is preferable not to attempt to overtake a barge unless her skipper invites you to do so. There is a slight current downstream towards Bordeaux. Immediately downstream of each lock the outfall of a by pass weir creates an awkward cross-current which should be compensated for when approaching the lock entrance. Upstream of the lock, the off-take for this weir similarly creates a suction effect. At each lock, the side on which mooring bollards are provided is the same side as the towpath.

Numerous locks, particularly between Castets and Agen, are now automatically operated (see operating instructions on page 38). At Montech (map 61) there is the prototype of a completely new type of inclined barge lift known as a "water slope", which by-passes a flight of five locks, but pleasure craft are to continue using the old locks.

Throughout the length of the Lateral Canal, treat the basins and disused ports with suspicion, since most of them are permanently silted up.

Commercial traffic is moderate ; in an average cruising day, one would expect to encounter 1 or 2 barges.

Passing over the long aqueducts at Agen and Moissac present no difficulty. The vessel navigating towards Bordeaux has priority.

RATSCHLÄGE FÜR DIE SCHIFFAHRT

Der Seitenkanal besteht aus langen, gestreckten Abschnitten und Kurven mit ziemlich grossen Halbmessern. Das Begegnen der Penichen geschieht ohne grössere Schwierigkeit ; ein Uberholmanöver sollte aber nur gemacht werden, wenn der Schiffer Sie dazu auffordert. Es gibt eine schwache Strömung (in Richtung Bordeaux).Unterhalb jeder Schleuse verursacht ein Auslauf eine Querströmung ; man muss sie beim Einlaufen in die Schleuse berücksichtigen. Oberhalb der Schleuse verursacht der zugehörige Wassereinlauf eine Saugwirkung, In jeder Schleuse liegt die Seite zum Fastmachen auf der Seite des Treidelpfads.

Viele Schleusen, besonders von Castets nach Agen, sind automatisiert (siehe die Bedienungsanweisung auf Seite 38). In Montech (Karte 61) verläuft ein neuartiges Hebewerk "Wasserecke" genannt, parallel zu den 5 Schleusen. Sportboote müssen jedoch weiterhin die üblichen Schleusen benutzen.

Auf der ganzen Länge des Seitenkanals wird vor Kanalbecken und alten Häfen gewarnt. Die meisten davon sind immer verschlammt.

Der Berufsverkehr ist mässig ; auf einer Tagesfahrt kann man etwa 2 Penichen begegnen.

Die Fahrt über die langen Kanalbrücken (Agen, Moissac) bringt keine Probleme. Das Schiff in Richtung Bordeaux hat Vorfahrt.

NOTICE D'UTILISATION DES ÉCLUSES AUTOMATISÉES DU CANAL LATÉRAL

Feux avancés : ○ = feu éteint.

1. Attendre et maintenir le bateau dans l'axe de la perche.

2. Avancer très doucement. Faire tourner 1/4 de tour la perche blanche et rouge qui pend au-dessus du canal.

3. Avancer et entrer dans l'écluse (sauf si le feu de l'écluse est rouge : attendre, dans le cas, qu'il devienne vert pour entrer dans l'écluse).

4. Après l'amarrage, tirer le levier placé sur le terre-plein à côté de la cabine pour mettre l'écluse en marche.

5. Pour faire ouvrir les portes de sortie, tirer à nouveau sur le même levier. Lorsqu'il y a égalité des niveaux, les portes s'ouvrent. Attention **: elles se referment trois minutes plus tard. Il convient donc de sortir immédiatement.**

Nota **: Quand les deux feux sont rouges, il est inutile d'actionner la perche. La manoeuvre reste sans effet.**

OPERATING INSTRUCTIONS FOR THE AUTOMATIC LOCKS ON THE GARONNE LATERAL CANAL

Lights showing before the lock : ○ = no light showing.

1. Wait here, keeping the boat in line with the pole.

2. Proceed very slowly. Give a quarter turn to the pole suspended above the canal.

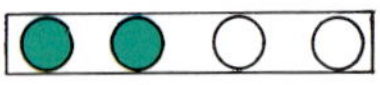

3. Proceed and enter lock (unless the light showing at the lock is red in this case wait until it turns green before entering the lock).

4. After tying up pull the lever located on the paved area beside the cabin to operate the lock.

5. To leave lock, pull once again on the same lever to open gates. These will open automatically when the levels are equal. **Take note** : the gates will close again three minutes later, so it is important to move out of the lock straight away.

N.B. There is no point in turning the pole when both lights are red. The manoeuvre will have no effect.

BEDIENUNGSANWEISUNG DER SELBSTTÄTIG ARBEITENDEN SCHLEUSEN DES SEITENKANALS DER GARONNE

Vorsignal-Lichter : ○ = Licht gelöscht.

1. Warten und das Boot in der Achse der Stange halten.

2. Sehr langsam näher fahren. Die über dem Kanal hängende Bedienungsstange eine Vierteldrehung nach rechts drehen.

3. Weiterfahren und in die Schleuse einfahren (ausser wenn das Schleusen-Signallicht rot ist : in diesem Fall warten, bis das Licht grün zeigt, um in die Schleuse einzufahren).

4. Nach dem Festmachen den Hebel oben neben dem Bedienungshaus ziehen um die Schleuse in Betrieb zu setzen.

5. Um die Ausfahrtore zu öffnen nochmals am gleichen Habel ziehen. Wenn Gleichstand des Wassers erreicht ist, öffnen sich die Tore. *Achtung* ***: sie schliessen sich 3 Minuten später wieder. Mann muss also sofort die Schleuse verlassen.***

Anmerkung : Wenn beide Lichter rot sind, ist es zwecklos die Stange zu betätigen. Es würde ohne Wirkung bleihen.

Feux avancés d'une écluse et la perche qui pend au-dessus de l'eau.

Ecluse automatisée du canal latéral

CASTETS-EN-DORTHE

Après l'éclusage de Castets, nous conseillons au plaisancier d'aller dans le deuxième bassin, en passant l'écluse des Gares. Il y trouvera une halte nautique appréciée, avec eau, électricité, boissons, glace, douches, etc... Cadre très ombragé, au pied de la colline, qui permet de se reposer de la tension de la navigation en Garonne. Le village de Castets dispose de toutes les ressources essentielles. L'écluse suivante (la N°51) est la première des écluses automatisées qu'on rencontrera tout au long du Canal latéral. Voir page 38 comment les franchir.

After the passage through Castets lock, it is advised to proceed through the next lock (Gares) into the second basin. The boatowner or hirer will find here much appreciated pleasure craft facilities, with water, electricity, drinks, ice, showers, etc... The basin is pleasantly shaded, at the foot of the hill, and offers the possibility of a rest after the tension of navigation of the Garonne. The village of Castets has all the essential shops and services.

Nach der Schleusung in Castets raten wir dem Sportschiffer, in das zweite Becken zu fahren, wobei man die Schleuse von Gares durchfährt. Er findet dort einen sehr guten nautischen Stützpunkt, mit Trinkwasser, Strom, Getränken, Eis, Duschen, u.s.w... Sehr schattige Umgebung, am Fuss des Hügels, wo man sich nach der Anspannung bei der Schiffahrt auf der Garonne erholen kann. Das Dorf Castets verfügt über alle wesentlichen Hilfsmöglichkeiten.

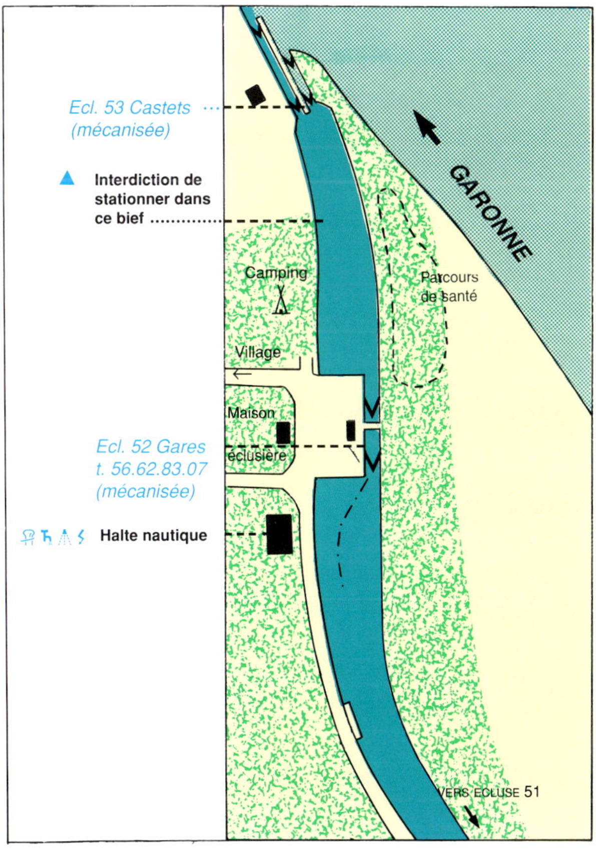

Halte nautique de Castets

MEILHAN

Escale sympathique dans un petit bassin ombragé, terminus du bateau-promenade "L'Escapade". Perché sur sa butte, le village est très pittoresque et de là-haut on a une vue superbe sur la Garonne et le canal.

Pleasant mooring in a small shaded basin (water point), and point of embarkation for cruises on the trip boat 'L'Escapade'. Perched on a hill, the village is most picturesque, and the climb up to the top is rewarded by a superb view over the Garonne and the canal.

Gefälliger Zwischenhalt in einem kleinen schattigen Kanalbecken (Trinkwasser), Endpunkt des Ausflugschiffes "L'Escapade". Dieses sehr malerische Dorf liegt hoch auf einem Hügel, von wo man eine ausgezeichnete Sicht auf Garonne und Kanal hat.

- **Société de location :** L'Escapade, tél. 56.63.06.45
- **Fête locale** : 4e dimanche de juillet.
- **Promenade sur le canal,** en groupe ou individuels, entre Meilhan et Castets, à la journée ou 1/2 journée, à bord de "l'Escapade" (82 places). Repas gastronomique dans salle panoramique, entre canal et Garonne. L'Escapade, tél. 56.63.06.45.
- **Piscine**

/ Restaurant du Tertre, tél. 53.94.30.28.
A 10 minutes. Menus régionaux et panorama magnifique
A 10-minute walk from your mooring. Regional menus ans superb panarama.
In 10 Minuten. Regionale Küche und herrlicher Rundblick.

/ A deux pas du canal, tél. 53.94.36.82
Le restaurant de la Société "L'Escapade"
Restaurant belonging to the compagny with operates "L'Escapade"
Das Restaurant der Gesellschaft "L'Escapade".

Le port de Meilhan et
le bateau promenade
"l'Escapade"

K.193.296
Ecl. 53 Castets M.

Ecl. 52 Gares (3.79) M.
tél. 56.62.83.07.

Halte nautique
Ecl. 51 Mazerac (2,82) A
K. 192.049

K. 187.600
Ecl.. 50 Bassanne (1.73) A.

Toutes ressources à La Réole.

Ecl.. 49 Fontet (1.61) A.
K. 183.453
Conducteur des V.N.
à l'écluse
Tél. 56 61 28 74

Ecl.. 48 Auriole (2.00) A.
K. 180.848

★ Très jolie section.
Very attractive pound.
Sehr hübscher Kanalabschnitt.

Restaurant du Tertre.

Halte nautique
Basin on the right bank.
Kanalbecken am rechten Ufer.
K.175.301

Ecl.. 47. Gravières (1.94) A
K. 173.359

Ecl.. 46 Bernes (2.06) A.
K.170.884

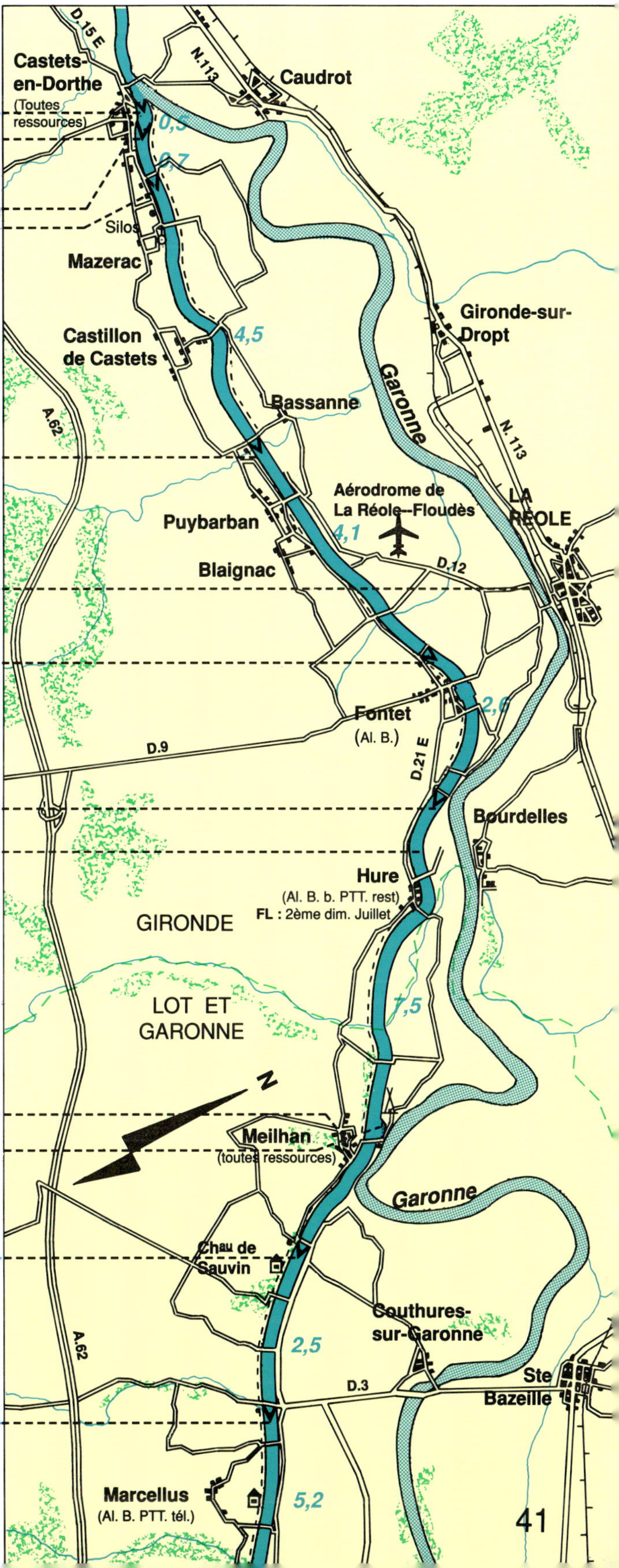

MARMANDE

Accostant au Pont des Sables, on peut aller, avec les vélos du bord, à Marmande, ville de 20.000 habitants qui possède les commerces en conséquence. Depuis Meilhan, on est en Lot-et-Garonne, département aussi gastronomique (foie gras, truffes, pruneaux) que touristique (les bastides). A Marmande, voir l'église Notre-Dame avec un cloître Renaissance daté de 1540 et, dans celui-ci, un retable représentant Saint Benoît. Voir aussi le Musée Albert Marzelles.

From the mooring at the Pont des Sables, it is worth taking the boat's bicycles to visit Marmande, a town of 20 000 inhabitants, with all shops, services, etc. Sights to be seen here include the church of Notre-Dame with its Renaissance cloister dating from 1540, and the Albert Marzelles museum.

An der Brücke (Pont des Sables) anlegen und mit den Bordrädern nach Marmande fahren, einer Stadt mit 20.000 Einwohnern, die entsprechende Versorgungsmöglichkeiten bietet. In Marmande die Kirche Notre Dame mit ihrem Kreuzgang in Renaissance (1540) sowie das Museum Albert Marzelles besuchen.

Office du Tourisme : Boulevard Gambetta - tél. 53.64.44.44.
Marchés : mardi - jeudi - samedi.
Fêtes locales : Cavalcade du Marmandais (avril - mai)
Printemps musical de Marmande (mai - juin).

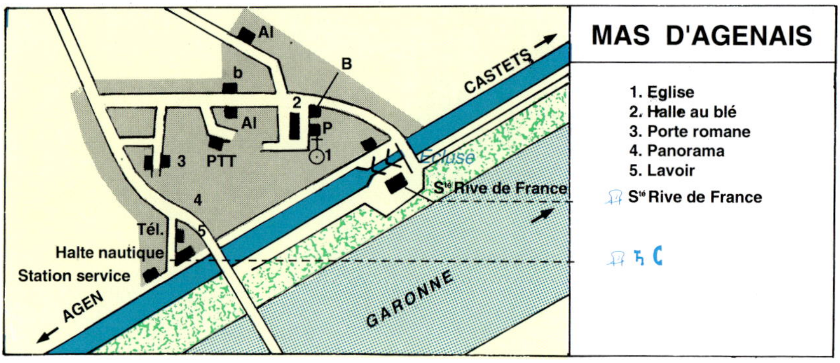

LE MAS D'AGENAIS

Voici une autre halte agréable avec poste d'eau, toute proche d'une station-service avec gazole. Le village de Mas d'Agenais qui les surplombe possède une église romane du 11è siècle contenant une Crucifixion de Rembrandt (1631) et un sarcophage en marbre du 4è siècle. C'est à Mas d'Agenais qu'a été mise à jour la "Vénus du Mas" exposée au Musée d'Agen. Tous commerces et joli panorama sur la vallée de la Garonne. Escale avec prestations gratuites et base de l'importante société de location "Rive de France".

This is another pleasant mooring with a water point, and a service station selling diesel in the immediate vicinity. The village of Mas d'Agenais, overlooking the canal, has an 11th century romanesque church containing a painting by Rembrandt and church containing a crucifixion by Rembrandt (1631) and a marble sarcophagus from the 4th century. All shops, and a fine panoramic view over the Garonne valley. Moorings with a friendly welcome, and services provided free of charge. Boat hire firm "Rive de France".

Dies ist ein weiterer angenehmer Stützpunkt mit Wasserzapfstelle, ganz in der Nähe einer Tankstelle mit Diesel. Darüber liegt das Dorf Mas d'Agenais, mit einer romanischen Kirche aus dem 11. Jahrhundert, in der ein Bild von Rembrandt hängt mit einer Kreuzigung (1631) und einem prunkvollen Steinsarg aus dem 4. Jh. Geschäfte und ein hubscher Ausblick über das Tal der Garonne. Ein Anlegeplatz mit kostenlosen Dienstleistungen und viel Freundlichkeit. Charter Firma "Rive de France".

Office de Tourisme, tél. 53.89.50.58
Société de location : Rive de France, tél. 53.20.97.17
Marché : le jeudi.
Fête locale : 2e dimanche de juillet.
Piscine

LAGRUÈRE

Une nouvelle halte nautique est installée rive droite, à l'amont du pont, bénéficiant d'un quai d'accostage de 30 mètres, d'un bloc sanitaire et d'une aire de pique-nique et de jeu. On vous propose là eau et électricité, téléphone, vente de produits locaux (conserves, fruits, légumes, pruneaux, vin, miel, pain, lait), une buvette, des visites guidées (culture de tabac, miellerie), location de vélos et d'un house-boat. Qu'on se le dise !

A new mooring has been developed on the right bank upstream of the bridge, with a quay 30 metres long, a sanitary building, and a picnic and playing area. Here you will find water and electricity points, telephone, local produce for sale (conserves, fruit, vegetables, prunes, wines, honey, bread and milk), a bar, guided visits (tobacco farm, honey-making), and bicycles and a cabin cruiser for hire.

Ein neuer Liegeplatz wurde auf dem rechten Ufer oberhalb der Brücke mit einer Landemauer von 30 Metern, Sanitäreinrichtungen sowie einem Rast- und Spielplatz angelegt. Dort finden Sie Wasser, Stromanschluss, Telefon, Angebot an regionalen Produkten (Konserven, Früchte, Gemüse, Dörrpflaumen, Wein, Honig, Brot, Milch!), Getränkausschank, Rundfahrten (Tabakanbau, Imkerei), Vermietung von Fahrrädern und Hausbooten. Was kann das Herz noch mehr begehren ?

Halte nautique : tél. 53.89.58.12. **Mairie** : tél. 53.89.51.02.

Ecl. 45 Avance (2.44) A.
K. 165.716

Station-Service.

Rive droite. Envasé.
Mooring on right bank. Silted up.
Festmachen am rechten Ufer. Versandet.

K.155.795
Ecl.. 44 Mas d'Agenais (1.01) A.
t. 53.83.50.33.
Mas d'Agenais
voir page 42. *K.155.400*

Lagruère voir page 42.

K.150.197
Ecl.. 43 La Gaulette (2.00) A.

Quai rive droite

Ecl.. 42. La Gaule (2.03) A.
K.147.508

Ecl.. 41 Berry (2.05) A.
K.142.776

K.139.935

Navigation en Baïse : voir p. 48.
Navigation on the Baïse : see page 48.
Schiffahrt auf der Baïse : siehe Seite 48.

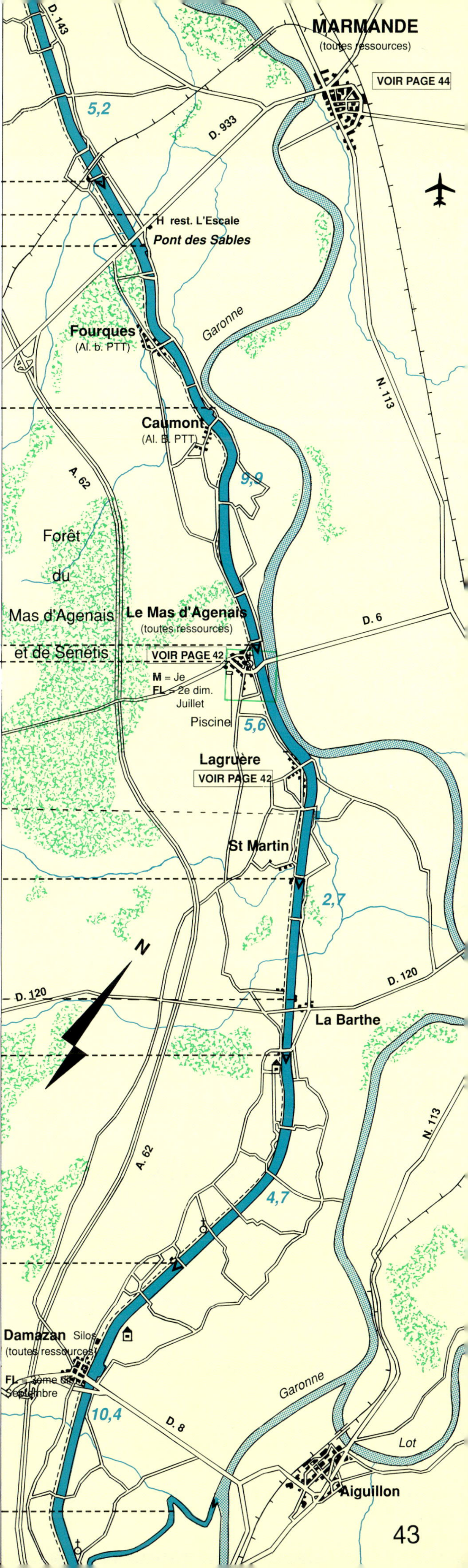

BUZET SUR BAÏSE

Un coquet petit bassin ombragé avec eau, W-C, téléphone, vente de vins et base de la société de location Aquitaine-Navigation. Le village de Buzet est de l'autre côté du canal, avec son église du 13ème, son château du 13ème et sa cave coopérative. C'est l'escale pour descendre en Baïse.

Small shaded basin with water point, toilets, public telephone, wine selling point and the boat hire base of Aquitaine Navigation. The village of Buzet is on the other side of the canal, with its 13th century church, 13th century castle and its large wine cooperative.

Ein kleines schattiges Kanalbecken mit Trinkwasser, WC, Telefon, Weinverkauf und Stützpunkt der Charter-Firma Aquitaine-Navigation. Das Dorf Buzet liegt auf der anderen Seite des Kanals, mit einer Kirche aus dem 13., einem Schloss aus dem 13. Jahrhundert und einem genossenschaftlichen Weinkeller.

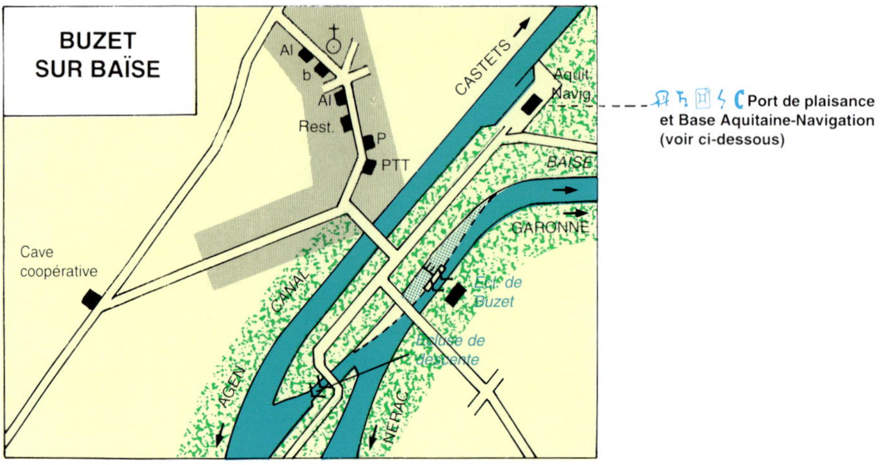

Aquitaine-Navigation,
location de bateaux,
tél. 53.84.72.50, fax 53.84.03.33
Electricité, prestations diverses.

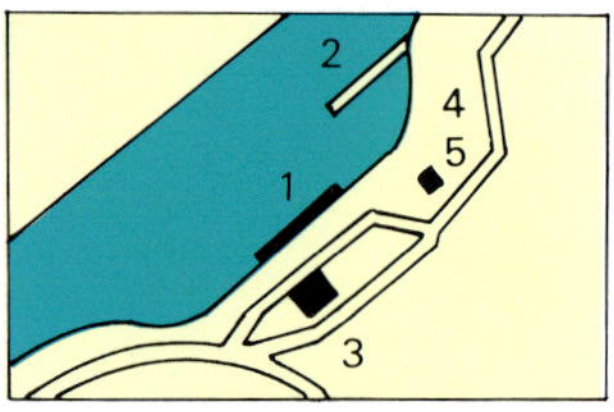

1. Quai d'accostage 50 m. (2 bornes d'eau + électr.)
2. Ponton d'accost. 20 m
3. Capitainerie
4. Aire de pique-nique
5. Buvette

LA BAÏSE

Il est possible, en partant du Canal latéral à la Garonne, de naviguer sur la rivière la Baïse, de Nérac jusqu'à son confluent avec la Garonne, à Saint-Léger, soit sur une distance de 27 kilomètres. L'accès à cette rivière se fait par l'écluse de descente du canal latéral à Buzet. C'est un très joli parcours, ponctué par des localités touristiquement intéressantes et qui apporte un "plus" très agréable à une croisière sur les canaux du Midi. Si vous voulez naviguer en Baïse, reportez-vous aux pages 49 à 52.

It is possible to navigate on the river Baïse, accessible from the lateral canal, between Nérac and the confluence with the river Garonne at Saint-Léger, that is a distance of 27 kilometres. Access to this river is through the double staircase lock from the canal at Buzet (at the bottom of the map on page 45). The river's course is most attractive, including a number of places of tourist interest, making this a pleasant 'diversion' during the cruise along the Midi canals. If intending to cruise up the river Baïse, refer to pages 49 to 52.

Kann man vom Garonne-Seitenkanal aus auf den Fluss Baïse fahren, von Nérac bis zum Zusammenfluss mit der Garonne bei Saint-Léger, insgesamt 27 Kilometer. Man gelangt auf diesen Fluss durch die Abstiegsschleuse des Seitenkanals in Buzet (auf der Karte Seite 45 dieses Führers unten). Es ist ein sehr hübscher Abschnitt, mit touristisch interessanten Orten, eine zusätzliche schöne Strecke bei einer Kreuzfahrt auf den Kanälen des Midi. Für die Fahrt auf dem Fluss Baïse findet man die Information auf den Seiten 49 bis 52.

FEUGAROLLES

On peut s'arrêter à Feugarolles pour les provisions alimentaires. Et de là aller voir, dans les environs, beaucoup de choses intéressantes : l'église de Calezun (antérieure au 11ème), le tumulus de Berges et Calezun, le château de Trenqueléon (18ème, tapisseries), le château de Castelvieil (reconstruit au 17ème siècle), l'église de Brazalem, le château de Salles (18ème). Toutes ces curiosités touristiques peuvent être visitées lors de la mini-croisière sur la Baïse (voir pages 49 et 52).

The mooring at Feugarolles is useful for taking on provisions. From here, there are many things worth visiting in the area : church at Calezun (pre-11th century), the tumuli at Berges and Calezun, Trenqueléon castle (18th century, with fine tapestries) and the castles of Castelvieil, Brazalem and Salles.

Man kann in Feugarolles Halt machen, um die Grundnahrungsmittel zu beschaffen. Von dort kann man dann in der Umgebung viele interessante Dinge sich ansehen : Kirche von Calezun (vor dem 11. Jahrhundert), den Grabhügel von Berges und Calezun, das Schloss von Trenqueléon (18. Jahrhundert, Gobelins), das Schloss von Castelvieil, die Kirche von Brazalem, das Schloss von Salles.

Port de Buzet et Sté de location Aquitaine-Navigation
tél. 53.84.72.50. ....

K.136.100

Descente en Baïse. Voir page 49.
Locks down to the Baïse : see page 49.

Abstieg auf die Baise.* *Siehe Seite 49.

K.132.418

Ecl.. 40 Larderet (2.44) A. ....
Ecl.. 39 Baïse (2.53) A. ....

K.132.192

Pont-canal sur la Baïse. ....

Navigation sur la Baïse.
Voir page 49. ....
Navigation on the Baïse : see page 49.
Schiffahrt auf der Baise : Siehe Seite 49.

Port de Feugarolles (envasé) ....
Profondeur réduite mais arrêt possible pour faible tirant d'eau.
Limited depth but mooring possible for shallow-draught boats.
Geringe Wassertiefe, Liegemöglichkeiten für Fahrzeuge mit geringem Tiefgang.

Auberge Ferme du Perqui ....

K.125.111

Ecl.. 38 Auvignon (1.08) A.
tél. 53.95.29.19. ....

A voir : église du 16e-murs d'enceinte du 13e. ....

Canalisation aérienne. ....

K.119.200

Rive droite. Eau au village. ....
Mooring on right bank. Water in the village.
Festmachen am rechten Ufer. Trinkwasser im Dorf.

Pas de possibilité de s'amarrer jusqu'à Agen.
No mooring possibility from here to Agen.
Bis Agen keine Möglichkeit zum Festmachen.

Bassin envasé. ....
Silted basin. *K.115.500*
Versandetes Becken.

Passe rétrécie. ....
Narrow passage.
Enge Durchfahrt.

Décor sauvage. Pas de possibilité d'amarrage jusqu'à Sérignac.
Amazonian decor. No mooring possibility before Sérignac.
Rauhe Umgebung. Bis Sérignac keine Möglichkeit zum Festmachen. ....

Tout bateau arrivé moins d'une demi-heure avant l'arrêt de la navigation devra s'amarrer à l'amont de l'écluse 34 (pour les avalants) ou à l'aval de l'écluse 37 (pour les montants). ....
Any boat arriving less than half an hour before closure of navigation should moor upstream of lock 34 (for boats heading downstream) or downstream of lock 37 (for boats heading upstream).
Alle Boote, die mindestens eine halbe Stunde vor Betriebsschluss eintreffen, sollen oberhalb der Schleuse 34 festmachen (für Talfahrer) oder unterhalb der Schleuse 37 (für Bergfahrer).

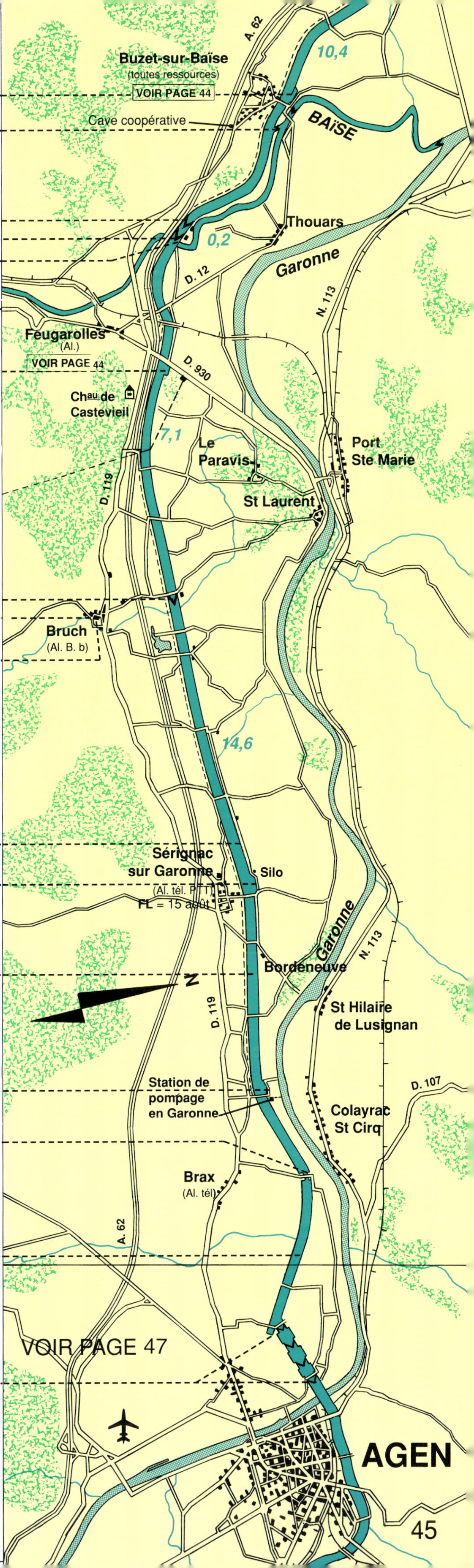

AGEN

Ville de 40.000 habitants, première cité importante depuis le départ de Bordeaux, pays du pruneau, Agen propose au plaisancier de passage la visite de son musée et de sa cathédrale. Son musée, établi dans des hôtels du 15è siècle abrite la Vénus du Mas, des tableaux des 17è et 18è et cinq Goya. Sa cathédrale Saint-Caprais possède un choeur roman du 12è, une nef gothique du 16è. A voir aussi l'église St Hilaire, du 15è siècle.

Pour le navigateur, le passage à Agen permet de franchir la Garonne sur le plus long pont-canal du parcours (534 mètres). Accostage au bassin de la gare du Pin. Le canal est toutefois assez bruyant (circulation automobile et ferroviaire) pour y passer la nuit. Coucher plutôt à l'aval (Sérignac) ou à l'amont d'Agen.

Depuis 1989 est installée à Agen une base de l'importante société de location Locaboat-Plaisance.

This town with a population of 40 000, the first important town since the beginning of the cruise at Bordeaux and famous for its prunes, offers the passing navigator a number of attractions, including its museum and its cathedral.

The museum, established in 15th century town houses, boats the 'Vénus du Mas' (farmhouse Venus), 17th and 18th century paintings, and five Goyas. The cathedral of St Caprais has a 12th century romanesque choir, and 16th century gothic nave. Also worth seeing is the 15th century church of St Hilaire.

For the navigator, the remarkable cruise through Agen includes the crossing of the Garonne, on the longest aqueduct of the entire itinerary (534 metres). Mooring at "Gare du Pin" (Locaboat Plaisance).

Unfortunately, however, this would probably be too noisy a mooring for an overnight stay (road and railway). It is preferable to moor for the night downstream of Agen (Sérignac) or upstream.

Agen ist eine Stadt von 40 000 Einwohnern, die erste bedeutende Stadt seit der Abfahrt von Bordeaux, es ist das Land der Pflaumen. Hier sollte der durchreisende Sportschiffer das Museum und die Kathedrale besuchen.

Das Museum in Gebäuden aus dem 15. Jahrhundert bewahrt die Venus du Mas, Gemälde aus dem 17. und 18. Jahrhundert und 5 Gojas. Der Dom Saint-Caprais hat einen romanischen Chor aus dem 12. Jahrhundert, ein gotisches Kirchenschiff aus dem 16. Jahrhundert. Sehenswert auch die Kirche Saint-Hilaire, aus dem 15. Jahrhundert.

In Agen überquert der Schiffer die Garonne auf der längsten Kanalbrücke dieses Reisewegs (534 Meter). Anlanden im "Gare du Pin". Locaboat-Plaisance. Der Kanal liegt aber ziemlich unter Lärm (Auto- und Bahnverkehr) um dort die Nacht zu verbringen. Man sollte dies lieber stromab von Agen (Sérignac) tun oder weiter stromauf.

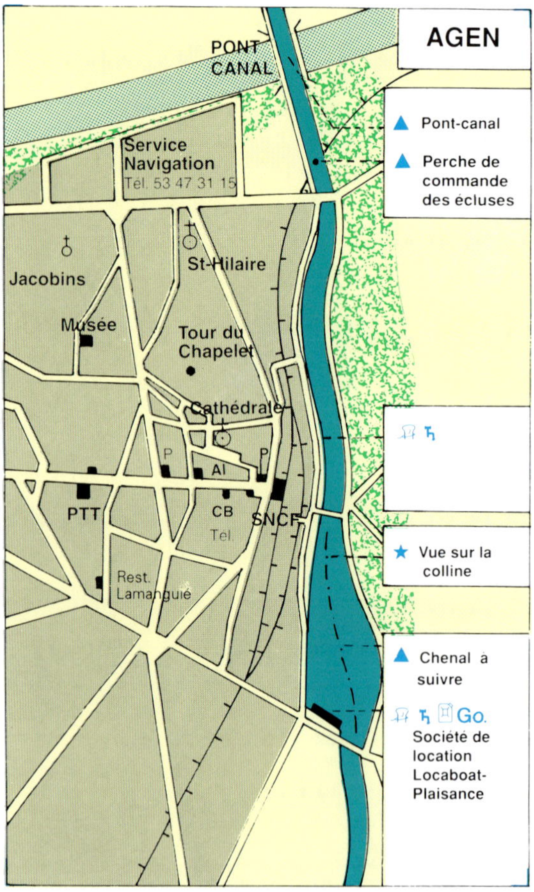

Service Navigation, 107 Avenue Général-de-Gaulle, tél. 53.47.31.15.
Locaboat-Plaisance, société de location (voir plan carte ci-contre). Tél. 53.66.00.74.
Office de Tourisme : 107, Boulevard Carnot, tél. 53.47.36.09, télex 566800 (att. O.T.).
Marché : mercredi, samedi, dimanche matin.
Fête locale : Foire de la prune, en septembre - Foire du gravier et musée en fleurs, en juin .

// Lamanguié, 66 Rue Camille-Desmoulins, tél. 53.66.24.35.
Une bonne table pour votre escale agenaise
A good restaurant for your stopover in Agen
Eine gute Küche für Ihren Zwischenhalt in Agen.

LE PRUNEAU D'AGEN

Le pruneau fut ramené de Perse par les croisés et on le signale en Agenais au 16ème siècle, implanté, paraît-il, par les moines de Clairac. Les vergers s'étendent principalement dans la vallée du Lot (Villeneuve-sur-Lot). Les prunes sont séchées dans des fours pour devenir les pruneaux d'Agen. Le pruneau d'Agen résiste jusqu'à présent assez bien à la concurrence américaine.

VALENCE D'AGEN : voir texte page 48

▲ **Perche de commande des écluses.**
Pole for controlling lock operation.
Stange zum Betätigen der Schleusen.

Ecl. 37 Rosette (2.88) A.
Ecl. 36 Chabrières (3.11) A.
Ecl.. 35 Mariannette (2.96) A.
Ecl.. 34 Agen (3.42) A. t. 53.96.80.21.

▲ **Pont-canal 534 m** / Aqueduct 534 m /
Kanalbrücke 534 m. ***K.109.917***

Agen. Voir page 46
K.107.813

★ **Agen. Voir page 46**

▲ **Bassin de virement.**

Halte nautique.

▲ **Pont-Canal.**
Aqueduct.
Kanalbrücke.

▲ **Bassin de virement.**
Turning basin.
Wendebecken.

Ecl.. 33 St Christophe (1.48) A.
Tél. 53.98.41.52. ***K.96.727***

Ecl.. 32 Noble (2.00) A.
K.93.549

Ecl.. 31 Lamagistère (2.35) M
K.86.667

▲ **Pont-canal.**

Halte nautique ***K.81.400***
Quai maçonné avec bittes d'amarrage.
Vertical stone quay with mooring bollards.
Kaimauer mit Festmachepollern.

Ecl.. 30 Valence (2.39) M.
Conducteur à l'écluse : tél. 63.39.07.65
K. 80.318

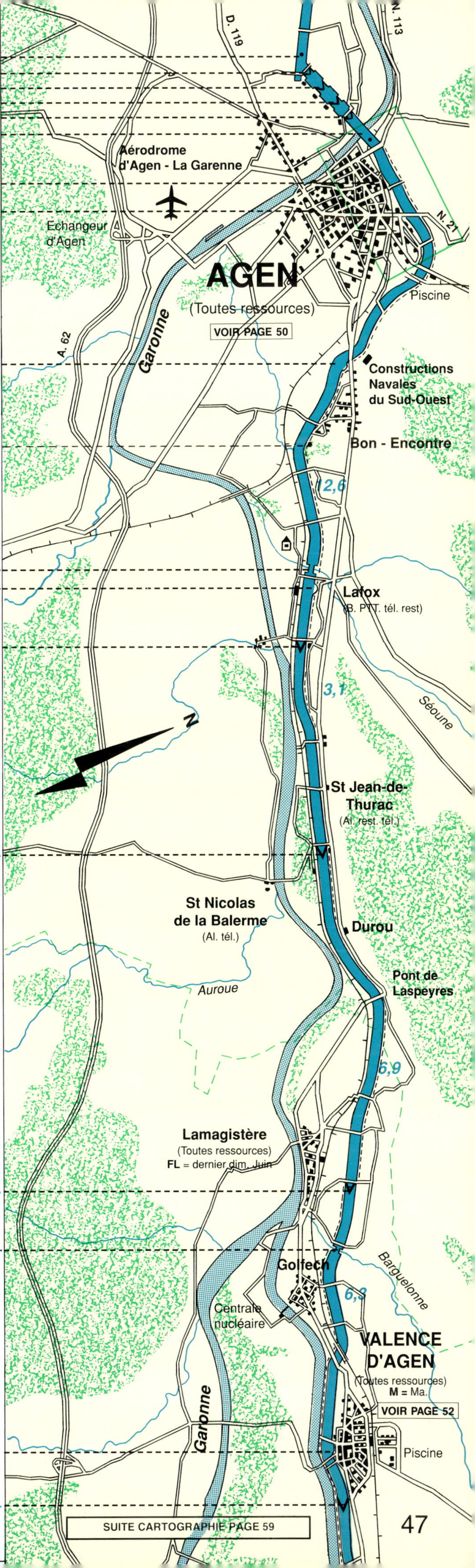

VALENCE D'AGEN

Une récente halte nautique avec toutes les prestations et 20 places sur catways, une petite ville de 5000 habitants où vous pourrez marchander des truffes au marché du mardi et admirer trois lavoirs couverts du 18è siècle.
De Valence, prenez les vélos pour aller à Auvillar (7 kilomètres), village rose au-dessus de la Garonne, voir son musée (faïences), son église (absodioles romanes du 12è, choeur du 15è) et sa halle aux grains circulaire aux colonnades ventrues, sans oublier le curieux château de Saint Roch, imitation des châteaux de la Loire.

Harbour with capacity for 20 boats, offering water, electricity, sanitary facilities in this little town of 5000 inhabitants, where it is possible to buy truffles at the market, and admire the three covered 18th century wash-houses.
From Valence, take the bicycles to go and visit Auvillar (7 km away), a 'pink' village perched above the Garonne. Worth seeing are its museum (ceramics), its church (12th century apsidal chapels, 15th century choir) and its circular grain market with its bulging columns, not forgetting also the curious castle of St Roch, an imitation of the castles of the Loire valley.

Ausgebauter Hafen für 20 Boote mit Trinkwasser, elektr. Strom, sanitären Anlagen, eine kleine Stadt von 5000 Einwohnern, wo Sie mittwochs auf dem Markt Trüffeln kaufen und wo Sie 3 überdachte Waschhäuser aus dem 18. Jahrhundert bewundern können.
Von Valence aus nehmen Sie die Fahrräder und fahren nach Auvillar (7 Kilometer), einem rosenfarbigen Ort über der Garonne. Besuchen Sie das Museum (Faiencen), die Kirche (romanische Altarnischen aus dem 12. und Chor aus dem 15. Jahrhundert), den runden Getreideschuppen mit bauchigen Säulenreihen, nicht zu vergessen das sehenswerte Schloss von Saint-Roch, Nachahmung der Schlösser an der Loire.

Marché : le mardi.
Fête locale : le 2ème dimanche de septembre. Fête de la Saint-Noé à Auvillar, fin mai.

/ Tout va bien, 35 Rue de la République, tél. 63.39.54.83.
Cuisine régionale, volailles fermières, ceps, confits et magrets
Regional cuisine, free-range poultry, penny bun mushrooms (cèpes'), conserves and 'magret de canard' (a duck speciality)
Regionale Küche, Geflügel vom Lande, Trauben, Eingelegtes.

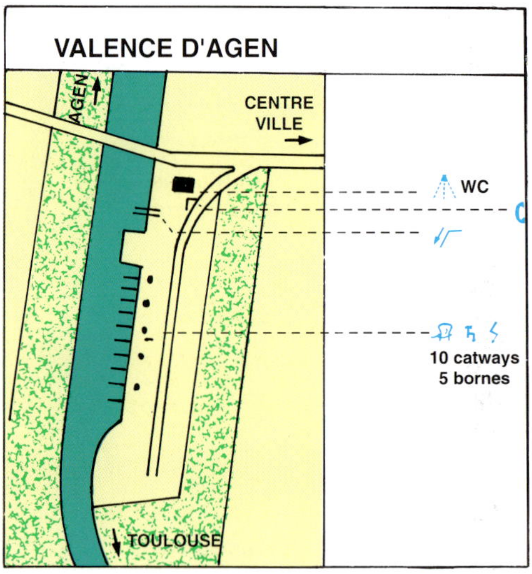

- SUITE DU CANAL LATÉRAL PAGE 58 -

3bis La Baïse

Echelle / Scale / ***Masstab*** 0 0.5 1 1,5 2 2,5

1 / 50.000 2 cm = 1 km

De Buzet (pages 44 et 45) on peut descendre, par une écluse, dans la Baïse et remonter celle-ci jusqu'à Nérac.

La Baïse est une très jolie rivière, au décor très différent de celui du canal (le feuillage de la berge tombe jusqu'à l'eau). Elle sinue entre des collines verdoyantes et procure un dépaysement complet. Elle ne présente aucune difficulté de navigation (un balisage est en place). De son embouchure dans la Garonne jusqu'à Nérac, elle compte 27 kilomètres et 7 écluses.

Depuis sa remise en état pour la navigation, un nombre croissant de bateaux de plaisance la fréquente. On en a compté 1480 en 1991 !

Le tirant d'eau est de 1,20 mètre, pouvant être réduit à 1 mètre en période de sécheresse (habituellement comprise de juillet à novembre). Vitesse maximum de 10 km/heure pour les bateaux de plaisance. Horaires de navigation : de 8 à 19 heures, tous les jours, du 1er mars au 30 novembre.

Le plaisancier pourra consulter les instructions et les numéros de téléphone utiles, à l'écluse de descente. La rivière dépend de la D.D.E. du Lot-et-Garonne, tél. 53 98 01 26.

Chaque écluse est flanquée d'un barrage en rivière. A l'amont de chaque écluse et de chaque barrage, des bouées lestées, avec un cordage qui les relie empêchent de prendre la mauvaise direction. De Vianne à Nérac, les écluses doivent être manœuvrées par les plaisanciers.

On trouve des quais ou des appontements en différents endroits (voir les cartes des pages 51 et 52). Cale de mise à l'eau à Vianne.

A noter qu'en amont de Lavardac, la rivière appartient aux riverains. Politesse et courtoisie sont recommandées.

A l'écluse de descente, on peut également descendre la Baïse jusqu'à l'écluse de Saint-Léger qui permet la communication avec la Garonne. Nous déconseillons, pour le moment, de passer cette écluse car il n'est pas possible de naviguer sur le fleuve qui peut être dangereux. Il est préférable de faire demi-tour, repasser l'écluse de Buzet et remonter la Baïse jusqu'à Nérac.

This most attractive river can be navigated upstream to Nérac, a distance of 27 km from the Garonne (20 km from the junction with the canal).

The authorised draught is 1.20 m, which may be reduced to 1.00 m during periods of drought (which may occur from July to November). The maximum speed for boats is 10 km/h. The waterway is open to navigation from 8:00 to 19:00 every day, from 1st March to 30th November.

All necessary instructions and useful phone numbers may be obtained at the locks down to the Baïse from the canal.

Adequate navigation signs have been erected.

After locking down from the lateral canal, turn left to pass through Buzet lock, and then on down the river to Saint-Léger lock. Do not pass through this lock, however, since the Garonne is not really navigable. It is preferable to cruise back up the Baïse, through Buzet lock, under the canal aqueduct and on up to Nérac, the upstream limit of navigation.

There are quays or pontoon moorings at four or five locations (see maps). Be careful, however, for upstream from Lavardac the river belongs to the riparians. Politeness and courtesy are *de rigueur.*

Dieser malerische Fluß ist über den Garonne-Seitenkanal erreichbar und stromaufwärts bis Nérac sowie stromabwärts bis zum Zusammenfluß mit der Garonne auf einer Gesamtstrecke von 27 km mit 7 Schleusen schiffbar.

Der Tiefgang beträgt 1,20 Meter, kann aber in Trockenzeiten auf 1 Meter herunter gehen (gewöhnlich von Juli bis November). Höchstgeschwindigkeit für Sportboote 10 km/st. Schiffahrtszeiten vom 1. März bis 30. November : an allen Tagen von 8 bis 19 Uhr.

Der Sportschiffer kann die Vorschriften und die nützlichen Telefon-Nummern an der Abstiegschleuse einsehen.

Es gibt eine ausreichende Fahrwasserbezeichnung.

Vom Seitenkanal kommend durchfährt man nach der Abstiegsschleuse die Schleuse von Buzet und man fährt den Fluss hinab bis zur Schleuse von St-Léger. Nicht diese Schleuse durchfahren, denn jenseits ist die Garonne nicht schiffbar. Man sollte lieber den Fluss wieder hinauf fahren, die Schleuse Buzet wieder passieren und bis Nérac fahren, zum oberen Endpunkt der Schiffahrt.

Es gibt Kais oder Landungsbrücken an 4 oder 5 Stellen (siehe die Karten).

Achtung ! Stromauf von Lavardac gehört das Ufer den Anliegern. Höflichkeit und Freundlichkeit werden empfohlen.

BUZET - Voir page 44.

FEUGAROLLES **Plusieurs sites intéressants à voir à proximité : église de Calezun (antérieure au 11e), tumulus de Berges et Calezun, château de Trenqueléon (tapisseries) et un très bon restaurant (et en prime, le propriétaire met ses connaissances sur la Baïse et la navigation à la disposition de ses clients !).**

Several interesting sites nearby : Calezun church (pre-11th century); tumulus at Berges and Calezun; Trenqueléon château (tapestries), and a very good restaurant, where the proprietor offers clients the benefit of his vast knowledge of the Baïse and inland cruising !

In der Nähe gibt es mehrere interessante Stellen : Kirche von Calezun (vor dem 11.Jhd.), Grabhügel von Berges und Calezun, Schloss von Trenqueléon (Wandbehänge) und ein sehr gutes Restaurant (deren Besitzer den Kunden seine Kenntnisse über die Baïse und die Schiffahrt zur Verfügung stellt !).

/ Restaurant de la Sandrerie - Feugarolles, tél. 53.95.22.20

Tout à fait au bord de la jolie Baïse, carrément devant la halte nautique / Right beside the attractive river Baïse and the boat moorings./ ***Direkt am Rand der schönen Baïse und der Anlegestelle.***

VIANNE - **Agréable escale sous le feuillage, à ne pas manquer car Vianne est une bastide (ville fortifiée) du 13e et possède une église du 12e, des remparts, des portes. VIsite possible de la Cristallerie et verrerie d'art (salle de vente de produits sur place).** **Voir photo page 52.**

13th century "bastide" or fortified "new town". Mooring possible to visit the town and its 12th century church. Also worth a visit is the glass factory, specialising in glass lampshades (visit possible Thursday and Friday mornings; also a shop selling the factory's produce).

"Bastide" aus dem 13. Jhd. Anlegen ist möglich um die Kirche aus deme 12. Jhd. zu besuchen sowie die Kristall - und Kunstglas-Fabrikation. Besichtigung Donnerstag und Freitag Vormittag. Verkaufsraum vor Ort.

LAVARDAC - **Cette petite ville industrielle était jadis, le port d'embarquement des barriques d'Armagnac. Accoster au quai rive droite, à l'amont du pont.**

Toutes ressources dans la ville, à quelques centaines de mètres.

This little industrial town was once a bustling port, where casks of armagnac were loaded. There is a quay on each bank.

Diese Kleine Industriestadt was einst der Verladehafen von Armagnac-Fässern. Ein Kai an jedem Ufer.

BARBASTE - **Sur la Gélise, affluent de la Baïse, il faut aller voir un moulin fortifié, avec 4 tours carrées et un vieux pont médiéval à 10 arches. Balade à faire avec les vélos du bord.**

On the Gelise, a tributary of the Baïse, there is an impressive fortified mill, with four square, turrets, overlooking a 10-arched medieval bridge.

Auf der Gélise, einem Zufluss der Baïse, kann man eine befestigte Mühle mit 4 quadratischen Türmen sehen und eine alte Brücke aus dem Mittelalter mit 10 Bögen.

La Baïse...
Halte nautique
de Feugarolles,
devant le restaurant
de la Sandrerie.

Ecl. de St Léger

▲ **Ne pas s'engager dans la Garonne.**
Do not attempt to enter the Garonne which is a present unnavigable. Danger.
Nicht auf die Garonne hinaus fahren. Gefahr.

(Sur canal latéral) **Société de location Aquitaine-Navigation t.53.84.72.50**

Halte de Buzet

Ecluse de Buzet

Ecl. de descente en Baïse, t. 53.84.70.63

★ **A voir : tumulus**

▲ **On passe sous le canal latéral**
The river passes under the Garonne lateral canal.
Man fährt unter dem Seitenkanal hindurch

★ **A voir : église de Calezun**

Halte nautique de Feugarolles

Restaurant de la Sandrerie

★ **A voir : château de Trenqueléon**

à l'aval de l'écluse R.G.

Ecl. de Vianne

quai à l'amont de l'écluse R.G.

Ecluse de Lavardac

Quai rive gauche

Quai rive droite

★ **A voir : moulin fortifié et pont médiéval**

Ecluse de St Crabary

Ecluse de Sorbet

★ **A voir : château de Bournac**

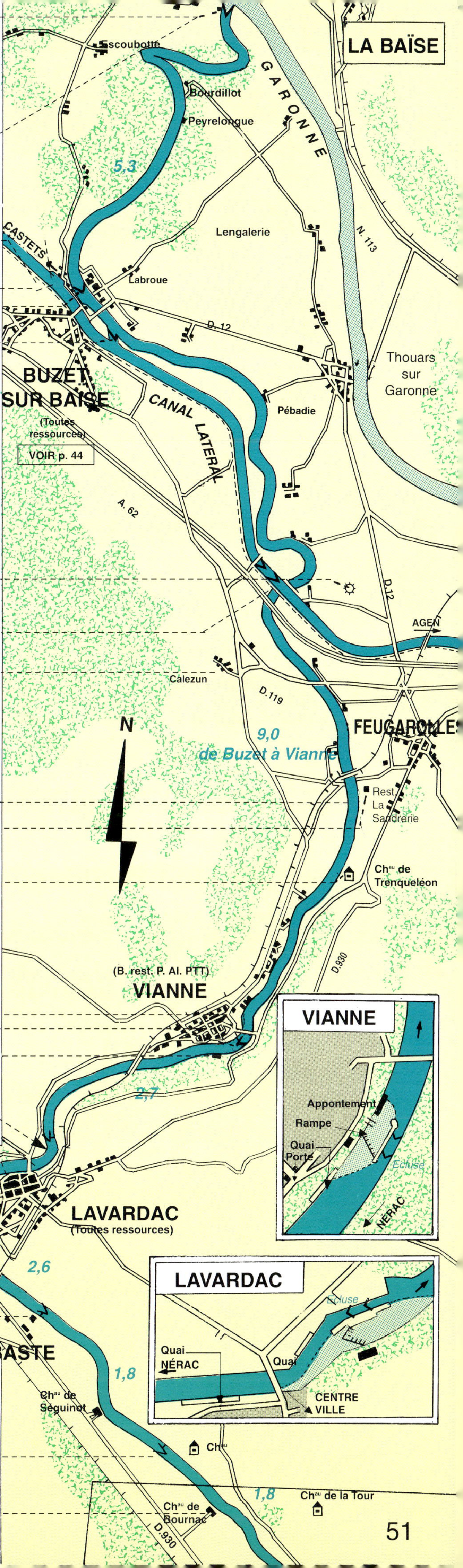

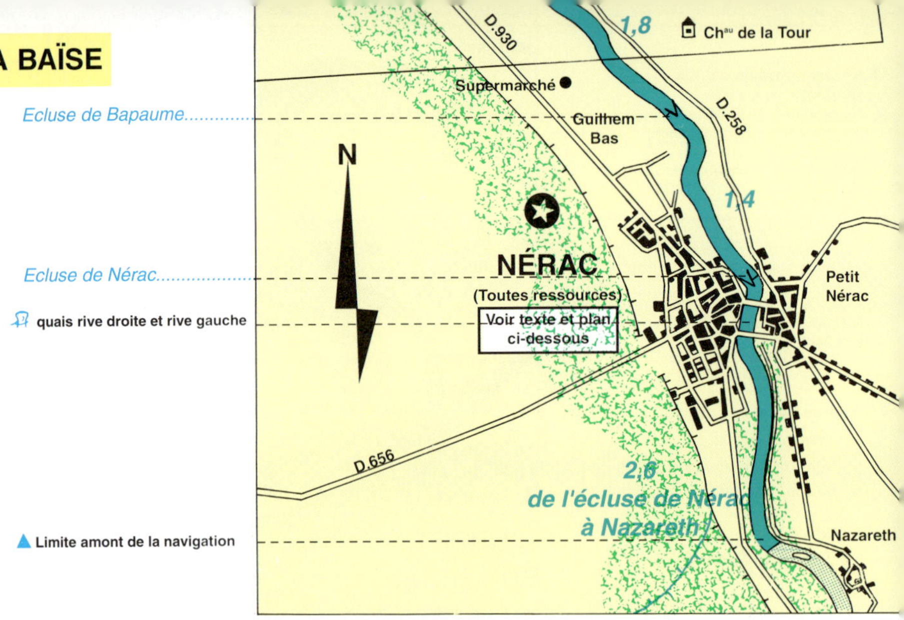

NÉRAC

Depuis 1993, Nérac est devenue une escale-terminus appréciée des navigateurs.

Après le passage de l'écluse et du vieux pont gothique, le plaisancier accostera au pied des anciennes tanneries : à deux pas du centre et des rues commerçantes.
Pittoresque cité du roi Henri IV avec beaucoup de cachet, Nérac propose son château Renaissance qui renferme le Musée (vestiges gallo-romains, salles voûtées), de vieilles maisons à colombages, la promenade de la Garenne le long de la Baïse.

From summer 1993, Nérac is a popular terminal on the Baïse for boaters and tourists.
Boaters will find this picturesque little town most charming. Mooring at the quays after passing through the lock and the old gothic bridge, climb up to visit the old town (16th century), the Garenne promenade, and the Renaissance castle (museum).

Seit der Sommersaison 1993 entwickelte sich Nérac zu einem beliebten Tourenziel der Wasserwanderer.
Diese malerische Kleinstadt wird dem Schiffer gefallen, nach dem Festmachen oberhalb der Schleuse und der alten gotischen Brücke. Sehenswert sind die alten Stadtviertel (16.Jhd.), die Promenade de la Garenne und das Renaissance-Schloss (Museum).
Die beiden Rampen am rechten Ufer sind nicht benutzbar.

Office du Tourisme : Avenue Mondenard - Tél. 53 65 27 75.
Marchés : Samedi.
Taxis : Tél. 53 65 02 31 - 53 65 35 04.
Fêtes et manifestations : Floralies (mai) - Festivals Gascon et de Musique (juillet - août - septembre) - Expositions et spectacles au château - Visites guidées.
Promenades en bateau : Croisière du Prince Henry - Tél. 53 84 72 50.

◀ Vianne
Porte dans les remparts

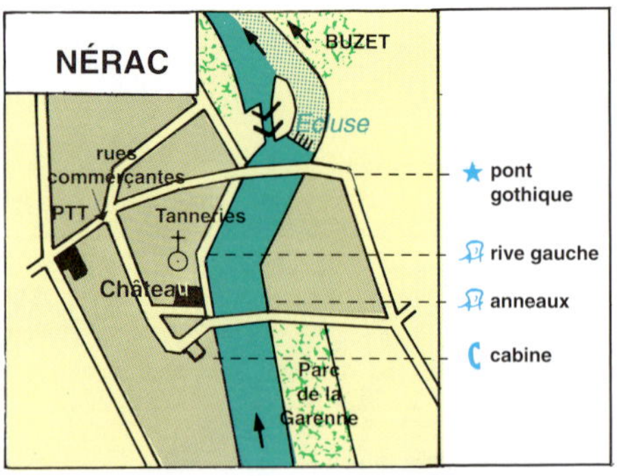

Nérac ▶
Le pont gothique (16e siècle), vu en direction de l'aval.
Au fond, l'écluse de Nérac.

TOULOUSE MIDI-PYRENEES
TOUT LE MONDE NOUS ENVIE

Les anciens bateliers ne s'y trompaient pas ; les canaux du Midi offrent en Midi-Pyrénées des paysages incomparables et des curiosités historiques uniques en France.

Flâner au rythme du promeneur dans les sites prestigieux de Moissac, Albi, Conques, Gavarnie, Lourdes, Montségur, Rocamadour ou Toulouse. Goûter aux délices d'une gastronomie qui revêt ici le nom de foie gras, armagnac ou cassoulet. Prendre enfin le temps de découvrir une région qui a su préserver ses richesses et la qualité de son accueil. C'est ce que nous vous proposons de vivre au cours d'un voyage inoubliable dans les mers intérieures de Midi-Pyrénées.

The boatmen of yore made no mistake - the canals of southern France offer incomparable landscapes and unique historical curiosities as they pass through the Midi-Pyrénées region.

Stroll through the prestigious historic centres of Moissac, Albi, Conques, Gavernie, Lourdes, Montségur, Rocamadour or Toulouse. Sample the delights of a cuisine whose name here takes the form of Foie Gras, Armagnac or Cassoulet. Take time off to discover a region that has preserved both wealth and welcome. This is what we offer when you make an unforgettable journey through the "inland seas" of Midi-Pyrénées.

Die Flusschiffer früherer Zeiten wussten es schon : der Canal du Midi wird in der Region Midi-Pyrénées von einer besonders lieblichen Landschaft voller einzigartiger, historischer Sehenwürdigkeiten begleitet.

Mit Musse solche grossartigen Stätten wie Moissac, Albi, Conques, Gavarnie, Lourdes, Montségur, Rocamadour oder Toulouse. Rocamadour, Toulouse oder Montségur entdecken, die Freuden der Tafel geniessen, die hier Stopfleber, Armagnac oder Cassoulet heissen, sich Zeit nehmen, einen Landstrich zu entdecken, in dem der Gast überall freudlich aufgenommen wird - wir möchten, das Sie dies alles auf einer unvergesslichen Reise auf den Binnengewässern der Region Midi-Pyrénées kennenlernen.

St Bernard de Comminges et St Just de Valcabrere
(CRT - Meauxsoone).

Informations / For further informations / *Weitere Auskünfte :*

COMITE REGIONAL DU TOURISME MIDI-PYRENEES
54, boulevard de l'Embouchure - BP 2166
31022 Toulouse cédex
Tél. 61.13.55.56 - Télex 520 518 F

MOISSAC ET LE QUERCY BLANC
MOISSAC AND "WHITE QUERCY"
MOISSAC UND DAS WEISSE QUERCY

Moissac, c'est en premier lieu son cloître roman du Xème siècle faisant accourir les amateurs d'art du monde entier. C'est aussi l'un des centres de production fruitière les plus importants de France, connu notamment pour son raisin doré et délicieux : le "Chasselas de Moissac". Un circuit fléché portant son nom vous guidera, entre les vignes et les vergers, de Lauzerte (charmante bastide), à Castelnau-Montratier (dans le Lot), en passant par Lafrançaise où vous pourrez pratiquer de nombreuses activités nautiques. N'hésitez pas à pousser jusqu'à Montpezat-de-Quercy pour admirer ses magnifiques tapisseries flamandes ou ses maisons de pierre blanche du Quercy.

Cloître et église St Pierre à Moissac
(CDT 82)

Pigeonnier de Lauzerte
(CDT 82 - Descayrac)

Moissac is first and foremost a 10th century Romanesque cloister that attracts art lovers from all over the world. It is also one of France's biggest fruit-growing centres, famed for its delicious, golden grapes of the 'Chasselas de Moissac' variety. Signposts bearing the name will guide you through vineyard and orchard from the charming bastide of Lauzerte to Castelnau-Montratier in the Lot, via Lafrançaise where many watersports can be enjoyed. And do not hesitate to continue your trip to Montpezat de Quercy, where you can admire the magnificent Felmish tapestries, or the houses in white Quercy stone.

Moissac, das ist zunächst der romanische Kreuzgang seines Klosters aus dem 10. Jahrhundert, das die Kunstfreunde aus der ganzen Welt anzieht. Moissac ist aber auch das Zentrum eines der grössten Obstanbaugebiete Frankreichs, das den in Frankreich bekanntesten Tafeltrauben seinen Namen gegeben hat : der "Chasselas von Moissac". Eine ausgeschilderte Route trägt diesen Namen und führt Sie zwischen Wein- und Obstgärten hindurch von Lauzerte (alte Bastei) nach Castelnau-Montratier (im Département Lot) über Lafrançaise, wo sich die Gelegenheit für vielerlei Wassersportarten bietet.

Fahren Sie ein Stückchen weiter bis Montpezat-de-Quercy, wo es neben den Häusern aus dem weissen Gestein des Quercy eine Reihe herrlicher flämischer Wandteppiche zu bewundern gibt.

Castelsagrat (CDT 82 - Nimetz)

Informations / For further information / ***Weitere Auskünfte :***

- Comité Départemental du Tourisme de Tarn-et-Garonne, tél. 63.63.31.40.
- Office de Tourisme de Moissac, tél. 63.04.01.85.

MONTAUBAN ET LES GORGES DE L'AVEYRON
MONTAUBAN AND THE AVEYRON GORGES
MONTAUBAN UND DIE SCHLUCHTEN DES AVEYRON

C'est tout d'abord une harmonie totale entre la nature et les vieux villages (Bruniquel, Penne, Caylus) qui ont gardé leur beauté d'antan. Entre Montricoux et Saint-Antonin-Noble-Val cité médiévale réputée, la rivière a creusé le calcaire, sculptant des gorges aux murailles vertigineuses. Le spectacle, d'une beauté incontestable, est saisissant : grandiose et sauvage à la fois. Vous découvrirez dans la campagne, au fil de vos promenades ou après une "pause" gastronomique dans une auberge, des bergeries aux toits de lauzes et des gariottes se fondant parfaitement dans la nature.

Montauban - le Pont-Vieux et le Musée Ingres (CDT 82)

Brousse - Gorges de l'Aveyron (CDT 82)

Total harmony, above all, between nature and the old villages of Bruniquel, Penne and Caylus that have kept the beauty of yesteryear. Between Montricoux and the famous medieval township of Saint Antonin-Noble-Val, the river has worn through the rock, carving out sheerwalled gorges. The view is both wild and grandiose, of startling yet undeniable beauty. As you ramble through the countryside after a halt for refreshment in some wayside inn, you will discover the stone-built sheepfolds and shepherds' huts that blend so well into the landscape.

Die erste Überraschung für den Reisenden ist die vollkommene Harmonie zwischen der Natur und den in all ihrer Schönheit erhalten gebliebenen Dörfern (Bruniquel, Penne, Caylus). Zwischen Montricoux und dem mittelalterlichen Städtchen Saint-Antonin-Noble-Val hat sich der Fluss tief in das Kalkgestein eingegraben und Schluchten mit schwindelerregenden Wänden gebildet. Der Anblick ist atemberaubend, grandios und wild zugleich. Nach einem zünftigen Mahl in einem der Landgasthöfe können Sie sich das steinige Hochplateau erwandern auf dem die steinernen Schafställe und Schäferhütten sich mit der Landschaft verschmelzen.

Bruniquel (CDT 82)

Informations / For further informations / ***Weitere Auskünfte :***

- Comité Départemental du Tourisme du Tarn-et-Garonne, tél. 63.63.31.40.
- Office de Tourisme de Montauban, tél. 63.63.60.60.

TOULOUSE ET LE CIRCUIT DU PASTEL
TOULOUSE AND THE WOAD ROAD
TOULOUSE UND DIE WAIDROUTE

Le Pastel, plante fabuleuse qui donnait du bleu à toute l'Europe il y a 400 ans fit s'épanouir la Renaissance Toulousaine et s'enrichir la région au XVIe siècle. C'est son épopée authentique que vous revivrez sur les routes insolites du Pays de Cocagne au travers de cités historiques : Montgeard, la Bastide de Saint-Félix-Lauragais et de châteaux insolites : Magrin avec son moulin pastelier et son unique séchoir à pastel, Roquevidal, Loubens et bien sûr Toulouse où vous découvrirez ses somptueux Hôtels d'Assézat, de Bernuy, du Vieux Raisin... symboles vivants de la puissance et du prestige de la Cité au 15ème et16ème siècles.

Toulouse - Le Pont Neuf - (CRT - Meauxsoone)

Champ de tournesols et pigeonnier du Lauragais (CRT - Meauxsoone)

Woad, that fabulous plant that supplied all Europe with blue dye four centuries ago, brought wealth, and with it the Renaissance, to Toulouse and its region in the 16th century.

You can retrace its authentic saga along the enchanting roads of this land of plenty, through historic townships such as Montgeard or La Bastide de Saint Félix Lauragais, and past unusual castles such as Magrin, with its woad mill and unique drying-loft, Roquevidal, Loubens and of course, Toulouse, with its somptuous residences, Hôtel d'Assézat, Hôtel de Bernuy, Hôtel du Vieux Raisin, living symbols of the city's power and prestige in the 15th and 16th centuries.

Die Waidpflanze versorgte vor 400 Jahren ganz Europa mit blauem Farbstoff und ist der Ursprung der wirtschaftlichen Entwicklung der Region im 16. Jahrhundert und der Toulouse-Renaissance.

Entlang der Strassen dieses Schlaraffenländchens finden Sie in den historischen Stätten die Geschichte der Waidpflanze wieder : Montgeard, die Bastei von Saint-Felix-Lauragais, Burgen und Schlösser, Magrin mit der Waidmühle und den einzigartigen Waidtrockenanlagen, Roquevidal, Loubens und natürlich auch Toulouse mit den eindrucksvollen Stadtpalästen Assézat, de Bernuy, du Vieux Raisin, lebendige Symbole der Macht und der Ausstrahlung der Stadt im 15. und 16. Jahrhundert.

Clocher-mur du Lauragais (CDT 31)

Informations / Further information / ***Weitere Auskünfte :***

- Comité Départemental du Tourisme de la Haute-Garonne, tél. 61.23.52.52.
- Office de Tourisme de Toulouse, tél. 61.23.32.00.

En amont de Feugarolles

Pont canal

Castelsarrasin

Ecluse de l'Hers

MOISSAC (carte ci-contre)

Moissac peut être une escale intéressante à mi-chemin d'Agen et de Toulouse ; les bords du Tarn sont très jolis et l'ancienne abbaye romane est mondialement connue. Joli port aménagé pour 15 bateaux avec eau, électricité, sanitaires et carburant. Dans la traversée de la ville, passage d'un pont tournant ; prévenir l'écluse 25, en descente et l'écluse 26 en montée. Corner. Quand le pont est fermé, le tirant d'air est limité à 1,80 mètre. Attendre la fin de la manœuvre pour passer. Carburant à l'entrée aval. Il est possible de descendre dans le Tarn (très beau plan d'eau), en s'inscrivant la veille au bureau du Service Navigation.

L'Abbaye Saint-Pierre (11è-12è siècles) est considérée comme un sommet de l'art roman. Le tympan du portail est remarquable (le Christ entouré de personnages de l'Apocalypse) et le cloître l'est autant. Ajoutons une pieta et une mise au tombeau du 15è siècle et des stalles et orgues du 17è. Les navigateurs amateurs d'art sacré (il y en a...) ne manqueront pas l'escale de Moissac.

On verra aussi le Musée des Arts et Traditions Populaires, dans le palais abbatial des 13è et 14è siècles (mobilier, céramiques, costumes).

Moissac est une étape sur le chemin de St-Jacques de Compostelle.

Les vignes des côteaux qui dominent le Tarn et la Garonne produisent le chasselas, raisin très connu dont Moissac est le lieu d'expédition.

Moissac can make an attractive half-way mooring between Agen and Toulouse. The banks of the Tarn are very attractive, and the old Romanesque Abbey is known throughout the world. Harbour with capacity for 15 boats, offering water, electricity, sanitary facilities and fuel. The passage through the town includes a swing bridge : sound horn. When the bridge is closed the air draught is limited to 1,8 m. Wait until the manœuvre is completed before proceeding. Possibility of locking down into the Tarn (beautiful, extensive reservoir). Apply the day before to the office of the Service Navigation.

Moissac is a historical stopping place on the route followed by pilgrims bound for St-Jacques-de-Compostelle. The abbey of St-Pierre (11th-12th century) is considered a masterpiece of romanesque architecture. The spandrel of the door is remarkable (Christ surrounded by the prominent figures of the Apocalypse), as is the cloister. Also to be seen are a pieta, a 15th century entombment and 17th century stalls and organ. For boaters interested in sacred art, the stay at Moissac is a must.

Also to be visited : the museum of popular art and traditions, in the 13th/14th century abbot's palace (furniture, ceramics, costumes).

The vineyards on the hills overlooking the Tarn and the Garonne produce the well-known chasselas grape, for which Moissac is the marketing and distribution centre.

Moissac kann ein interessanter Zwischenhalt sein, halbwegs zwischen Agen und Toulouse ; die Ufer des Tarn sind sehr hübsch und die ehemalige romanische Abtei ist weltbekannt. Ausgebauter Hafen für 15 Boote mit Trinkwasser, elektr. Strom, sanitären Anlagen und Treibstoff. Bei der Fahrt durch die Stadt durchfährt man eine Drehbrücke : Schallsignal geben. Bei geschlossener Brücke beträgt die Höhe über NW nur 1,80 m. Für die Durchfahrt den Abschluß der Brückenbewegung abwarten. Zweigkanal mit Doppelschleuse : Abstieg zum Tarn (schöner Stausee). Am Vorabend sich eintragen im Büro der Schiffahrtsverwaltung.

Moissac ist eine Station auf dem Weg nach St-Jacques de Compostelle. Die Abtei Saint-Pierre (11. - 12. Jh.) wird als Glanzstück der romanischen Kunst betrachtet. Das Bogenfeld des Portals ist bemerkenswert (Christus umgeben von Figuren der Apokalypse), genauso wie der Kreuzgang. Hierzu kommen noch eine Pieta, eine Grablegung Christi aus dem 15. Jahrhundert sowie ein Chorgestühl und Orgeln aus dem 17. Jh. : Die Liebhaber geistlicher Kunst (und die fehlen sicher nicht unter den Sportschiffern...) werden sich den Halt in Moissac nicht entgehen lassen.

Besuchen Sie obenfalls das Volkskund - und Kunstmuseum im Abteipalast aus dem 13. und 14. Jh. (Möbel, Keramik, Trachten).

Auf den Weinbergen über Tarn und Garonne wird die berühmte Tafeltraube Chasselas angebaut, deren Versandort Moissac ist.

Service Navigation : face écluse 25 - Tél. 63 04 02 41.
Société de location : Moissac Navigation - Port de Moissac - Tél. 63 04 48 28.
Office de Tourisme : 6, place Durand de Bredon - Tél. 63 04 01 85.
Marché : samedi matin et dimanche matin.
Piscine : (voir carte).
Fêtes locales : fête du Chasselas, en septembre. Fête de Pentecôte (week-end de Pentecôte).

// **Le Pont Napoléon - 2 allée Montébello - Tél. 63 04 01 55.**
Très bonne table au-dessus du Tarn, à un quart d'heure du port.
Very good restaurant overlooking the Tarn, 15 minutes' walk from the harbour.
Sehr gute Küche auf der anderen Seite des Tarn, eine Viertelstunde vom Hafen.

// **Au Chapon fin - 3 place des Récollets - Tél. 63 04 04 22.**
Coq en pâte, cassoulet, truffes, poissons.
Coq en pâte, cassoulet, truffles, fish specialities.
Hahn im Teig, Cassoulet, Trüffel, Fisch.

Ecl.. 29 Pommevic (2.37).
K.78.461

★ **A voir : église 11è, rétable 14è.**

Ecl.. 28 Braguel (2.34) A.
K.76.911

Ecl.. 27 Petit-Bézy (2.62) A.
K.71.200

★ **Vue sur confluent Garonne / Tarn**

Ecl.. 26 Espagnette (1.27) A.
K.67.373

▲ **Pont tournant. Voir page 58.**
Swing bridge. See page 58.
Dreh Brücke. Siehe Seite 58

Port de Moissac
K.64.000

Ecl.. 25 Moissac (2.30).
K.63.768

Ecl.. 24 Gregonne (2.50).

Ecl.. 23 Cacor (2.60).

▲ **Pont-canal 356 m** / Aqueduct 356 m.
Kanalbrücke 356 m. **K.62.285**

Ecl.. 22 Artel (2.72).

Ecl.. 21 Verriès (2.37).

Ecl.. 20 St Jean des Vignes (1.71).
K.57.618

Ecl.. 19 Castelsarrasin (2.53).

Rive gauche, sous passerelle.
Left bank, under the footbridge.
Linkes Ufer, unter dem Fussgängersteg.
K.56.400

Ecl.. 18 Prades (2.60).
K.55.361

Ecl.. 17 St Martin (2.54).
K.51.934

★ **A voir : église 16è.**

Ecl.. 16 Escatalens (2.65).
K.47.958

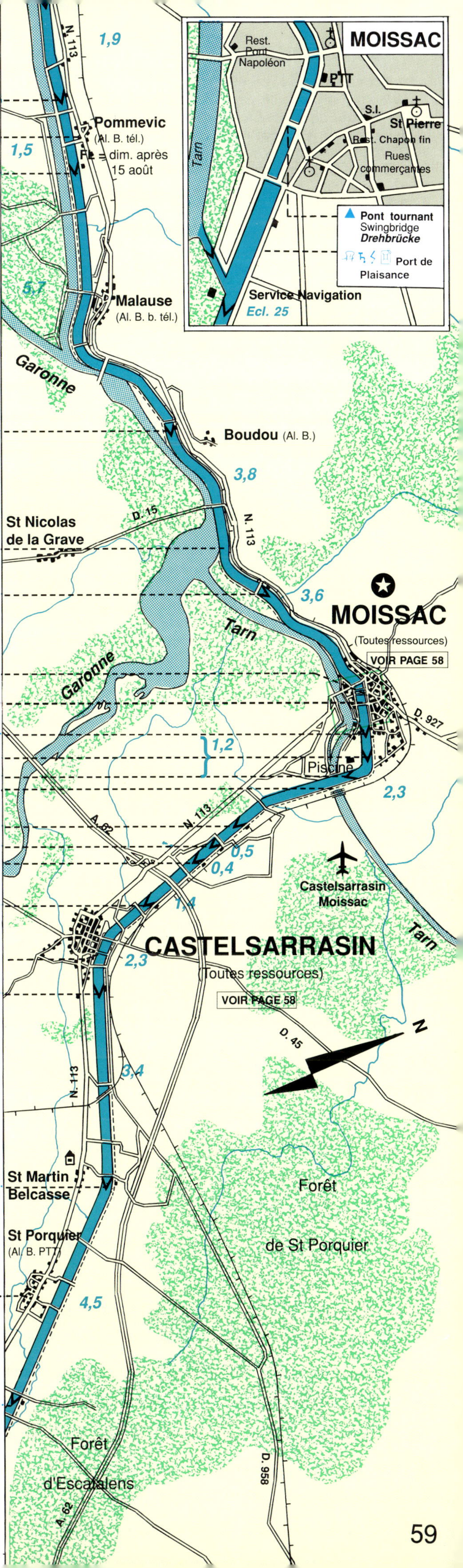

CASTELSARRASIN

Accostage rive gauche très ombragé, à proximité immédiate de la gare et des commerçants. La ville compte 12.000 habitants, donc toutes les ressources nécessaires.

Accoster de préférence en amont de la passerelle, sauf en face du quai commercial.

Castelsarrasin appartient aux Comtes de Toulouse et il reste de cette époque l'église Saint-Sauveur et son château-fort. Une autre église (Saint-Jean) date du 16è siècle.

Un peu à l'amont de Castelsarrasin, entre les écluses de Saint-Martin et d'Escatalens, un accostage sauvage dans le bief peut permettre d'aller voir l'église du 16è siècle de Saint-Porquier.

Well shaded mooring on left bank, with station and shops in the immediate vicinity. The town has 12 000 inhabitants, and consequently all the necessary facilities are available. It is preferable to moor upstream of the footbridge, but not directly opposite the commercial quay.

Anlegen am linken Ufer, sehr schattig, in unmittelbarer Nähe von Bahnhof und Geschäften. Die Stadt zählt 12 000 Einwohner, daher alle notwendigen Hilfsmöglichkeiten. Am besten oberhalb der Fussgängerbrücke anlegen, aber nicht gegenüber dem Handelskai.

Syndicat d'Initiative : Place de la Liberté, tél. 63.32.14.88.
Marché : le jeudi. Fruits et légumes tous les matins (sauf lundi) près du port.
Fêtes locales : fin avril - 1er mai. Fête du Moutet (dimanche après 14 juillet). Fête de la Gravette (2è dimanche d'août).

"PENTE D'EAU" DE MONTECH

Cet ouvrage (emprunté uniquement par les péniches) permet de remplacer les 5 écluses n° 11 à 15. Dans un tronçon de canal en pente, on déplace un masque mobile à l'amont duquel l'eau forme un lac en forme de coin sur lequel peut flotter un bateau. Deux automotrices circulant sur les berges poussent le masque et, en même temps, le coin d'eau et les bateaux qu'il supporte (voir croquis page 88).

Hauteur de chute : 13,30 m - Pente à 3 % - Longueur de la pente : 443 m - Longueur du coin d'eau : 125 m - Puissance de chaque automotrice : 1 000 CV (transmission Diesel électrique) - Vitesse en montée : 4,5 km/heure.

Le système de la "pente d'eau" devrait pouvoir permettre, dans l'avenir, de remplacer des échelles d'écluses pour des chutes de 30, 40, 50 mètres ou plus. Sur le Canal du Midi, la chaîne d'écluses de Fonsérannes (carte 86) est remplacée par une pente d'eau semblable.

The 'water slope'. This structure, which is used exclusively by barge traffic, by-passes five locks (nos. 11 to 15). It consists of an inclined flume in which a mobile shield is moved up and down, retaining a wedge of water in which the floating barge is carried between the two levels. The shield is propelled by two traction units, one on each side of the flume.

Difference in level : 13,30 m - Gradient : 3 % - Length of flume : 443 m - Length of wedge of water : 125 m - Power developed by each traction unit : 1000 hp (diesel-electric transmission)- Speed of ascent : 4,5 km/hour.

The water slope concept could be applied in future waterway construction or reconstruction projects as a means of replacing flights of locks over heads of 30 to 50 metres or even more.

Der "Wasserkeil". Durch dieses Abstiegsbauwerk, das ausschliessend zur gewerblichen Schiffahrt dient, können fünf Schleusen (Nummer 11 bis 15) umfahren werden. Es besteht im wesentlichen aus einem schrägen Kanalstück (oder "Rinne"), worin der eigentliche Wasserkeil (und mit ihm das Schiff) von einem geneigten fahrbaren Stauschild hinaufgeschoben und herabgeführt wird. Der Stauschild wird von zwei Antriebsmaschinen, die an jeder Seite der Rinne geführt werden, getrieben.

Höhenunterschied : 13,30 m - Gefälle: 3 % - Länge der Rinne : 443 m - Länge des Wasserkeils : 125 m - Leistung jeder Antriebsmaschine : 1000 PS (diesel-elektrischer Antrieb) - Geschwindigkeit bei der Bergfahrt : 4,5 Stundenkilometer.

In Zukunft sollte das Prinzip des Wasserkeils den Ersatz von Schleusen für Höhenunterschiede von 30 bis 50 Meter oder mehr ermöglichen.

MONTECH - voir page 62 GRISOLLES - voir page 62

Ecl.. 16 Escatalens (2.65).
K.47.958

★ **Bief ombragé.**
Shaded pound.
Schattige Stauhaltung.

Ecl.. 15 Pommiès (2.68).
Ecl.. 14 Escudiès (2.55).
Ecl.. 13 Pellaborle (2.65).
Ecl.. 12 Peyrets (2.60).
Ecl.. 11 Montech (2.67).
K.43.035

Montech R.G. Voir p. 62.
K.42.750

Sté de location Rive de France

Ecl. 10 Lavache (2.51)
Tél. 63 64 71 85
K.41.032

Rive gauche
K.31.290

Quai R.G. Port de commerce.
K.26.467

Ecl.. 9 Emballens (2.66)
K.22.513

K.19.386
Ecl.. 8 Castelnau (2.56).

▲ **Amarrage interdit dans le bief.**
Mooring forbidden in the pound.
In der Stauhaltung ist das Festmachen verboten.

★ **Vue sur Castelnau.**
Attractive view of Castelnau.
Hübsche Aussicht auf Castelnau.

Ecl.. 7 Hers (2.58).
K.18.536

▲ **Entrée de l'écluse délicate.**
Awkward approach.
Einfahrt in die Schleuse schwierig.

▲ **Pont-canal entre pont et écluse.**
Aqueduct between the bridge and the lock / ***Kanalbrücke zwischen Brücke und Schleuse.***

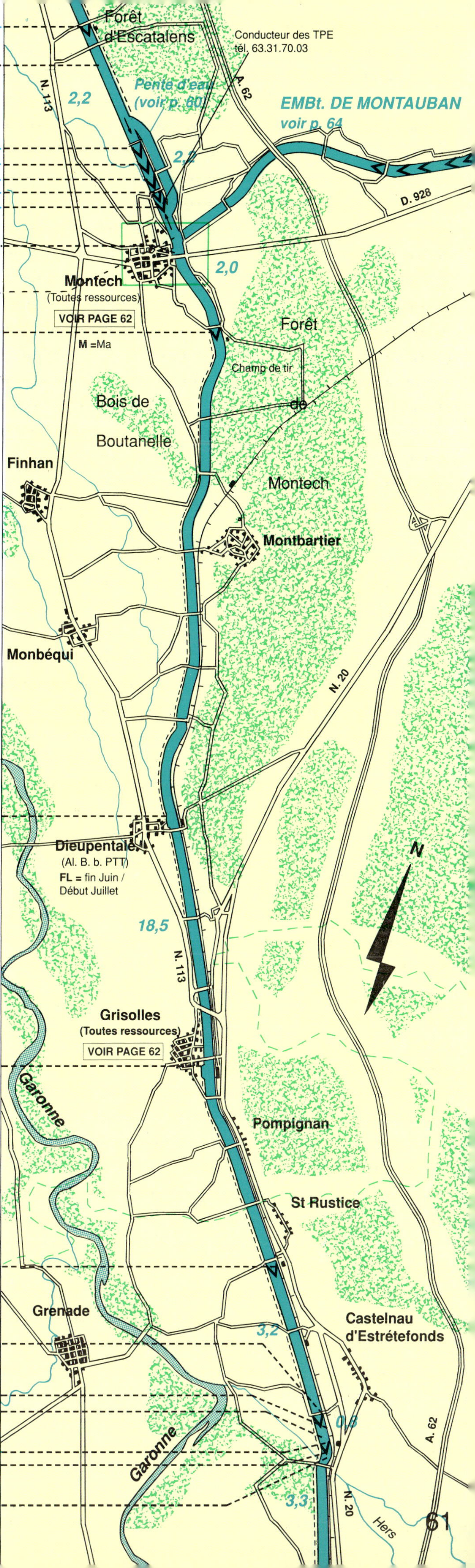

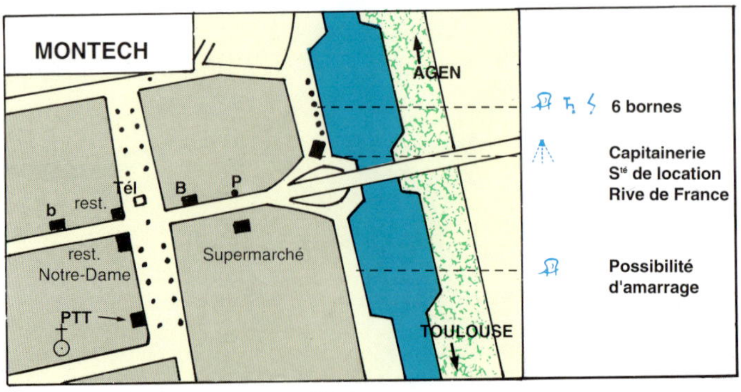

Surtout connue des plaisanciers par sa pente d'eau (à laquelle ils n'ont pas droit....), Montech sera une escale utile car elle offre beaucoup de services à proximité immédiate, notamment un supermarché (voir plan de détail). Elle bénéficie maintenant d'une halte nautique d'une douzaine de places avec eau et électricité à quai, sanitaires et exposition de produits locaux. Base de la société de location Rive de France.

Profitez de cette escale pour visiter l'église Notre-Dame de la Visitation, édifice gothique des 15è et 16è avec un clocher octogonal, portail du 16è et des fenêtres à meneaux flamboyants.

Si vous aimez l'accostage sauvage, poussez jusqu'à l'écluse de Lavache et, quelques centaines de mètres plus loin, amarrez-vous dans la forêt de Montech, splendide massif forestier de 13.000 hectares plantés de pins et de chênes. Une escale de rêve comme seul le tourisme fluvial en procure.

Known to pleasure boaters especially for its water slope (to which they are denied access, however), Montech makes a useful stopping place, since it offers substantial services in the immediate proximity, notably a supermarket (see detailed plan). This harbour now has facilities for boaters, including about 12 moorings with water and electricity on the quay, sanitary building and exhibition of local produce.

Take advantage of this mooring to visit Notre-Dame-de-la-Visitation, a 15th/16th century gothic church with octagonal clock-tower, 16th century door and windows with flamboyant mullions.

If you like moorings in the middle of nowhere, carry on to pass through Lavache lock and moor a few hundred metres further on, in the Montech forest. This is a splendid forest covering 13 000 hectares, planted with pines and oaks. An 'exotic' mooring typical of the joys of inland cruising.

Montech ist bei den Sportschiffern wegen seiner Neigungsschleuse bekannt (die Sie nicht benutzen dürfen), ist aber darüberhinaus eine nützliche Station aufgrund ausgiebiger Versorgungsmöglichkeiten im Kanalanliegerraum, vor allem ein Supermarkt (siehe Lageplan). Hier finden SIe jetzt einen nautischen Haltepunkt, ein Dutzend Liegeplätze mit Trinkwasser, elektr. Strom am Kai, sanitären Anlagen und einer Ausstellung von Landesprodukten.

Nützen Sie diese Zwischenstation für eine Besichtigung der Kirche Notre Dame de la Visitation, ein gotisches Bauwerk aus dem 15. - 16. Jh. mit achteckigem Turm, Portal aus dem 16. Jh. und Fenstern mit steinernem Kreuzwerk in Spätgotik.

Wenn Ihnen wilde Liegeplätze zusagen, fahren Sie bis zur Schleuse Lavache und machen Sie einige hundert Meter weiter fest : Sie befinden sich im herrlichen Wald von Montech mit seinen 13.000 Hektar Kiefern und Eichen. Ein traumhafter Aufenthaltsort wie ihn nur die Schiffwanderung möglich macht.

Halte nautique : Tél. 63 64 71 73.
Société de location : Rive de France.
Office de Tourisme, Mairie : Tél. 63 64 83 90.
Marché : Mardi.

/ Notre-Dame, place Jean-Jaurès, tél. 63.64.77.45.

A 500 mètres du port / 500 mètres from the harbour / ***Entfernung vom Hafen 500 Meter.***

GRISOLLES

Nous y avions accosté un jour, sous les ombrages de la rive droite. Cette petite ville peut être l'occasion d'une courte escale pour aller aux provisions (les commerces ne sont pas loin). Le folklore local est exposé dans un petit musée, le Musée Calbet.

We moored here one day, in the shade of the trees on the right bank. This little town offers the possibility of a short stopover to take on provisions (the shops are not far away). Local folklore is the subject of an exhibition in the small Calbet museum.

Hier haben wir einmal in vorherigen Zeiten im Schatten des rechten Ufers angelegt. Diese kleine Stadt lädt zu einem kurzen Einkaufshalt ein (die Geschäfte sind nicht weit). Das kleine Museum Calbet bietet eine Sammlung örtlichen Folklores.

Marché : mercredi.

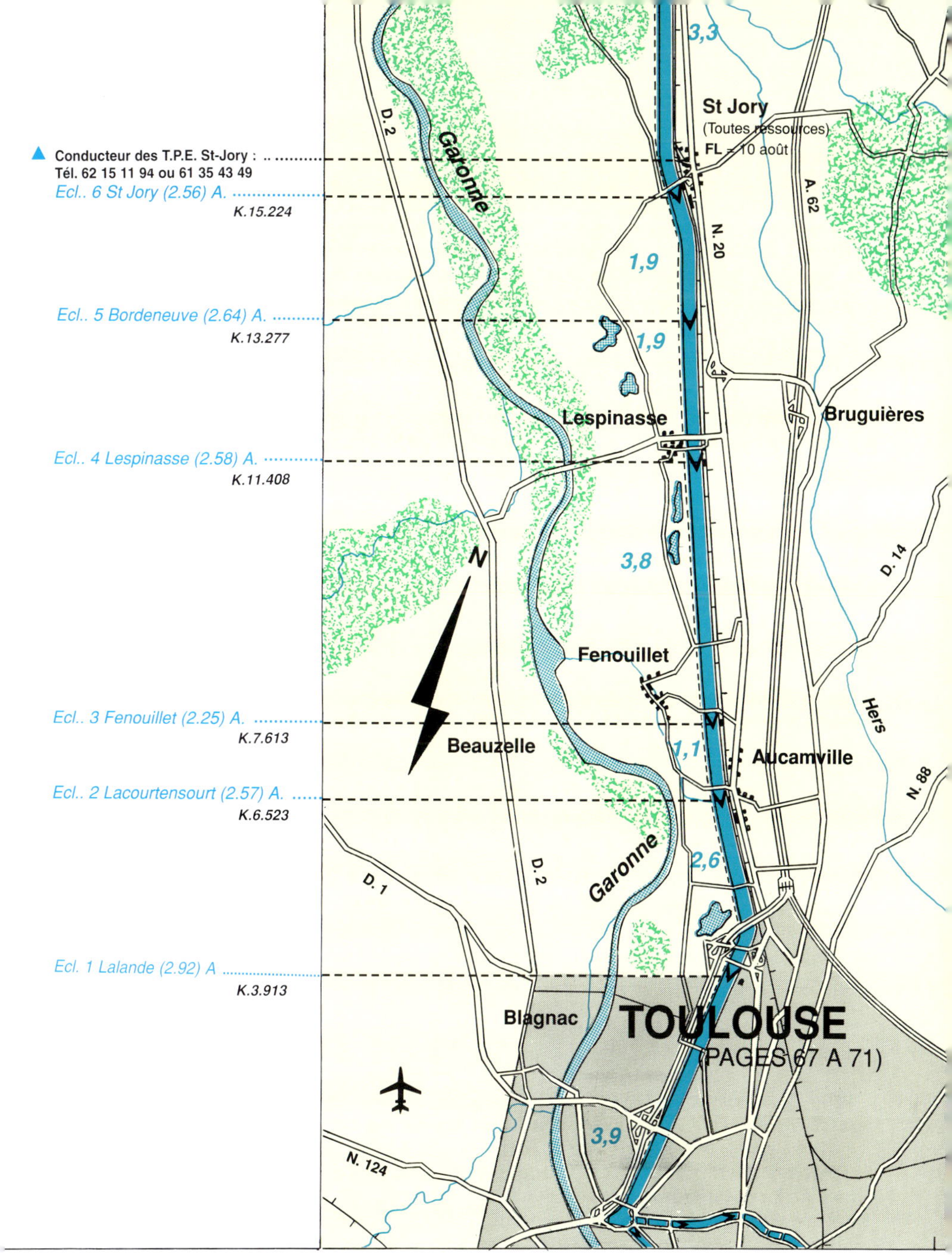

EMBRANCHEMENT DE MONTAUBAN (voir page 64)

Le plaisancier désirant emprunter l'embranchement de Montauban (improprement appelé "Canal de Montech") doit avertir préalablement la veille le conducteur des T.P.E. à la Pente d'eau de Montech - Tél. 63 64 73 04 ou demander à la dernière écluse avant l'embranchement. Cet embranchement compte 11 km et 9 écluses. Il est très joli et peu fréquenté par la navigation de commerce. Il aboutit à Montauban, où la descente dans le Tarn n'est pas possible.

Sur cet embranchement, les appareils de manœuvre des écluses sont vétustes et pénibles à manœuvrer. Un éclusier a la charge de plusieurs écluses.

Attention ! En 1994, l'embranchement de Montauban était fermé provisoirement à la navigation.

MONTAUBAN BRANCH

This branch is 11 km long, and has 9 locks. It is most attractive and hardly used at all by commercial traffic. Il leads to Montauban (but the staircase leading down into the Tarn is disused), a town of 50.000 inhabitants offering all facilities and with numerous historical buildings in characteristic red brick. The gate-and paddle-winding equipment of the locks on this branch is decayed an in poor working order. There are only a few lock-keepers, each in charge of several locks. Warning ! In 1994, the Montauban branch was temporarily closed to navigation.

ZWEIGKANAL NACH MONTAUBAN

Zweigkanal nach Montauban (siehe die Karte hierunter) - Dieser Zweigkanal ist 11 Kilometer lang und hat 9 Schleusen. Er ist sehr hübsch und von der Berufsschiffahrt wenig befahren. Er endet in Montauban, einer Stadt von 50.000 Einwohnern (alle Hilfsmöglichkeiten) mit sehr interessanten Baudenkmälern aus Ziegein.

Auf diesem Zweigkanal sind die Einrichtungen der Schleusen veraltet und deshalb schwierig zu betätigen. Jeder Schleusenmeister ist für mehrere Schleusen verantwortlich. In Montauban ist der Abstieg zum Tarn nicht mehr möglich. Achtung ! 1994 war der Zweigkanal von Montauban einstweilig für die Schiffahrt geschlossen.

EMBRANCHEMENT DE MONTAUBAN (suite de la page 63)

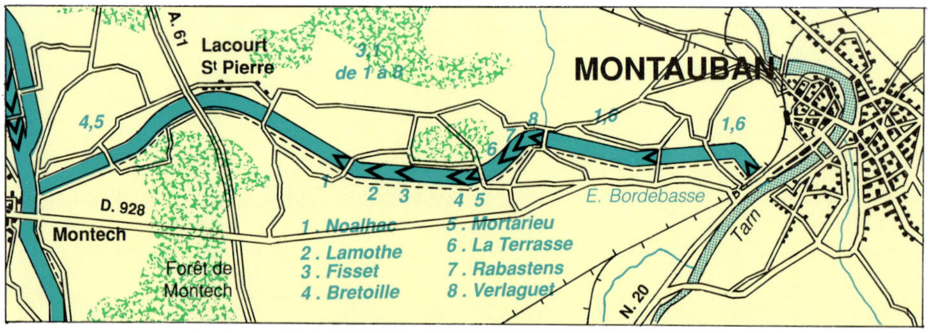

MONTAUBAN

Le navigateur pas pressé, courageux et tenace, qui aura emprunté l'embranchement de Montauban sera payé de son effort en atteignant la ville bien que, ne pouvant pas passer l'écluse de descente en Tarn, il soit assez loin du centre pittoresque de la ville.

Cette ville de 50.000 habitants est éminement touristique. Il suffit, pour s'en persuader, de parcourir les rues de la vieille ville bordée d'innombrables hôtels particuliers du 17è ou du 18è : hôtel Lefranc de Pompignan, hôtel de Pechels, etc... Il faut admirer le point-de-vue sur le Tarn depuis le Pont Vieux (14è siècle) aux 7 arches ogivales de briques roses - visiter le Musée Ingres qui occupe l'ancien palais épiscopal du 17è (oeuvres d'Ingres, Bourdelle, Géricault, David) - contempler la Place Nationale, place centrale d'une ancienne bastide - voir la Cathédrale Notre-Dame (18è siècle ; elle n'est pas en brique...), etc, etc... La place manque, dans ce guide, pour tout citer.

The boater who has had the time, courage and persistence to cruise down the Montauban arm will be rewarded for his effort when he reaches this town, despite the fact that he will some distance from the picturesque town centre (the locks from the canal basin down to the river Tarn are disused).

This town of 50 000 inhabitants is of great tourist interest. The streets of the old town are bordered by countless elegant town houses built in the 17th an 18th centuries : hôtel Lefranc de Pompignan, hôtel de Pechels, etc. There is a splendid view over the Tarn from the 14th century Pont Vieux, a pink brick structure, with seven ogival arches. Visit the Ingres museum, which occupies the former 17th century episcopal palace (works of Ingres, Bourdelle, Géricault, David). Other sights are the Place Nationale, the central square of a former blockhouse, and the 18th century cathedral of Notre-Dame (not in brick, though).

Der Sportschiffer, der weder den zusätzlichen Zeitverlust noch Anstrengungen gescheut und das Fahrwasser des Nobenkanals nach Montauban aufgenommen hat, wird bei seiner Ankunft in der Stadt für seine Beharrlichkeit belohnt, dies trotz der Tatsache, dass ihm die Talschleuse zum Tarn versagt bleibt und er deshalb vom malerischen Stadtzentrum ziemlich weit entfernt ist.

Diese Stadt von 50.000 Einwohnern ist von allerhöchstem touristischen Interesse. Das wird dem Reisenden sehr schnell klar, sobald er die Strassen der Altstadt durchläuft, gesäumt von zahllosen herrschaftlichen Stadthäusern des 17. und 18. Jh. ; u.a. die der Familien Lefranc de Pompignan und Pechels. Geniessen Sie den Ausblick auf den Tarn von der Brücke "Pont Vieux" (14. Jahrhundert) mit ihren 7 Spitzbögen aus rosa Backsteinen. Besichtigungsempfehlungen : Ingres-Museum, untergebracht im chemaligen bischöflichen Palais aus dem 17. Jh. (Werke von Ingres, Bourdelle, Géricault, David) ; Place Nationale, zentraler Platz einer alten Festung ; Münster Notre Dame, im Gegensatz zu den anderen Denkmälern nicht aus Backstein (18. Jahrhundert) usw.

Office de Tourisme : 2 rue du Collège, tél. 63.63.60.60.
Marché : samedi.
Fêtes locales : Foire aux fromages de chèvre (1er dimanche de mai) - Foire aux vins (2e dimanche de mai) - Fête du boeuf (fin juin) - Festival d'Occitanie, festival de jazz (début juillet) - Fêtes de l'été, ballets (mi-août).
Piscine.

// L'Ambroisie, 41 rue de la Comédie, tél. 63.66.27.40
Cuisine du Sud-Ouest dans la vieille ville / Cuisine of the South West in the old town / ***In der Altstadt eine Küche mit regionalen Gerichten des Südwestens.***

4. Canal du Midi

Echelle / Scale / ***Masstab***

1 / 100.000   1 cm = 1 km

0 1 2 3 4 5

CONSEILS DE NAVIGATION SUR LE CANAL DU MIDI

Le canal du Midi est plus sinueux, moins large et moins profond que le canal latéral. De ce fait, il faut corner aux tournants serrés, appuyer contre la rive lors des croisements de péniches et s'abstenir de tout dépassement de bateau de commerce sauf si le marinier vous y invite expressément.

De nombreux ponts ne laissent qu'une largeur de 5 mètres et une hauteur libre de 3 mètres dans l'axe. Même largeur réduite pour les très nombreux ponts-canaux. En raison de la profondeur réduite du chenal, les quillards doivent impérativement suivre l'axe du canal et ne peuvent pas toujours s'approcher très près de la rive pour accoster.

Les bassins et ports sont souvent envasés ; il est préférable - et bien plus agréable ! - de pratiquer le mouillage sauvage, en pleine nature. Mais ne pas stationner dans des biefs d'une longueur inférieure à 500 mètres, ni trop près d'un tournant, d'un pont, d'un pont-canal, d'une écluse. Ne pas encombrer par des cordages le chemin de halage qui est assez fréquenté (deux roues et même voitures).

A l'exception de ceux de Toulouse et Béziers, les bassins d'écluses sont de forme ovale, forme un peu moins pratique que celle des bassins rectangulaires normaux. A la montée, un bouillonnement très important se produit ; bien tenir les amarres pour que le bateau ne se mette pas en travers (et attention aux mâts qui dépassent). La manoeuvre, à la descente, est beaucoup plus calme et sans histoire. Certaines écluses à 2 ou 3 sas ont été transformées et ramenées à un seul sas avec une chute relativement importante (5 ou 6 mètres). Elles comportent des tubes encastrés dans le mur permettant de passer une amarre. Les écluses non encore transformées ont des bollards des deux côtés (mais quand on est seul il faut s'attacher du côté du chemin de halage). L'écluse Bayard à Toulouse comporte 4 bollards flottants et l'éclusage s'y fait sans aucun remous.

De nombreuses écluses non encore transformées comportent 2, 3 ou 4 sas. L'équipier qui a aidé la manoeuvre sur l'écluse fait passer le bateau à la main d'un sas à l'autre. Une écluse triple se franchit plus rapidement que trois écluses simples séparées. Près de Béziers, l'écluse de Fonsérannes compte 7 sas, mais elle est électrifiée et les heures de passages dans chaque sens sont réglementées (voir page 86).

En 1994, les écluses étaient transformées et allongées à 38,50 mètres sur les sections suivantes : de Toulouse à Aygues-Vives (carte 71), de Béziers à l'Etang de Thau (cartes 85-91) et l'embranchement de Port La Nouvelle. Les autres écluses doivent être allongées progressivement. Les écluses modifiées sont d'un accès plus facile du bateau, par deux escaliers de part et d'autre des portes.

Les écluses sont reliées entre elles par téléphone et sont souvent prêtes à votre arrivée. L'éclusier peut vous indiquer si vous devez rencontrer une péniche dans le bief suivant ou non.

A Fonsérannes, près de Béziers (carte 85), les 7 écluses sont doublées par une "pente d'eau" analogue à celle de Montech, dont le franchissement est décrit page 60. En 1994 toutefois, les bateaux de plaisance continuaient à emprunter la chaîne d'écluses.

Le canal du Midi compte un seul tunnel, celui de Malpas (carte 85), très court : 160 mètres, dont la traversée ne présente évidemment aucune difficulté, dans un bief dont la longueur mérite d'être soulignée : 54 kilomètres! Il comporte aussi un grand pont-canal, celui de Béziers (priorité au bateau se dirigeant sur Toulouse). Sur l'embranchement de La Nouvelle, la traversée de l'Aude (carte 97) mérite l'attention. Suivre la route indiquée sur le croquis et ne pas se laisser attirer par le barrage.

Sur le Canal du Midi, le trafic commercial a disparu. Les seules péniches que l'on rencontre sont des péniches hôtels.

CONDITIONS OF NAVIGATION

The Canal du Midi follows a much more tortuous course than the Lateral Canal, and at the same time it is both shallower and narrower. Consequently, it is essential to sound the horn at the bends, to keep well into the bank when meeting a barge, and to overtake **only** if the skipper specifically invites you to do so.

Numerous bridges leave a clear width of only 5 metres, and a clear headroom (across this width) of 3 metres. The numerous aqueducts have the same restricted dimensions. Because of the reduced depth, it is essential for deep-keeled craft to follow the centre line of the canal, and such craft will not always be able to approach the bank to moor.

The basins and disused ports are in many cases silted up. It is preferable - and much more pleasant ! - to use improvised moorings in the middle of the countryside to spend the night.

With the exception of the locks in Toulouse and Béziers, all lock chambers are of oval shape, somewhat less practical for small vessels than the usual straight walls. When the lock is being filled there is considerable turbulence in the chamber, and it is important to keep the mooring ropes tight to prevent the boat from slewing round in the lock (be careful of those protruding masts !). The side of the lock on which mooring bollards are provided is the same side as the towpath. Numerous locks have two, three of four chambers, and that of Fonsérannes, one of the seven wonders of the French waterways, has seven, but in fact it takes less time to pass through a three-chamber staircase lock, for example, than to negotiate three separate locks.

The locks are linked to each other by telephone, and more often than not they are ready on arrival.

Commercial traffic has disappeared on the Canal du Midi. The only péniches wich will be encountered are hotel or trip boats.

On the La Nouvelle branch, the crossing of the Aude requires some care. Follow strictly the route indicated on the diagram on map 97.

The Canal du Midi includes one tunnel, at Malpas (map 85), only 160 m long, but with the distinction of being the oldest canal tunnel in the world. It is situated in a pound which is remarkable for its length, 54 km (the longest on any canal in France and reminiscent of Brindley's "contour" canals in England).

RATSCHLÄGE FÜR DIE SCHIFFAHRT

Der Canal du Midi ist kurvenreicher, weniger breit und weniger tief als der Seitenkanal. Deshalb muss man an den Biegungen Schallsignal geben, bei Begegnungen mit Penichen sich dicht am Ufer halten und jedes Überholen von Penichen unterlassen, ausser wenn der Schiffer Sie ausdrücklich dazu auffordert.

Zahlreiche Brücken haben nur eine Durchfahrtbreite von 5 Metern und eine Höhe von 3 Metern in der Mitte der Durchfahrt. Die zahlreichen Kanalbrücken haben die gleiche eingeschränkte Breite. Wegen der geringeren Wassertiefe müssen Kielboote unbedingt in Kanalmitte fahren und können sich nirgends dem Ufer nähern um anzulegen.

Die Kanalbecken und die Häfen sind häufig verschlammt. Vorzuziehen und weit angenehmer ist es, irgendwo in der freien Natur Halt zu machen und die Nacht zu verbringen.

Mit Ausnahme von Toulouse und Béziers haben die Schleusenkammern eine ovale Form, etwas weniger zweckmässig als gerade Kammerwände. Beim Hochschleusen entstehen erhebliche Wirbel ; gut die Festmacheleinen halten, damit das Boot sich nicht quer legt (auf überstehende Stengen achten). Festmacheseite ist die Seite des Treidelpfads. Viele Schleusenanlagen haben 2,3 oder 4 Schleusenkammern, diejenige von Fonserannes hat 7 ; jedoch geht die Durchfahrt durch eine Schleusentreppe von 3 Kammern zum Beispiel schneller als die Schleusung in 3 einzelnen Schleusen.

Die Schleusen haben Telefonverbindung untereinander und sind im allgemeinen bei Ihrer Ankunft betriesbereit.

Der Berufsverkehr entspricht dem Verkehr auf dem Seitenkanal.

Auf dem Canal du Midi gibt es keine gewerbliche Schiffahrt mehr. Wenn man Penichen trifft, so sind es Hotel-Penichen.

Auf dem Zweigkanal von La Nouvelle erfordert die Durchfahrt durch den Fluss Aude besondere Aufmerksamkeit. Genau dem Fahrweg folgen, der auf der Skizze der Karte 97 angegeben ist.

Der Canal du Midi hat einen Tunnel bei Malpas (Karte 85) von 160 Meter Länge. Die Durchfahrt bereitet keine Schwierigkeit. Der Tunnel befindet sich in einer Kanalhaltung, deren Länge erwähnt werden sollte: 54 Kilometer !

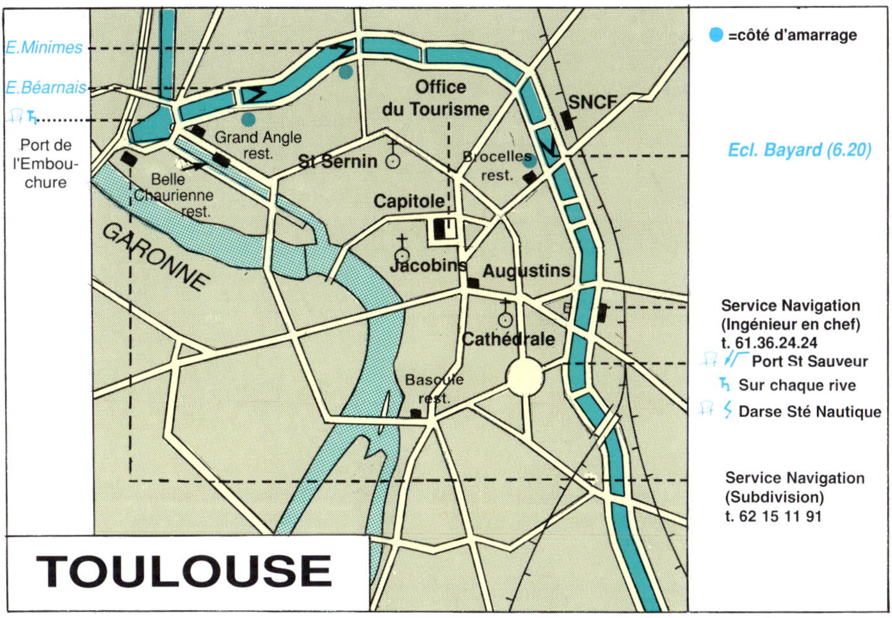

Quatrième ville de France, point central des canaux du Midi, Toulouse est forcément une escale. On traverse une bonne partie de la ville, sous les platanes, pour aller s'accoster au Port Saint-Sauveur. Prestations essentielles mais sans le confort d'un port de plaisance. La ville offre toutes les ressources. L'amarrage au Port de l'Embouchure, encerclé par des autoroutes, est à déconseiller, malgré un aménagement paysager.

Quelle ville attachante que la "ville rose" ! Elle a un cachet incomparable due à une histoire très fournie et, en même temps, c'est une métropole de demain qui a déjà donné naissance au Concorde, à l'Airbus et à la fusée Ariane. Ses monuments de brique remontent du 11è au 18è siècle alors que la ville moderne est grouillante, à la circulation démentielle et va bientôt se doter d'un métro. Visitons ! La Place du Capitole, coeur de la ville, et le Capitole (18è siècle, à la fois hôtel de ville et théâtre lyrique fameux). La Basilique Saint-Sernin (11è - 12è), bâtie pour les pélerins de Saint Jacques de Compostelle. L'église et le couvent des Jacobins (12è - 14è), au clocher caractéristique (gothique toulousain). Musée des Augustins, dans un ancien couvent (Mignard, Ingres, Delacroix, Picasso). Hôtel d'Assézat, de style Renaissance, siège de l'Académie des Jeux Floraux. Nous arrêtons là cette liste, le guide ne suffirait pas. Il est préférable de s'adresser directement à l'Office du Tourisme (Donjon du Capitole).

A la jonction du canal latéral et du canal du Midi (Port de l'Embouchure), le navigateur aura pu remarquer les trois "Ponts Jumeaux" et le bas-relief de Lucas qui sépare deux d'entre eux.

Fourth city of France, centre point of the Midi canals, Toulouse is an obvious port of call.

It is necessary to cruise right through the city, in the shade of the plane trees, to moor in the Port Saint-Sauveur basin. Essential services are on hand, but without the comfort of a proper pleasure harbour. All shops and services in the city.

It is difficult not to become attached to the 'pink city'! It has incomparable charm, thanks to its rich history, but at the same time it is a modern metropolis which has already given birth to Concorde, the Airbus and the Ariane rocket. Its brick-built monuments range from the 11th to 18th centuries, while the modern city bustles with activity, with chaotic traffic, and will shortly be equipped with a metro. Let's visit! The Place du Capitole, the heart of the city, and the Capitole itself (18th century, both town hall and famous opera house). The basilica of St Sernin (11th-12th centuries), built for the pilgrims en route for St Jacques-de-Compostelle. The church and convent of the Dominicans (12th-14th centuries), with its characteristic (Toulouse gothic) steeple. Augustines museum, in a former convent (Mignard, Ingres, Delacroix, Picasso). Hôtel d'Assézat, renaissance style, seat of the 'Académie des Jeux Floraux'. This gives barely a soupçon of the wealth of the city, which it would take virtually the whole guide to do justice to. It is suggested that readers make enquiries at the Office du Tourisme (in the donjon of the Capitole).

At the junction of the lateral canal and the Canal du Midi (Port de l'Embouchure), the navigator will already have noticed the three 'Ponts Jumeaux' and the bas-relief by Lucas which is set in the wall between two of them.

Viertgrösste Stadt von Frankreich. Drehscheibe der Kanäle des Midi.

Unter den Platanen durchfährt man einen guten Teil der Stadt, um im Hafen Saint-Sauveur festzumachen. Wessentliche Dienstleistungen, aber ohne den Komfort eines Sporthafens. Die Stadt bietet alle Hilfsmöglichkeiten.

Die "rosafarbene Stadt" ist wirklich fesselnd ! Sie hat ein ganz ausserordentliches Gepräge, sicherlich auf ihre besonders reiche Geschichte zurückzuführen. Gleichzeitig ist sie aber auch Metropole der Zukunft als Wiege von Concorde. Airbus und der Rakete Ariane. Ihre Baudenkmäler aus Backstein stammen aus dem 11.-18. Jahrhundert, aber der moderne Stadtteil schäumt über vor Leben mit einer unvorstellbaren Verkehrsdichte. Eine Untergrundbahn ist für die nahe Zukunft vorgesehen. Auf, auf zu einem Besuch : Der Platz "Place du Capitole", Herzstück der Stadt, und das Capitole (18. Jahrhundert, gleichmals Rathaus und berühmtes Operettentheater).

Die Basilika Saint Sernin (11. - 12. Jh.), für die Pilger von Saint Jacques de Compostelle erbaut ; die Kirche und das Kloster der Jacobiner (12. - 14. Jh.) mit ihrem kennzeichnenden Glockenturm (Toulouse-Gotik) ; das Augustiner-Museum in einem ehemaligen Kloster (Werke von Mignard, Ingres, Delacroix, Picasso) ; Hôtel d'Assézat im Renaissance-Stil, Sitz der Akademie der Blumenspiele. Hier müssen wir die Aufzählung aus Platzmangel abbrechen und empfehlen dem Leser, sich direkt an das Fremdenverkehrsamt zu wenden (Office du Tourisme im Bergfried des Capitoles).

Am Zusammenfluss des Seitenkanals und des Canal du Midi (Hafen "Port de l'Embouchure") sind der Aufmerksamkeit des Schiffers die drei Brücken ("Ponts Jumeaux") und das Basrelief von Lucas, sozusagen Trennungsmal zwischen zwei der drei Brücken, sicherlich nicht entgangen.

Renseignements pratiques

Service Navigation : Ingénieur en Chef - 2, Port Saint-Etienne - Tél. 61 36 24 24.
Subdivision - 115 bis, rue des Amidonniers - Tél. 62 15 11 91
Fax 62 15 11 99
Cellule Exploitation - Tél. 61 36 24 38

Office de Tourisme : Donjon du Capitole - Tél. 61 11 02 22 - Télex 531508.

Point Librairie Vagnon : Accastillage Diffusion - Parc Technologique du Canal - Place du Canal - Ramonville Saint-Agne - Tél. 61 73 86 11.

Marché : Tous les jours.

Taxis : Tél. 61 52 22 22 - 61 42 38 38.

Aéroport de Toulouse : Blagnac à 6 km - Tél. 61 42 44 00.

Fêtes locales : Brocante de printemps (mars) - Foire de Toulouse (avril - mai) - Grand Fénétra (fin mai - début juin) - Semaine de l'Orgue (fin juin - début juillet) - Animation musicale (juin - septembre).

/ La Bascule, 14 av. M. Hauriou, tél. 61.52.09.51
Prés de la Garonne / Near the Garonne / ***Nahe der Garonne.***

// Le Grand Angle, 156 allée de Barcelone, tél. 61.21.89.89
A deux pas du Port de l'Embouchure, de bons plats de poissons / A few steps from the Port de l'Embouchure, good fish dishes/ ***Wenige Schritte vom Port de l'Embouchure, gute Fischgerichte.***

// La Belle Chaurienne, allée de Brienne, tél. 61.21.23.85.
Le cassoulet toulousain / The Toulouse cassoulet !
Das Cassoulet nach Art von Toulouse !

// Le Brucelles, 84 allée Jean Jaurès, tél. 61.10.23.10.
Bon restaurant de l'hôtel du même nom, tout prés du canal / Good restaurant in the hotel of the same name, close to the canal.
Gutes Restaurant im Hotel mit gleichem Namen, ganz nahe am Kanal.

Traversée de Toulouse

Trois cents ans après sa construction, le Canal du Midi est demeuré sensiblement le même, mis à part l'allongement d'une trentaine d'écluses et la suppression de certains ponts voûtés. Le navigateur ne peut être qu'admiratif devant la beauté de cette réalisation.

Le canal épouse les pentes des collines, ce qui lui donne ce tracé sinueux. Il est bordé, sur ses deux rives, de dizaines de milliers d'arbres : platanes essentiellement mais aussi pins-parasols et cyprès, dont la plupart sont d'origine. Les écluses (sauf celles de la traversée de Toulouse) sont de forme elliptique, choisie en raison des flancs ventrus des bateaux du temps de Riquet. Certaines sont à sas multiples (deux, trois, quatre, voire sept comme à Fonsérannes !), bien que les travaux de modernisation en aient réduit le nombre. Il existe encore des ponts à voûte. Le canal, lui, franchit les ruisseaux descendant des collines par de multiples ponts-canaux. D'autres ouvrages d'art témoignent de la hardiesse de Riquet, comme le passage du Libron ou le petit tunnel de Malpas - première traversée souterraine d'une colline par un canal. Enfin, sont remarquables aussi l'homogénéité et la sobriété des bâtiments qui jalonnent le canal : maisons éclusières, écuries pour les chevaux de halage, entrepôts, magasins et même chapelle...

Three hundred years later, the structure of the Canal du Midi is still virtually as built, except for the lengthening of about 30 locks and the replacement of a number of the classic arched bridges. The boater cannot fail to be impressed by the beauty of the canal and its structures.

The canal follows the natural contours, giving it a particularly sinuous course. It is bordered on both banks by tens of thousands of trees, mainly plane-trees but also umbrella pines and cypress, most of them dating from construction of the canal. The locks (except for those in the section through Toulouse) are of elliptical shape, a design chosen on account of the bulging form of barges at Riquet's time (also for greater structural stability). Some are multiple staircase locks (two, three or four chambers, and even seven at Fonsérannes !), although the modernisation works have reduced their total number. There are still many traditional arch bridges. The canal itself crosses the streams draining the hills to the north on a large number of aqueducts. Other structures testify to the Riquet's boldness, such as the curious Libron crossing or the short Malpas tunnel, the first canal tunnel in the world. Finally, there is the remarkable harmony and architectural unity of the buildings along the canal : lock-keepers' houses, stable houses for towing horses, depots, and even a chapel.

300 Jahre später ist der Canal du Midi fast unverändert, abgesehen von der Verlängerung von etwa 30 Schleusen und dem Wegfall von einigen gewölbten Brücken. Der Bootsfahrer kann vor der Schönheit dieses Bauwerks nur Bewunderung verspüren. Der Kanal passt sich der Geländeneigung an, was ihm seinen gewundenen Lauf verleiht. An beiden Ufern stehen zehntausende von Bäumen, meist Platanen, aber auch Pinien und Zypressen, zum grössten Teil aus der Zeit des Kanalbaus. Die Schleusen (ausser der Stadtdurchfahrt von Toulouse) haben eine elliptische Form, die man wegen der bäuchigen Schiffsform zu Zeiten von Riquet gewählt hat. Einige haben mehrere Kammern hintereinander (zwei, drei, vier, sogar 7 wie in Fonsérannes !), obwohl die Arbeiten zur Modernisierung deren Zahl vermindert hat. Es gibt noch gewölbte Brücken wie diese, die auf dem Umschlag dieses Führers abgebildet ist. Der Kanal führt mit vielen Kanal-Brücken über die Bäche hinweg, die von den Hügeln herab fliessen. Andere Kunstbauten bezeugen die Kühnheit von Riquet, wie die Querung des Libron oder der kleine Schiffahrts-Tunnel von Malpas, erste Unterquerung eines Hügels durch einen Kanal.

Dann sind noch bemerkenswert die Einheitlichkeit und die Schlichtheit der Gebäude längs des Kanals : Schleusengehöfte, Stallungen für die Treidelpferde, Lagerhäuser, Speicher und selbst Kapelle.

Arrivée dans une écluse elliptique caractéristique

Ecluse de Laurens

TOULOUSE - Voir page 67.

Voir page 67.

PORT-SUD (voir plan) ET RAMONVILLE SAINT-AGNE

Ce port de plaisance récent, bordé de maisons ocre et dans un joli cadre, est utilisé par l'association Cap-Sud. Cette association offre eau, et beaucoup de prestations, stationnement à l'année et gardiennage notamment. Libre-service, boulangerie, coiffeur au port, les commerces étant à Ramonville, à 1 kilomètre environ.

This recently-developed pleasure harbour is used by the "Cap-Sud" firm. This hire base offers water and many services. Self-service food store, bakery and hairdresser in the basin, other shops in Ramonville, about a kilometre away.

Dieser Hafen für Yachten und Hausboote besteht erst seit kurzer Zeit. Er wird von der Vermieterfirma Cap-Sud benutzt. Diese Vermieterfirma bietet Trinkwasser und viele Dienstleistungen. Im Hafen Selbstbedienungsgeschäft und Bäckerei, die Geschäfte befinden sich in Ramonville, ca. 1 Kilometer entfernt.

Marché : mercredi et samedi matin à Ramonville - mardi matin à Castanet-Tolosan.

Capitainerie : tél. 61.75.07.64. Eau, électricité, toilettes, douches, téléphone, animations.

// **La Chaumière - 102, avenue Tolosane - Tél. 61 73 20 75.**
A un bon kilomètre de Port-Sud, un excellent restaurant, avec piscine.
A good kilometre from Port-Sud, an excellent restaurant with swimming pool.
Ein ausgezeichnetes Restaurant mit Schwimmbad in einem guten Kilometer vom Port-Sud.

Port-Sud

MONTGISCARD

Il y a une halte fluviale rive gauche, en amont de l'écluse. Eau potable rive droite, au droit de la halte. Le village est en haut d'une butte : belle vue depuis le clocher de l'église. Dans celle-ci, on peut voir des peintures intéressantes.

There are boat moorings on the left bank upstream of the lock. Water point on the right bank, opposite the moorings. The hilltop village offers a fine view from the church steeple. There are also some interesting paintings in this church.

Es gibt einen nautischen Stützpunkt am linken Ufer, oberhalb der Schleuse. Trinkwasser am rechten Ufer gegenüber. Das Dorf liegt auf einem Hügel : schöner Blick auf den Kirchturm. Dort drinnen kann man interessante Gemälde sehen.

Canal latéral. Voir p. 63.

Port de l'Embouchure.
K.1.058

Ecl.. Béarnais (2.70).

Ecl.. Minimes (4.43).
K.2.008

Ecl.. Bayard (6.20).
K.3.586

Port St Sauveur.

Piste cyclable du centre de Toulouse à Port-Lauragais.
Cycle path between the centre of Toulouse and Port Lauragais.
Fahrradweg von Stadtmitte Toulouse bis Port-Lauragais.

Pont-canal des Herbettes.

Zone technique et fluviale.

La Chaumière.

Port-Sud.
K.12.250

A partir de Castanet, toutes les écluses sont de forme ovale.
Upstream-bound : from Castanet onwards, all the locks have oval shaped chambers.
Bergfahrer : ab Castanet sind alle Schleusen oval geformt.

Ecl.. Castanet (5.00).
K.15.700

Ecl.. Vic (2.40).
K.17.410

Bief très sinueux.
Pound with numerous bends.
Sehr Kurvenreiche Stauhaltung.

Joli pont de brique / Attractive bridge / ***Hübsche Brücke.***

Halte fluviale R.G.
K.24.910

Ecl.. Montgiscard (3.82).

Ecl.. Aygues-Vives (4.50).
K.28.110

Ecl. Sanglier (2) (3.75)
K.29.612

Très joli pont de brique.
Attractive bridge.
Hübsche Brücke.

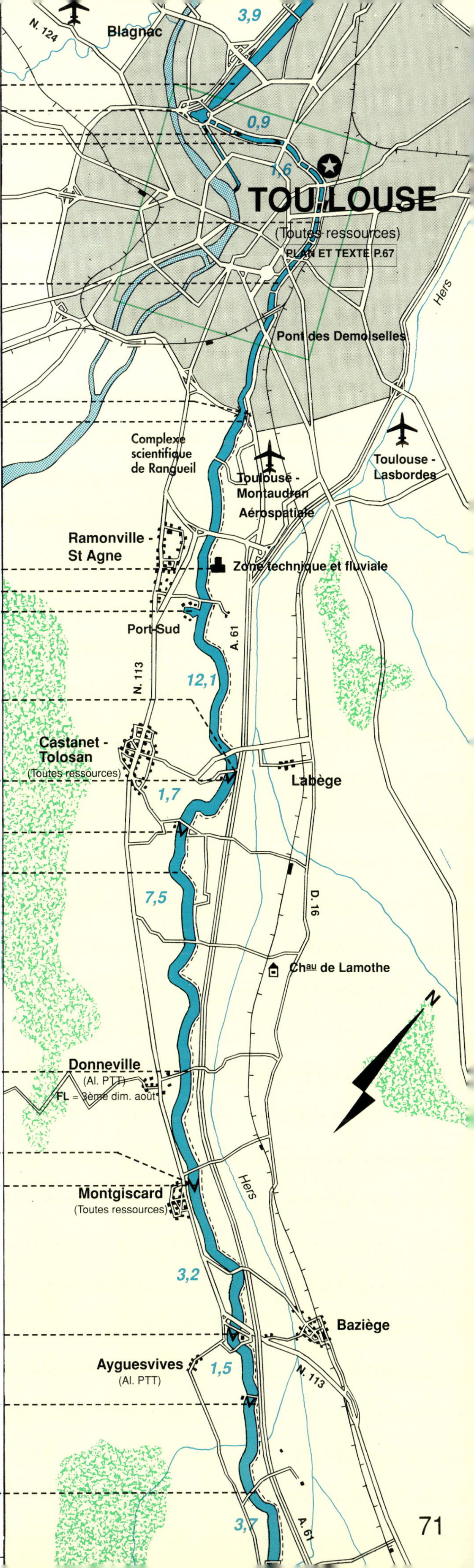

VILLEFRANCHE DE LAURAGAIS

C'est la localité la plus importante entre Toulouse et Castelnaudary. Pour s'y rendre, accoster à l'aval du pont-canal de l'Hers. La ville est à 1500 mètres. Supermarché.

Cette ancienne bastide du 12è siècle possède, dans sa rue principale, une monumentale église gothique, de style toulousain, en brique, avec un clocher-mur du 13è.

A trois écluses à l'amont, église du 14è siècle dans le village d'Avignonet-Lauragais.

This town, with a population of 3000, has a useful supermarket. To go there, moor downstream of the Hers aqueduct. The town is 1500m away.

This 12th century fortified town has a monumental church of Toulouse style, with a 13 th century wall-belfry.

Three locks further upstream, there is another notable 14th century church in the village of Avignonet-Lauragais.

Ort mit 3000 Einwohnern, Supermarkt. Das Schiff unterhalb der Kanalbrücke über den Hers festmachen, von hier ist die Stadt 1500 Meter entfernt.

In der Hauptstrasse dieser ehemaligen Festung aus dem 12. Jahrhundert steht eine monumentale Kirche im Toulouse-Stil, aus Backstein, mit einer Turmmauer aus dem 13. Jahrhundert.

Kanalaufwärts befinden sich drei Schleusen sowie in Avignonet-Lauragais eine Kirche aus dem 14. Jahrhundert.

Syndicat d'Initiative : Square Général de Gaulle, tél. 61.27.20.94
Marché : vendredi.
Piscine (voir carte).
Fête locale : le 15 août.

/ Le France, 106 rue de la République, tél. 61.81.62.17.

PORT-LAURAGAIS - **Voir page 74.**

BIEF DE PARTAGE DU CANAL DU MIDI

C'est un bief splendide, sous un feuillage à travers lequel joue le soleil. Dans ce bief, se jette la "rigole" qui amène les eaux de la Montagne Noire pour l'alimentation du canal. C'était l'idée de Riquet, qui permit la construction du Canal du Midi. Tout près, un obélisque, dressé par les descendants de Riquet, rend hommage à ce dernier.

Dès la sortie de l'écluse de l'Océan (dans laquelle il faut s'amarrer à droite en montant), on peut accoster à l'ombre sur la gauche, côté obélisque. Une visite de ce monument est possible et très intéressante.

Summit level of the Canal du Midi - This is a splendid pound, a genuine tunnel of greenery, through which the sun plays on the water. This pound receives the clear water from the 'Black Mountain' to the north, through the remarkable feeder canal ('rigole') which was the whole secret behind the canal's design. Near the feeder inlet is the obelisk erected as a tribute to Riquet.

Immediately on leaving the Océan lock (where boats have to tie up on the right-hand side when heading upstream) moor in the shade, on the side of the obelisk. This monument is fascinating to visit, as is the entire Naurouze site, with its former octagonal basin.

Dies ist die Scheitelhaltung unseres Wasserweges. Eine prächtige Staustrecke, unter einem Blätterdach, in dem die Sonnenstrahlen spielen. In diese Staustrecke läuft die "Rigole", ein Bach, der den Kanal mit dem Wasser aus der Montagne Noire speist. Nicht weit entfernt ehrt ein Obelisk Pierre-Paul Riquet, Erbauer des Canal du Midi.

Nach der Ausfahrt aus der Ecluse de l'Océan (in der man bei der Bergfahrt rechts festmachen muss) kann man im Schatten anlegen, an der Seite des Obelisken. Ein Besuch dieses Denkmals ist möglich und sehr interessant.

Dans le bief de partage

Arrivée à l'écluse de Domergue

Très joli pont de brique / Attractive bridge / ***Hübsche Brücke***

K.33.274
Ecl. Négra (4.00)

Chapelle accolée à la maison éclusière Chapel adjacent to the lock-keeper's house / ***Eine Kapelle ist an das Schleusenwächterhaus angebaut***

Société de location Locaboat-Plaisance

K.37.477
Ecl. Laval (2) (5.48)

Entrée de l'écluse délicate pour avalants. Entrer en biais / Difficult approach to lock entrance for vessels heading downstream. Approach at an angle / ***Schleuseneinfahrt für Talfahrer schwierig. Schräg von der Seite einfahren.***

Petit pont canal
Ecl. Gardouch (2.10)
Conducteur des TPE à l'écluse. t. 61.81.62.06

Pont-canal de l'Hers

Accès à Villefranche

A l'aval de l'écluse
Ecl. Renneville (2.40)
K.43.016

Ecl. Encassan (2) (4.85)
K.45.852

Ecl. Emborrel (3.10)
K47.470

Piste cyclable jusqu'à Toulouse
K.50.000

Port-Lauragais

Très belle avenue de verdure / Very attractive pound enclosed by foliage / ***Sehr schöne Grünallee.***

K.51.632
Ecl. Océan (2.60) ***t. 68.60.12.39***
Amarrage à droite en montant / Moorings on the right bank (heading upstream) / ***Auf der Bergfahrt rechts festmachen.***

A l'ombre / In the shade / ***Im Schatten***

A voir : Obélisque de Riquet et Parc de Naurouze

Base Sté location Rive de France

2 tournants très serrés
2 narrow curves
2 sehr enge Kurven

t. 68.23.12.56 K.56.631
Ecl. Méditerranée (2.60)

Poterie avec four de bois

Ecl. Roc (2) (5.60) K.57.503

Jolie vue sur le bief aval / View of the downstream pound / ***Blick auf die untere Stauhaltung***

Ecl. Laurens (3) (6.80)
t. 68.23.17.13 K.58.741

Ecl. La Domergue (2.15)
K.59.701

Ecl. Laplanque (2.65)
t. 68.94.10.08 K.60.918

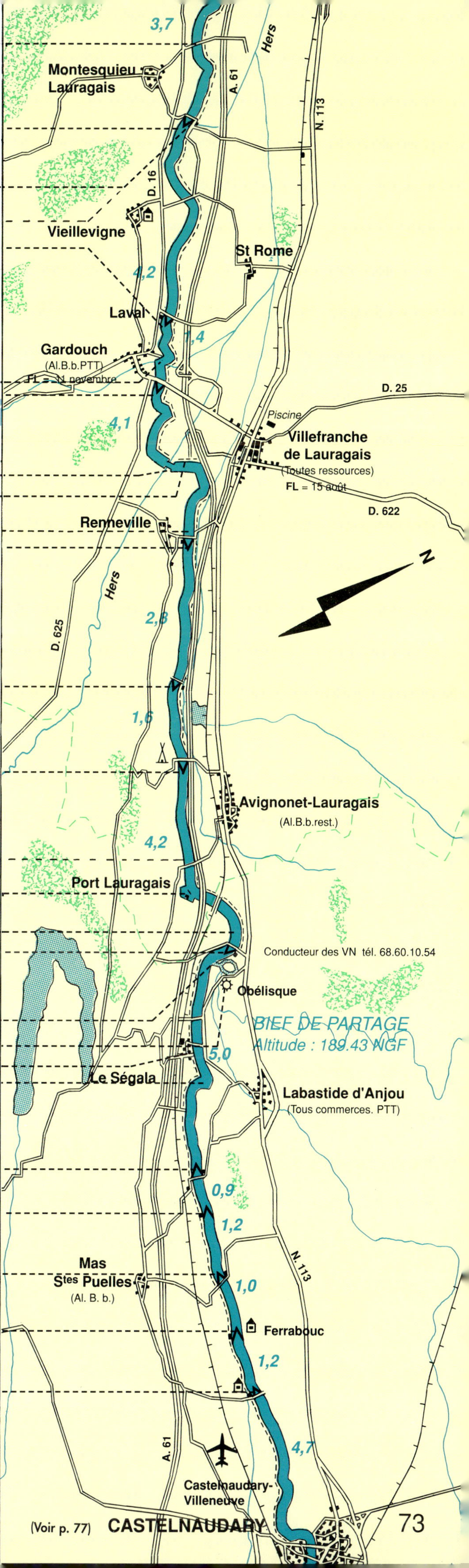

(Voir p. 77)

PORT-LAURAGAIS

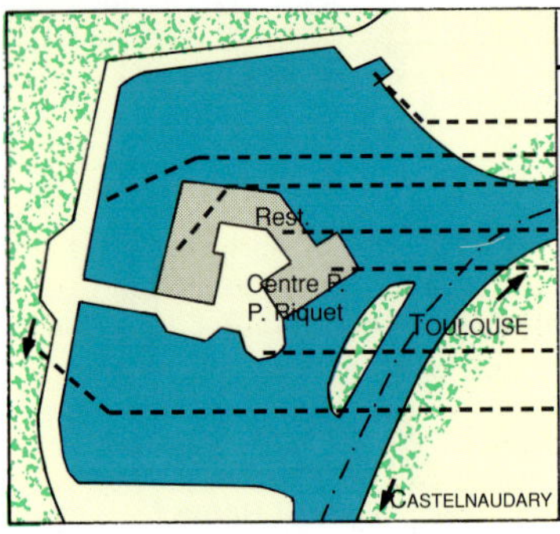

- Rampe de mise à l'eau
- Maison de la Haute-Garonne. Produits régionaux.
- "La Dinée". Restaurant.
- Centre Pierre-Paul Riquet. Expositions sur Canal du Midi.
- Sculptures, fontaines.
- Station Total à 200 mètres.

PORT-LAURAGAIS (page 73)

Voici, tout près du bief de partage, une belle réalisation moderne toute consacrée à ce canal tricentenaire et halte fluviale en même temps.

Cette halte, malheureusement sans ombre, permet d'obtenir les prestations nécessaires, le carburant étant procuré à la station-service toute proche. Hôtel et restaurant dans le complexe, vente de produits locaux et point d'information touristique à la Maison de la Haute-Garonne.

Le Centre Pierre-Paul Riquet, dont l'architecture s'inspire des anciens bassins de radoub, propose une exposition permanente et des montages audiovisuels évoquant la construction du Canal du Midi, ainsi qu'une sculpture-fontaine expliquant le système d'alimentation en eau et les écluses. Une visite à ne pas manquer, pour mieux comprendre encore le Canal du Midi.

Here, right beside the summit level, is an excellent modern development entirely devoted to this three-century old canal, at the same time serving as a pleasure harbour.

This harbour, unfortunately without shade, can be useful for obtaining essential services, fuel being procured from the service station in the immediate vicinity. There is a restaurant in the complex, and local produce can be purchased at the Maison de la Haute-Garonne.

The Pierre-Paul Riquet centre, the architecture of which is inspired by the old dry docks on the canal, contains a permanent exhibition, with audiovisual displays illustrating construction of the Canal du Midi, as well as a sculpture-fountain explaining the system of water supply and operation of the locks. A visit not to be missed, to learn still more about the Canal du Midi.

Hier, ganz nahe an der Scheitelhaltung, wurde ein sehr schöner moderner Bau errichtet, der ganz dem 300 Jahre alten Kanal gewidmet ist und zugleich ein nautischer Stützpunk ist.

In diesem Stützpunkt, leider ohne Schatten, erhält man die notwendigen Dienstleistungen, Treibstoff kann man von einer Tankstelle ganz in der Nähe erhalten. Ein Restaurant ist in der Anlage und Verkauf örtlicher Erzeugnisse im Hause der Haute-Garonne.

Das Centre Pierre-Paul Riquet, dessen Bauform von den alten Trockendocks des Kanals beeinflusst ist, beabsichtigt eine Dauerausstellung mit audio-visuellen Einrichtungen, die an den bau des Kanals erinnern, ausserdem eine Brunnenanlage, die das System der Wasserversorgung und die Schleusen erklärt. Einen Besuch sollte man nicht versäumen, um den Kanal du Midi noch besser zu verstehen.

Centre Pierre-Paul Riquet : tél. 61.27.14.63.

/ La Dinée, tél. 61.27.14.50.
Escale intéressante, tout près de votre bateau / Interesting place to visit, very close to the mooring / ***Interessanter Zwischenhalt, ganz in der Nähe Ihres Bootes.***

LE CASSOULET

C'est le plat national de Toulouse à Carcassonne, en passant évidemment par Castelnaudary ! A base de haricots (soigneusement choisis), cuits dans l'eau (pas n'importe laquelle), avec du porc, du confit d'oie, du gigot de mouton, de la saucisse (selon la ville), avec des ingrédients divers et un mijotage long, long, long (six à huit heures !), le cassoulet est un plat unique. Le plaisancier qui parcourt le Canal du Midi sans goûter une seule fois au cassoulet est impardonnable...

The 'cassoulet' - This is the 'national' dish in these parts ! Based on boiled haricot beans, with pork, mutton, goose "confit" and sausage (varying from town to town), with various ancillary ingredients and left to simmer for hours. The boater on the Canal du Midi simply has to try cassoulet !

Das "Cassoulet" ist hier Nationalgericht : weisse Bohnen in Wasser gekocht, Schweinefleisch, Hammelkeule, Gänse-Confit sowie Wurst je nach örtlicher Spezialanfertigung, diverse Zutaten und ein unendliches Schmoren auf kleiner Flamme. Sportschiffer, die den Canal du Midi befahren, dürfen ein Cassoulet nicht verpassen !

Castelnaudary

Amarrage dans le bief de partage

CASTELNAUDARY

Pas d'organe d'amarrage
There are no bollards or rings to moor to
Keinerlei Vorrichtungen zum Festmachen

Très bon accostage. Tirant à eau 1.90 côté ville et 1.60 côté opposé (anneaux)
Very good mooring. Depth 1.90 m on town side and 1.60 m on opposite side.
Sehr gute Anlegemöglichkeiten. Tiefgang 1.90 m stadtseitig, 1.60 m an der gegenüberliegenden Seite.

Anneaux / Rings / ***Ringe***

Square Dr Corre

Joli pont sans visibilité
Attractive bridge, with no visibility
Hübsche Brücke, ohne Sicht

Cale de radoub / Graving dock / ***Trockendock***

Gaz. Douche. Sté Crown-Blue Line

à l'aval du sas du bas (rive gauche)
Downstream of the lower chamber, on the left bank.
Unterhalb der unteren Schleusenkammer, linkes Ufer.

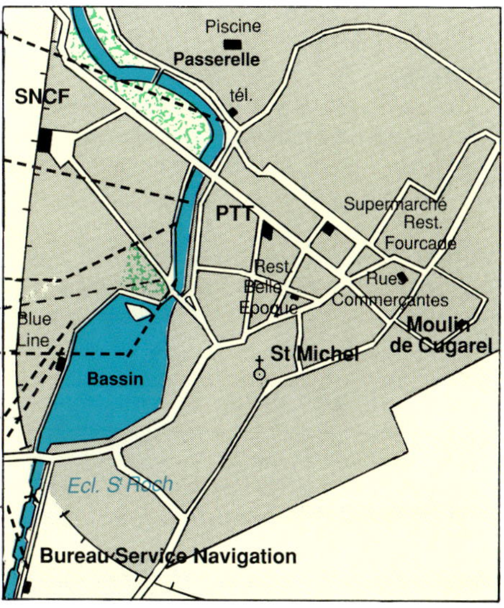

CASTELNAUDARY (plan page 75)

Ville du "cassoulet", Castelnaudary domine le Canal du Midi qui s'élargit en un très grand bassin. Plusieurs accostages intéressants. Base de l'importante Société de location "Crown-Blue Line". Tous les services y sont offerts au plaisancier et toutes les ressources en ville. Les environs sont très intéressants : Montagne Noire, Lac de St Ferréol qui est le réservoir d'alimentation du canal d'où vient la rigole.

Dans cette ville (12.000 habitants), on peut voir l'église St Michel avec son clocher haut de 56 mètres et son portail du 16ème siècle, de vieilles maisons Renaissance et le Moulin de Cugarel (17ème), ancien moulin à vent à visiter pour sa reconstitution du travail de meunerie.

The town of "cassoulet", Castelnaudary overlooks the Canal du Midi at a point where it widens into a remarkably large basin . Several attractive mooring possibilities. All facilities for pleasure craft are provided at the Crown Blue Line base, and all general facilities available in the town. A good port of call. The surrounding area has much to commend it (Montagne Noire, the St Ferréol reservoir, which supplies the summit level of the canal, etc.)

In the town (with 12 000 inhabitants), it is worth visiting the church of St Michel with its 56 m high steeple and 16th century door, old renaissance houses and the Moulin de Cugarel (17th century), a former windmill which can be visited.

Stadt des "Cassoulet" (Ragout mit weissen Bohnen), Castelnaudary beherrscht den Canal du Midi, der sich zu einem sehr grossen Becken erweitert.. Mehrere günstige Anlegestellen. Am Stützpunkt der Crown Blue Line werden dem Sportschiffer alle Dienstleistungen Angeboten und in der Stadt alle Hilfsmöglichkeiten. Guter Platz für einen Zwischenaufenthalt. Die Umgebung ist sehr interessant : die Schwarzen Berge, den See von St. Ferréol (Autoverleih in der Stadt).

In der Stadt (12.000 Einwohner) ist die Kirche St. Michel mit ihrem 56 m hohen Glockenturm und ihrem Portal aus dem 16. Jahrhundert sowie Häuser aus der Renaissance und eine alte Windmühle, die Moulin de Cugarel (17. Jh.), zu besuchen.

Service Navigation, écluse St Roch, tél. 68.23.00.20.
Crown-Blue Line, société de location, tél. 68.23.17.51.
Office de Tourisme : place de la République, tél. 68.23.05.73.
Marché : lundi.
Piscine : voir plan p. 75.
Fête locale : Foire gastronomique (juin).

VILLEPINTE

Nous conseillons aux amateurs de cassoulet de faire escale au pont de Villepinte. Un appontement a été installé pour eux rive droite (en descendant). Au village, le cassoulet de M. Marty les attend ! (voir ci-dessous).

We advise cassoulet enthusiasts to moor up at Villepinte bridge. The Chef Marty's cassoulet will be waiting for them! Pootoon moorings have been installed for boats, on the right bank (heading downstream).

Wir empfehlen den Liebhabern des Cassoulet, an der Brücke von Villepinte festzumachen. Im Dorf erwartet sie Monsieur Marty mit seinem Cassoulet ! Für die Sportschiffer wurde ein Landesteg am rechten Ufer (bei der Talfahrt) angelegt.

/ **Aux deux Acacias - Le Village - Tél. 68 94 24 67.**
Le restaurant est à environ un kilomètre du pont de Villepinte mais le patron pousse la gentillesse à vous raccompagner en voiture, gratuitement, jusqu'au bateau si vous le désirez.
The restaurant is about a kilometre from Villepinte bridge, but the proprietor will willingly drive you back to your boat if need be.
Die Brücke von Villepinte est ca. 1 km vom Restaurant entfernt aber der Wirt bringt Sie gegebenenfalls mit dem Auto zum Schiff zurück.

BRAM

On s'amarre vers le pont de Bram pour aller à ce curieux village (à 1500 mètres) qui s'est étendu de manière concentrique autour de l'église. On trouvera à Bram tous les commerces utiles. Base de la société de location Saintonge-Rivières.

Moor towards Bram bridge to go and visit this curious village, which was built on a concentric pattern around the church. All shops in the village.

An der Brücke von Bram für einen Besuch dieses sonderbaren Dorfes festmachen : Ein typisches Rundlingsdorf, dessen Häuser sich konzentrisch um die Kirche gruppieren. Alle notwendigen Einzelhandelsgeschäfte vorhanden.

Saintonge-Rivières, société de location, pont de Bram, tél. 68.76.56.18.

VILLESEQUELANDE

Cette petite localité, très proche du canal, s'enorgueillit d'un ormeau datant de Sullly, sur la place de l'église.

This small village, just by the canal, boasts a 17 th century elm tree.

Diese kleine Ortschaft direkt am Kanal ist stolz auf eine Ulme aus dem 17. Jahrhundert.

K.64.600
Castelnaudary. Voir plan p. 75 ....
Sté Crown-Blue Line ......
K.65.597
Ecl.. St Roch (4) (9.40) électrique. ..
Se présenter au moins 20 minutes avant l'heure d'arrêt de la navigation. ....
Boats should arrive at least 20 minutes before navigation closing time.
Man muss wenigstens 20 Minuten vor Betriebsschluss eintreffen.
Ecl.. Gay (2) (5.23). ....
K.67.068

Ecl. Vivier (3) (7.23) mécanisée ....
K.68.716
Ecl. Guillermin (2.80) t.68.23.27.65.
Ecl. St Sernin (2.46). ....
K.69.672

Ecl. Guerre (2.42). ....
K.70564

Ecl. La Peyruque (2.02).
t. 68.23.25.00. ....
K.71.659
Ecl. La Criminelle (3.10). ....
K.72.161

Pont-canal / Aqueduct / ***Kanalbrücke.*** ..
Ecl. Tréboul (3.20). t. 68.23.20.51.

Accès difficile pour quillards. ....
The approach to this lock from downstream is difficult for deep-keeled yachts.
Für stromabwärtsfahrende Kielschiffe ist der Zugang der Schleuse mit Schwierigkeiten verbunden.
Halte nautique. Appontement / Boat moorings. Pontoon / ***Nautischer Haltepunkt. Landesteg.***
Restaurant les Acacias (voir p.76). ....

Ecl. Villepinte (3.10). ....
t. 68.23.01.71. K.77.372

K.79.046
Ecl. Sauzens (2.14). ....
Joli pont mais délicat à l'aval / Attractive bridge, but tricky on downstream side /
Schöne Brücke, jedoch bei Talfahrt mit Schwierigkeiten verbunden. ....
Ecl. Bram (3.00). ....
K.80.256
Port de Bram. S^te location Saintonge-Rivières - Tél. 68 76 17 50
Conducteur des V.N. Tél. 68 76 10 86
K.81.050

Très belle avenue de verdure. ....
Most attractive section, lined by trees..
Sehr schöne grüne Allee.
Pont-canal / Aqueduct / ***Kanalbrücke.*** ..

On domine la plaine ....
The canal offers a view over the plain.
Man befindet sich über dem Flachland.
Belle arrivée à l'écluse. ....
Impressive approach to lock.
Schöne Einfahrt in die Schleuse.
Ecl.. Béteille (2.25). t. 68.76.03.71.
K.85.874

Pont-canal / Aqueduct / ***Kanalbrücke.*** ..

Très joli bief / Very attractive pound / ***Sehr hübscher Kanalabschnitt.*** ....

Ecl. Villesèque (2.47). ....
t. 68.25.82.83. K.93.392
Pont sans visibilité pour montants. ....
Bridge offering no visibility to craft heading upstream.
Brücke ohne Sicht für Bergfahrer.

Petit port. Quai vertical / Small basin. Vertical quay / ***Kleiner Hafen. Senkrechter Kai.*** ....

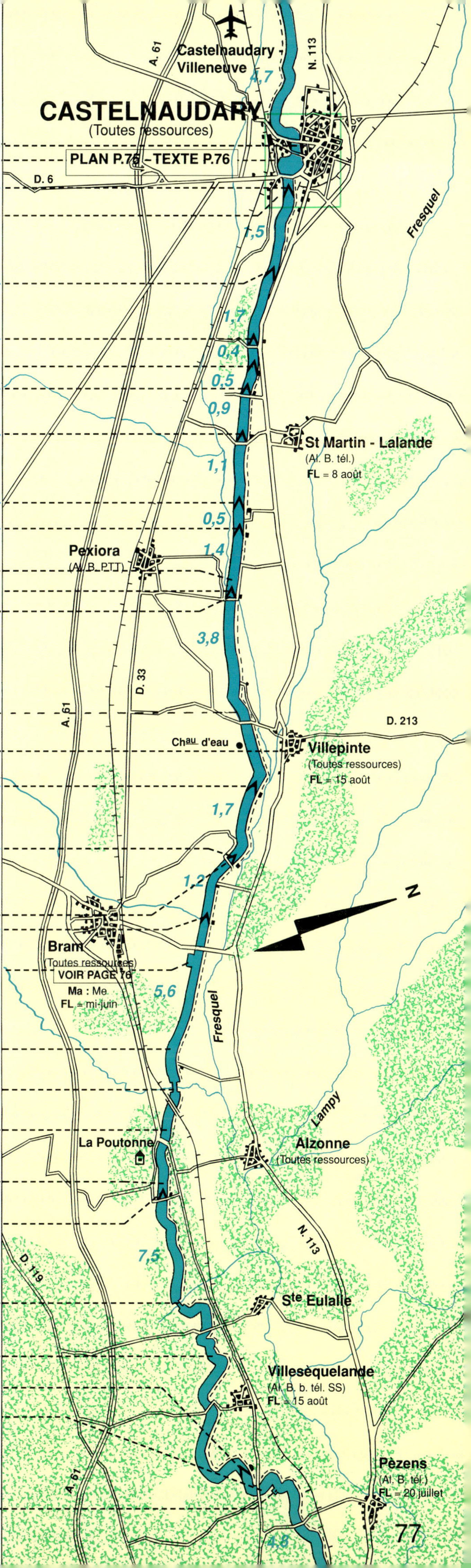

CARCASSONNE (carte page 79)

Le bassin du canal a été un peu aménagé, on y trouve 3 bornes d'eau et d'électricité, mais le décor n'est pas très folichon. Pavillon du tourisme. Le passage des trains est relativement bruyant mais les commerces ne sont pas très éloignés (rue piétonne à 300 mètres) et la ville est importante - 45.000 habitants - au point-de-vue des ressources.

Sur le plan touristique, Carcassonne mérite trois étoiles avec son extraordinaire Cité fortifiée, éloignée de 2 kilomètres du port (y aller en taxi ou prendre le bus qui part de la gare). Le château comtal date du 12è siècle. Deux enceintes sont flanquées chacune de 26 tours. Dans la basilique Saint-Nazaire, nef romane, transept et chœur gothique des 13è et 14è. Vitraux et statues remarquables. Embrasement le 14 juillet. Une croisière sur le Canal du Midi doit obligatoirement comporter une escale à Carcassonne !

The canal basin has been developed, with 3 water and electricity connection points, a tourist reception building. The nearby railways line makes this rather a noisy mooring, but the shops are not far away, and this is a large town (45.000 inhabitants) with corresponding services and facilities.

From the tourist point of view, Carcassonne deserves three stars, with its extraordinary medieval fortified town (take a taxi there, or the bus which goes from the railway station). The castle dates from the 12th century. There are two circular walls, each with 26 towers. The basilica of St-Nazaire is notable for its romanesque nave, transept and gothic choir, dating from the 13th and 14th centuries. Remarkable stain-glassed windows and statues. Illumination on July 14th.

Das Kanalbecken ist ausgebaut worden und man findet dort 3 Wasserhähne und elektr. Strom, ein Häuschen des Verkehrsvereins. Der nahe Zugverkehr ist ziemlich laut, dafür sind die Geschäfte nicht weit entfernt und die Stadt ist ziemlich gross (45.000 Einwohner) im Hinblick auf die Hilfsmöglichkeiten.

Für den Touristen ist Carcassonne mit seiner Burgstadt von allergrösstem Interesse. Mit dem Taxi oder vom Bahnhof aus mit dem Bus bis zur Burgstadt fahren. Letztere wurde im 12. Jahrhundert errichtet. Zwei Ringmauern sind jeweils mit 26 Türmen bestückt. Basilika Saint-Nazaire : romanisches Schiff, Querschiff und Chor Gotik des 13. und 14. Jh. Bemerkenswerte Kirchenfenster und Statuen. Festbeleuchtung am 14. Juli.

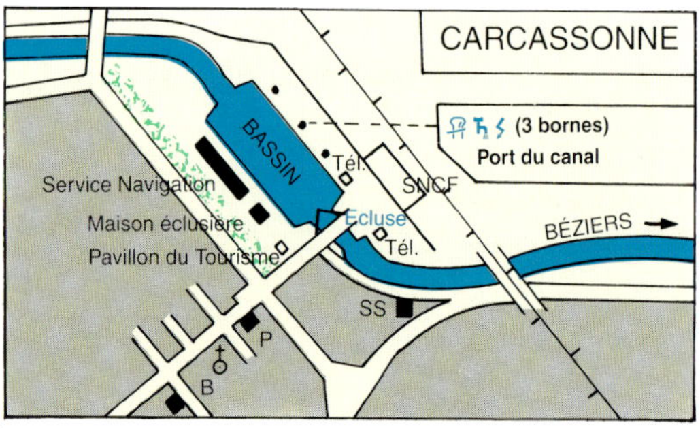

Service Navigation : Port du Canal - Tél. 68 25 01 50.
Office de Tourisme : 15, boulevard Camille Pelletan - Tél. 68 25 07 04 - Télex 505 234.
Marché : Mardi, jeudi, samedi matin, Place Carnot et Halles couvertes Place d'Eggenfelden.
Taxis : Tél. 68 25 14 79 (station Jardin des Plantes) - 68 71 50 50 (radio-taxis).
Piscine.
Fêtes locales, manifestations : Carnaval (février) - Rencontre des Arts Audois (avril) - Festival des Troubadours (juin) - Festival d'été et Médiévales de Carcassonne (début juillet à mi-août) - Embrasement de la Cité (14 juillet, 22h30) - Concours Hippique national (août) - Salon du Livre (novembre) - Foire de la Sainte-Catherine (25 novembre).

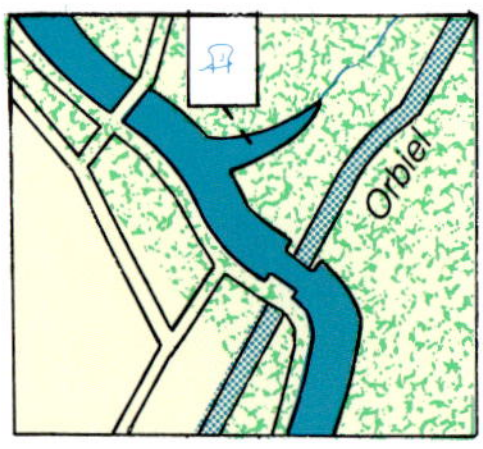

CANAL DE L'ORBIEL ET PONT-CANAL DE VAUBAN

A 500 mètres en amont de Trèbes, amarrage tranquille dans le canal de l'Orbiel, sur 50 mètres environ. Eau propre. A l'aval, pont-canal construit par Vauban en 1686.

Calm mooring in the Orbiel canal, over a length of about 50 m.

Ruhiger Anlegeplatz im Kanal der Orbiel, über ca 50 m.

TREBES

Escale agréable : accostage ombragé avec poste d'eau et poubelle, tous les commerces de l'autre côté du pont, dans de petites rues pittoresques. Piscine au camping.

Vous pouvez vous rendre en car de Trèbes à la Cité de Carcassonne, si vous n'avez pas le temps d'aller à Carcassonne en bateau (4 écluses).

Pleasant port of call : shaded mooring with water point and rubbish bin. All shops on the other side of the bridge, in picturesque narrow streets. Swimming pool at the camp site.

It is possible to take a coach from Trèbes to the Cité, it time is too short to reach Carcassonne by boat.

Angenehmer Platz für längeren Aufenthalt. Schattiger Anlegeplatz mit Wasserzapfstelle und Mülltonne. Vielseitige Einkaufsmöglichkeiten in malerischen Gässchen auf der gegenüberliegenden Seite der Brücke. Schwimmbad beim Campingplatz.

Wenn Sie aus Zeitmangel nicht mit dem Schiff nach Carcassonne können, fahren Sie ab Trèbes mit dem Bus.

MARSEILLETTE

/ **La Muscadelle - Tél. 68 91 53 09.**
A 100 mètres de l'écluse de Marseillette. Chaleureux accueil, service empressé, spécialités variées, vue magnifique sur le Montagne Noire.
Just a hundred meters from Marseillette lock. There is a warm welcome, followed by attentive service and varied specialities.
100 Meter von der Schleuse Marseillette. Herzlicher Empfang, zuvorkommende Bedienung, verschiedene Spezialitäten.

K.98.215
Ecl.. Lalande (2) (5.82).
Ecl.. Herminis (3.90).
K.98.530

Ecl.. Ladouce (2.66).
t. 68.47.10.79. K.99.901

★ **Carcassonne. Voir p. 78**

Port
K.105.000

Ecl.. Carcassonne (2.36).
K.105.260

★ **Vue sur la Cité** / View towards the Cité
Blick auf die Altstadt.

Ecl. St-Jean (1.71)
mécanisée K.107.970

★ **Joli bief planté de cyprès**
Very attractive pound / ***Sahr hübscher Kanalabschnitt.***

Ecl.. Fresquel (2) (8.19) mécanisée
et pont canal. K.108.750

Ecl. Evêque (3.24) Tél. 68 24 30 01
mécanisée K.112.610
Ecl. Villedubert (2.77)
mécanisée K.113.390

★ **Falaises avec pins. Senteurs.**
Cliffs with flagrant pinetrees
Kiefernbewachsenes Steilufer. Aromatische Luft.

★ **Canal de l'Orbiel et pont-canal de Vauban. Voir page 78.**

K.117.000
Trèbes. Voir p. 78
Ecl.Trèbes(3)(7.84)t.68.47.42.80
mécanisée K.118.010

★ **Abords de l'écluse très ombragés.**
Canal either side of the lock very shaded.
Umgebung der Schleuse sehr schattig.

★ **Très joli parcours de Trèbes à Marseillette.** / Most attractive winding course from Trèbes to Marseillette. / ***Sehr hübsche Fahrstrecke von Trebes nach Marseillette.***

★ **A voir: église 12è**

Bon amarrage R.D. T.E. 1,60

Ecl.. Marseillette (3.70).
t. 68.79.01.22. K.127.200

Restaurant La Muscadelle

Ecl.. Fonfile (3) (8.69).
K.130.352

K.131.594
Ecl.. St Martin (2) (5.61).
Ecl.. Aiguille (2) (5.47).
K.133.359

▲ **Tournant serré à l'aval de l'écluse.**
Sharp bend downstream of the lock.
Enge Kurve unterhalb der Schleuse.

★ **Très joli bief. Belle allée de platanes.** / Very attractive pound. / ***Sehr hübscher Kanalabschnitt.***

★ **Eglise romane. Tour. Cave coopérative**
Ecl.. Puicheric (4.63) t.68.43.72.13.
K.136.396

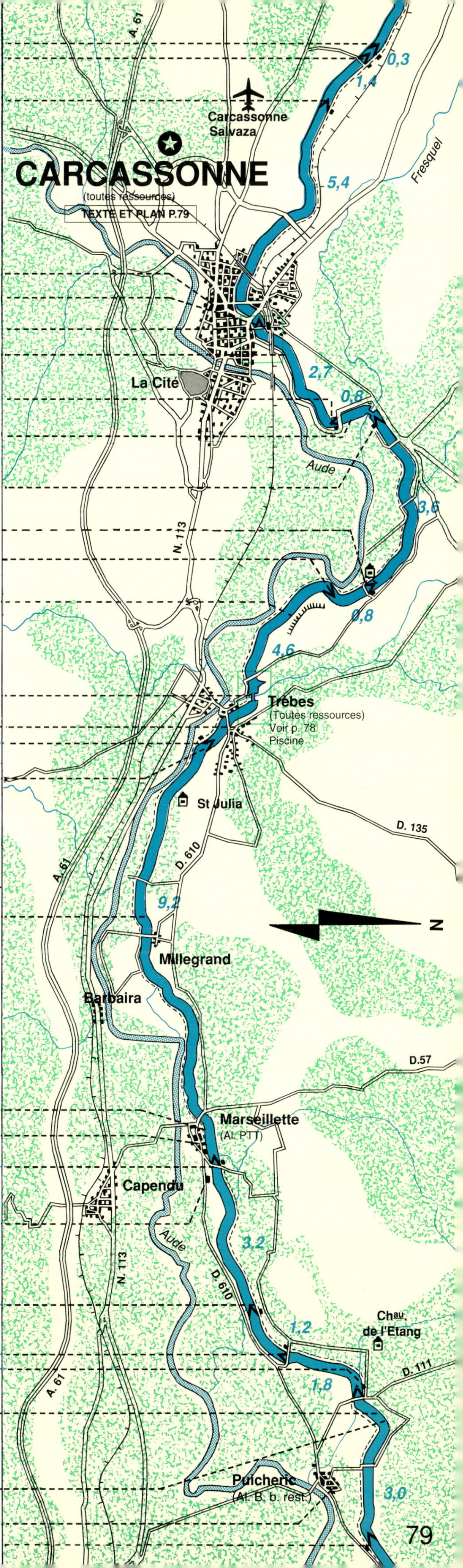

LES BONNES TABLES DU BORD DE L'EAU

- CANAL DU MIDI -

Alain VILLATE

Restaurant "La Grillade"
24, route Minervoise
11000 CARCASSONNE
Tél. 68 47 05 12

A 50 m du bassin,
entre le pont SNCF et l'écluse.
Cuisine traditionnelle,
cuisine du terroir,
vins régionaux
(une bouteille vous sera offerte).

Menus entre 85 F et 120 F.
Fermé le mardi.

La Grande Bouffe

38, route Minervoise
11000 CARCASSONNE
Tél. 68 72 33 10

Au bord du canal,
terrasse ombragée,
salle climatisée.
Viandes grillées au feu de bois

HOTEL RESTAURANT

La Muscadelle

11800 MARSEILLETTE
Tél. 68 79 20 90

A 100 m du Canal du Midi

Menus à partir de 65 F
Spécialité d'ognons au four
Beignets de salsifis
Cassoulet

Grande terrasse et parc
avec vue panoramique

RESTAURANT-PIZZERIA

TRATTORIA NAPOLI

12, avenue Pierre Curie
11800 TREBES
Tél. 68 78 83 08

Sur le port du canal
Spécialités italiennes
Bar - Glacier

L'Epicurien

48, route Minervoise
11000 CARCASSONNE
Tél. 68 72 52 20

Sur les bords du canal...
une table à découvrir.

Ouvert midi et soir.

Restaurant ★

La Crémade

1, rue du Plô
11000 Cité de CARCASSONNE
Tél. 68 25 16 64 - Fax 68 25 93 41
Dans la Cité,
près de la Basilique, face au théâtre,
nous vous proposons
nos spécialités régionales.
Choix de poissons,
cassoulet aux trois confits (fait maison).

Ouvert toute l'année.

*Sur présentation de ce guide,
un apéritif vous sera offert.*

LA REDORTE (page 83)

Un pont, un tournant très serré, un quai, un restaurant... Et un village écrasé de soleil, tout en longueur, où vous pourrez vous ravitailler.

A bridge, a very tight bend, a quay, a restaurant... and an attractive sundrenched village where it is possible to take on provisions.

Eine Brücke, eine sehr enge Kurve, ein Kai, ein Restaurant... und ein Dorf im Sonnenglast, wo Sie sich versorgen können.

Marché : mardi et vendredi.

/ **Le Rivassel, au port - Tél. 68 91 53 09.**
Carrément au bord du canal, dan le tournant, avant le pont. Il y a un petit quai contre lequel vous accosterez.
Ideal position right beside the canal, the moorings along a short quay.
Direckt am Kanal hat auch die Lage einen unbestrittenen Reiz.

HOMPS ET LEZIGNAN-CORBIÈRES (page 83)

Le petit village de Homps, où l'on peut voir le château des Chevaliers de Malte, abrite la base de la société de location "Camargue Plaisance". Le 14 juillet, a lieu la fête du canal. A un kilomètre, plan d'eau de Jouarres (baignade, planche à voile).

A 6 kilomètres de Homps (vélos du bord ou taxis dont nous donnons les numéros de téléphone ci-après), on doit visiter le Musée de la Vigne et du Vin, à Lézignan-Corbières. Ce musée rassemble de vieilles et très rares pièces et outils pour le travail de la vigne et pour le vin et rappelle l'art et les traditions des vignerons languedociens. Des visites touristiques et des repas régionaux sont organisés. Et évidemment dégustation sur place des crus du pays : Corbières, Minervois, Fitou, Blanquette de Limoux, etc...

The small village of Homps, where the castle of the Knights of Malta can be seen, is the base of the large hire firm "Camargue Plaisance". The village organises a fête on the canal on 14th July. Just 1000 m from the canal, Jouarres lake (bathing, board sailing, etc...).

Six kilometres from Homps (using the boat's bicycles or taxis, the telephone numbers of which are given below), the visit to the Museum of Vines and Wines, at Lézignan-Corbières, is a must. The Museum contains old and extremely rare parts and tools used in working the vines and in wine-making, and recalls the arts and traditions of the Languedoc wine-growers. Tourist visits and meals with regional specialities are organised. Finally, of course, there is the possibility of tasting the local wines : Corbières, Minervois, Fitou, Blanquette de Limoux, etc...

Das kleine Dorf Homps, wo man das Schloss der Malteserritter besichtigen kann, ist Stützpunkt der Charter-Firma "Camargue Plaisance". Am 14. Juli findet das Kanalfest statt. 1 km bis zum See von Jouarres (Badestrand und Windsurfing).

In 6 Kilometern von Homps sollte man das Reben - und Weinmuseum in Lézignan-Corbières besichtigen (mit den Fahrrädern an Bord oder mit dem Taxi, die Telefon-Nummern sind unten angegeben). Dieses Museum sammelt die alten und sehr seltenen Dokumente und Werkzeuge für die Arbeit an den Reben und am Wein und erinnert an die Kunst und die Traditionen der Winzer im Languedoc. Touristenbesuche und regionale Mahlzeiten werden organisiert. Und natürlich am Ort eine Kostprobe der Gewächse des Landes : Corbières, Minervois, Fitou, Blanquette de Limoux, u.s.w...

Société de location : Camargue Plaisance - Tél. 68 91 25 99.
Marché à Homps : Mardi.
A Lézignan-Corbières : Musée de la Vigne et du Vin - 3 rue Turgot - Tél. 68 27 07 57
Ouvert de 9h à 12h et 14h à 18h. N° de taxis pour s'y rendre :
68 27 03 19 - 68 27 36 79 - 68 27 02 75, face à la Gare SNCF.

OLONZAC (page 83)

Ce village est considéré comme la capitale du vignoble minervois. Petit musée archéologique (tél. 68 91 20 33).

This village is considered as the capital of the Minervois wine-growing district, and also has a small archeological museum (tel. 68 91 20 33).

Dieses Dorf wird als die Hauptstadt des Weingebietes Minervois angesehen. Kleines archäologisches Museum (Rufnummer 68 91 20 33).

/ **Escale de l'écluse, à l'écluse d'Ognon - Tél. 68 91 24 41.**
Ici, le restaurant est carrément à l'écluse. Il suffit de s'amarrer un peu à l'aval.
This restaurant is actually at the lock. You just have to moor a short distance downstream..
Hier ist das Restaurant gleich an der Schleuse.

LE MINERVOIS

Région très attachante que le canal traverse de Carcassonne à Béziers, couverte de vignes et ponctuée de villages assoupis sous un soleil de plomb. Il doit son nom à Minerve, cité fortifiée placée dans un site aride et superbe, haut-lieu de la résistance cathare (13è siècle) et que l'on peut visiter depuis Homps (11,5 km). Le vignoble du Minervois remonte aux Romains. Il produit un vin blanc qui accompagne très bien les poissons, un rosé (à servir frais) et un rouge - qui est le plus connu - un peu fruité, parfait pour accompagner le cassoulet. A rapporter d'une croisière.

The canal passes through very attractive country between Carcassonne and Béziers, covered with vineyards, with the occasionnal sleepy village under the hot sun. The Minervois vineyards date back to Roman times. They produce a white wine, a rosé and a red which is ideal to accompany a cassoulet.

Eine sehr anziehende Region, die der Kanal von Carcassonne bis Béziers durchzieht, bedeckt von einem Teppich aus Weinstöcken, hier und da von einem Dorf unterbrochen, das unter dem Gewicht des Sonnenglast erdrückt wird. Der Weinbau des Minervois stammt aus der Römerzeit. Weiss-, Rosé- und Rotwein passen hervorragend zum Cassoulet.

ARGENS-MINERVOIS

Pittoresque village sur une butte. A son pied, un nouveau port de plaisance, "Port Occitanie", mis en service en 1993. Eau, électricité, gazole, W.C. et douches, téléphone et fax, atelier de mécanique, bureau d'informations touristiques et tennis. Base de l'importante société de location "Locaboat Plaisance". Sont projetés : hôtel, restaurant, piscine, vente de produits régionaux. A l'écluse d'Argens commence la plus belle section du Canal du Midi : le grand bief de 54 kilomètres.

Picturesque village on a hill-top. At the foot of the village, a small boat harbour has been built with water and electricity on the pontoons, and a crane. The hire firm "Locaboat Plaisance" is to base here. Argens lock marks the beginning of the most attractive section of the Canal du Midi : the "long pound", which winds its way lazily through the countryside, for no less than 54 km.

Malerisches Dorf auf einer Anhöhe. Dicht am Dorf wurde ein kleiner Hafen geschaffen, mit Trinkwasser, elekt. Strom und einem Hebegerät. Niederlassung des großen Bootsverleihungsunternehmens "Locaboat". An der Schleuse von Argens beginnt der schönste Abschnitt des Canal du Midi : Die gross Haltung von 54 Kilometern.

Société de location : Locaboat Plaisance - Tél. 68 27 03 33 - Fax 68 27 27 18.

ROUBIA

Très agréable amarrage sous les arbres / Attractive mooring under the trees / ***Sehr angenehmes Festmachen unter den Bäumen.***

PARAZA

Autre petite escale agréable. Goûtez la grenache du pays ! (vin doux) .

Another pleasant mooring. Taste the 'grenache' (aperitif sweet wine) in the village !

Ein weiterer kleiner angenehmer Zwischenhalt. Geniessen Sie den "Grenache" dieser Landschaft ! (Süsswein).

// **Le Coup de Foudre - Tél. 68 43 25 24.**
Piano-restaurant avec terrasse au bord du Canal du Midi.
Piano-restaurant with terrace at the site of the Canal du Midi.
Piano-Restaurant mit Terrasse direkt am Ufer des Canal du Midi.

VENTENAC D'AUDE

Le quai est minuscule, à l'amont du pont mais le site est joli, avec son église.

The quay upstream of the bridge is tiny, but the village is attractive, with its church.

Der Kai oberhalb der Brücke ist winzig, aber die Lage ist hübsch mit der Kirche.

Le Somail

LE SOMAIL

Le village du Somail est un des plus pittoresque parmi ceux qu'on traverse dans le grand bief de 54 kilomètres. Une église du 17è est accolée au vieux pont. Accostage entre les deux ponts et à l'aval du 2è pont. Poste d'eau, souvent fermé en été.

This is one the most picturesque villages encountered on the itinerary. There is a 17th century church adjacent to the old bridge. Mooring between the two bridges or downstream of the second bridge. Water point, often closed during the summer.

Dieses Dorf gehört zu den schönsten Orten der Fahrt. Eine Kirche aus dem 17. Jahrhundert ist an die alte Brücke angebaut. Anlegeplatz zwischen den beiden Brücken und stromabwärts nach der zweiten Brücke. Wasserzapfstelle, im Sommer oft geschlossen.

Société de location : Minervois Cruisers - Tél. 68 46 28 52.

LA PORTE MINERVOISE, tél. 68.46.29.65

Dans un ancien relais du canal vous trouverez eau, sanitaires, douches, téléphone, une sélection des meilleurs produits régionaux (vin, miel, notamment) et artisanaux, restauration avec un établissement voisin qui vient vous chercher et vous ramène. Baignade dans la Cesse voisine, sous le pont-canal. Très bon accueil. Une halte sympathique.

There is regional produce for sale in a small buiding. A restaurant ('Le Grand V') will come and pick you up at your mooring and take you back after a meal.

In einem kleinen Gebäude finden Sie regionale Produkte. Der Wirt holt Sie vom Schiff ab und fährt Sie nach der Mahlzeit wieder zurück.

ARGELIERS

/ Le Chat qui pêche, au vieux pont d'Argeliers.
Dans une ancienne maison de cantonnier du canal, construite par Riquet et flanquée de trois cyprès / In an old canal lengthsman's house/ ***In einem alten Kanalmeistereihaus.***

Ecl. Puicheric (4.63)
t.68.43.72.13. *K.136.396*

Quai R.G anneaux. *K.140.999*

Rest. le Rivassel (p.81)

▲ **Tournant à angle droit avec petit pont-canal** / Right-angle bend incorporating a short aqueduc / ***Kurve im rechten Winkel, mit kleiner Kanalbrücke***

★ **Très jolie avenue de verdure.**
Very attractive pound.
Sehr hübscher Kanalabschnitt..

Ecl. Jouarres (3.62) mécanisée
Tél. 68 91 34 23 *K.142.700*

K.145.300

Port de Homps. Voir croquis.
"Port Minervois" - Base de Luc Line

Ecl. Homps (3.14) mécanisée
Tél. 68 91 34 61 *K.146.390*

Interdit
Ecl.. Ognon (2) (5.81). *K.147.080*
Rest. L'Escale du Canal
Ecl. Pechlaurier (4.63) méc.

▲ **Serrer la rive côté chemin de halage.**
Keep over to the bank on the towpath side.
Demjenigen Ufer entlang fahren, auf dem sich der Treidelpfad befindet.

★ **Vue sur Argens (château).**
Port d'Argens
Ecl. Argens (2.41) mécanisée
Tél. 68 27 06 81 *K.152.290*

▲★ **Début du grand bief de 54 kilomètres**

A l'aval du pont 2 bornes d'amarrage
K.154.830

Rest. le Coup de Foudre
Petit quai près du pont.
K.157.470

★▲ **Pont-canal (serait le plus vieux pont-canal connu).**
Aqueduct, supposedly one of the oldest canal aqueducts in the world.
Kanalbrücke, welche die älteste bekannte ihrer Art sein soll.

Petit quai près du pont.
Small quay near the bridge
Kleiner Kai nahe dem Hafen
K.160.810

Ste location Minervois Cruisers
Le Somail. Voir p. 82.
K.165.910

Porte Minervoise (p 82)
Port La Robine. Bureau du port
Tél. 68 46 11 46. Gardiennage

▲ **Embranchement de La Nouvelle, voir page 97**
K.168.714

Bornes d'amarrage à l'angle des canaux

★ **Très jolie section bordée de pins parasols** / Very attractive pound / ***Sehr hübscher Kanalabschnitt.***

▲ **Tournant serré avec pont étroit** /Tight bend with narrow bridge /***Scharfe Flusswindung mit enger Brücke.***

Rest. Le Chat qui pêche (voir p.82)
K.172.500

Cabine.
K.176.400

▲ **Pont étroit**/Narrow bridge/***Enge Brücke.***

▲ **Section étroite.**

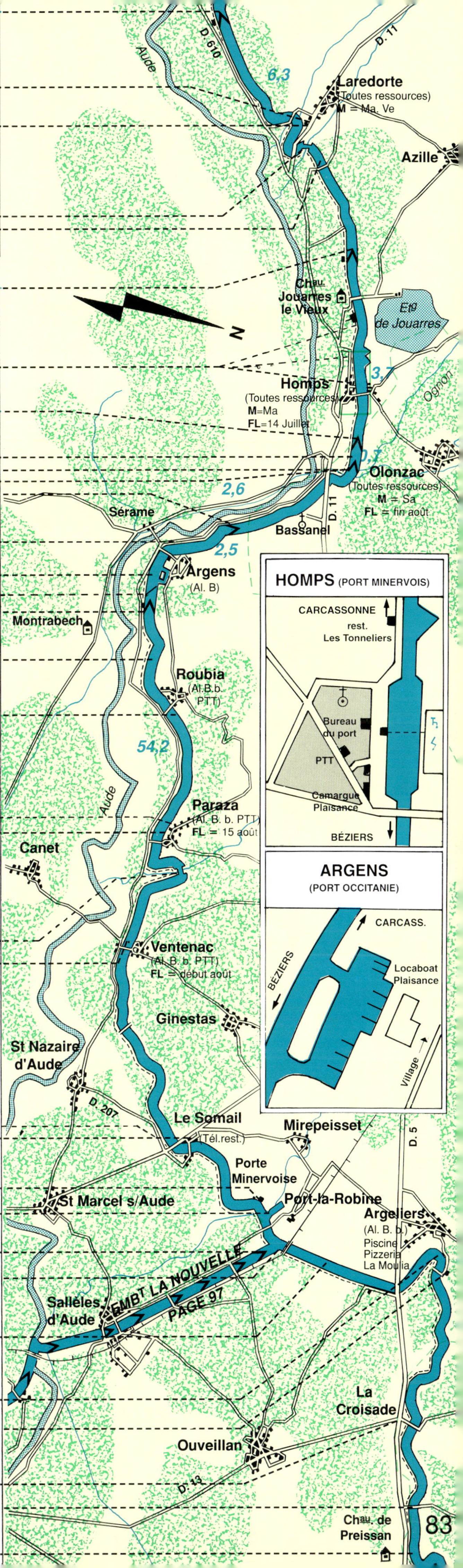

CAPESTANG

Petite ville de 3 000 habitants avec tous commerces. Eau et poubelle sur le port (voir petit plan). A voir église des 13e et 14e avec son clocher. Base de la société de location "Bateliers du Midi".

Small town of 3000 inhabitants, with all shops. Water point and rubbish bin on the quay. The 13th/14th century church with its steeple is worth visiting. Hire-Firm "Bateliers du Midi".

Kleine Stadt, 3.000 Einwohner, vielseitige Einkaufsmöglichkeiten. Wasser und Mülltonne im Hafen. Sehenswürdigkeiten. Kirche aus dem 13. bis 14. Jahrhundert mit Glockenturm.

Société de location : Camargue Plaisance - Tél. 67.56.83.54 (annexe. En projet).

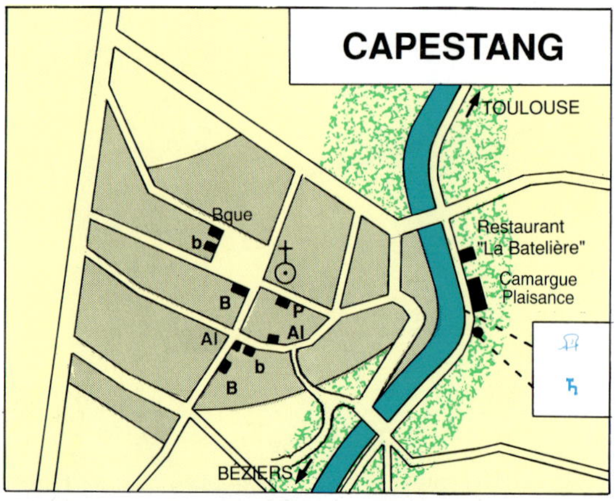

Port de Capestang

POILHES

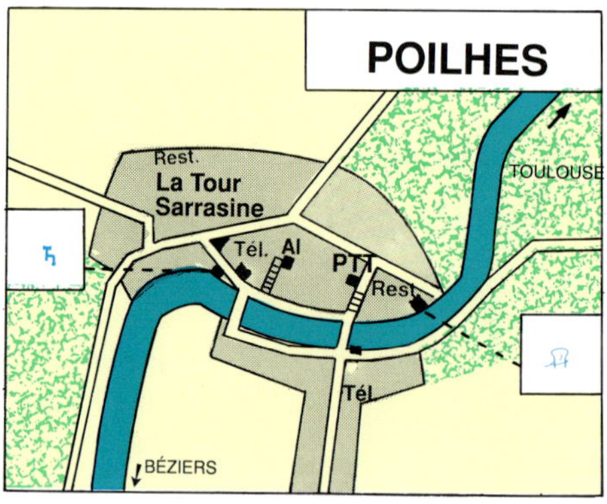

Très joli petit village dans une double courbe du canal. On y trouve de l'eau (payante), quelques commerces (libre-service) et un bon restaurant.

Very attractive little village where the canal describes a double bend. Boaters will find here water point (to be paid for), a few shops, and a very good restaurant.

Ein sehr hübsches Dörfchen in eine Doppelkurve des Kanals gebettet. Wasser (entgeltlich), einige Einzelhändler und ein hervorragendes Restaurant.

// La Tour Sarrasine, tél. 67.93.41.31.
Dans un décor moderne, vous pourrez faire un repas gastronomique/
In a modern decor, the boater can enjoy a gastronomic meal/***Moderne Einrichtung. Feinste Kost, die beste auf der gesamten Route.***

Restaurant "Le Pourquoi pas"
Relais de Malvies - Tél. 67 93 37 94

Capestang, voir p.84.

K.188.300

Vue sur l'Abbaye de Fontcalvy.

K.194.216

Restaurant La Tour Sarrasine.

A voir : Oppidum d'Enserune (p. 86).
Pour l'Oppidum.

K.198.844

Souterrain de Malpas. Longueur 160 m. Corner / 160 m long tunnel. Sound horn / ***Tunnel von 160 Metern Länge. Schallsignal geben.***

A voir église 14è et musée archéologique. K.200.527

Bases Stés de location
Rive de France et Au Fil de l'Eau Sud

Voie étroite sur 2 km, sinueuse / Canal narrow and incorporating many bends for 2 km. / ***Auf 2 Kilometer enge und windungsreiche Strecke.***

Début du grand bief de 54 km.

K.206.502

Ecl. (7) et Pente d'eau de Fonsérannes t. 67.28.46.44. Voir pages 86 et 88.

Vue sur Béziers (photo p. 88)

Pont-canal 193 m / Aqueduct 193 m. / ***Kanalbrücke 193 m.***

Ecl. Orb (6.19) mécanisée.

Béziers. Voir p. 87.

Ecl. Béziers (4.24) mécanisée.

K.208.390

Pont levant / Lifting bridge / ***Hubbrücke.***

Restaurant de l'écluse. Voir p.89

Ecl. Ariège (2.26) mécanisée

K.212.452

Interdiction d'amarrer dans ce bief.
It is forbidden to moor in this pound.
In dieser Stauhaltung ist das Festmachen verboten.

Pour quillards seulement : ces 2 écluses ferment 30 minutes avant les autres.
Keel boats only : these two locks close 30 minutes before the others.
Nur kielboote : diese beiden Schleusen Schliessen 30 Minuten vor den übrigen.

Ecl. Villeneuve (1.95) mécanisée

K.213.796

Pont étroit / Narrow bridge / ***Enge Brücke.***

Halte nautique de Villeneuve-les-Béziers (p. 87)

Ecl. Portiragnes (2.23) mécanisée

K.218.262

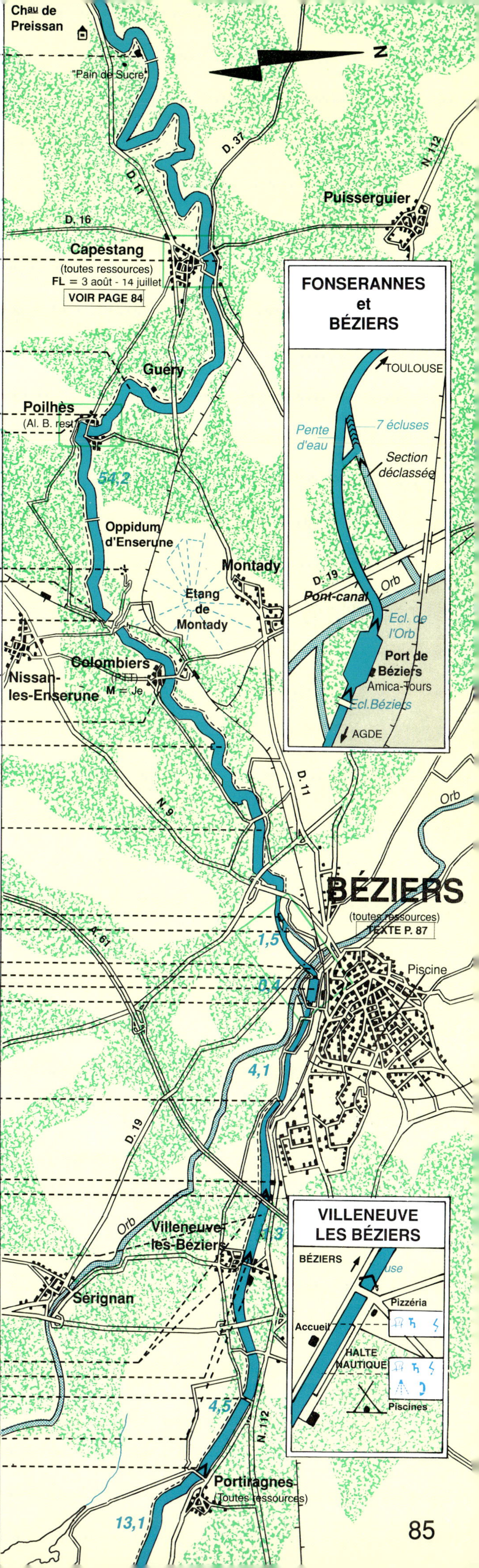

OPPIDUM D'ENSERUNE (page 85)

L'oppidum d'Enserune remonte à plusieurs siècles avant J-C et fut habité jusqu'au début de l'ère chrétienne. Un musée rassemble les objets trouvés au cours des fouilles : poteries (grecques, notamment), du mobilier funéraire du 5ème au 3ème siècle avant J-C. Le site est remarquable et on découvre l'ancien étang de Montady, asséché depuis 1247. Des canaux drainaient les eaux dans un collecteur central, ce qui explique leur curieuse direction rayonnante.

Pour visiter Enserune, on amarre le bateau près du tunnel de Malpas et on prend la route qui y mène directement (moins d'un kilomètre).

The Oppidum d'Enserune dates back to several centuries BC and was inhabited until the beginning of the Christian era. A museum contains the objects found during excavation : pottery (Greek in particular), and tombstones and relics from the 5th to 3 rd centuries BC. The site is remarkable, and there is a view over the former Montady marsh, drained since 1247. The canals drained the water towards a central collector, which explains their unusual radial layout.

To visit Enserune, moor near the Malpas tunnel and take the road which leads there directly (less than 1 kilometre).

Oppidum von Enserune - Das Oppidum von Enserune wurde mehrere Jahrhunderte vor unserer Zeitrechnung erbaut und war bis zu Beginn des Christentums bewohnt. Ein Museum bietet eine Sammlung ausgegrabener Gegenstände : Töpferwaren (vor allem griechischen Ursprungs), Totengaben aus dem 5. - 3. Jahrhundert v. Chr. Eine bemerkenswerte Stätte, an der der ehemalige See von Montady noch erkennbar ist, der seit 1247 der Trockenlegung unterworfen wurde. Mehrere Kanäle leiteten das Wasser einem mittig gelegenen Sammelkanal zu, was ihre merkwürdige Strahlenanordnung erklärt.

Für einen Besuch Enserunes das Schiff in der Nähe des Tunnels von Malpas festmachen, von wo eine Strasse direkt zum Besichtigungsort führt (ca. 1 km).

COLOMBIERS (page 85)

Base de l'importante société de location Rive de France et de la société "Au Fil de l'Eau Sud". Un bon restaurant tout près de ces bases et un centre commercial avec notamment pharmacie et banque.

Base of a large hire firm Rive de France and of the company "Au Fil de l'Eau Sud. There is a good restaurant near these bases.

Stützpunkt der bedeutenden Charter-Firma Rive de France und der Firma "Au Fil de l'Eau Sud". Ein gutes Restaurant befindet sich ganz in der Nähe der Stützpunkte.

- **Rive de France,** société de location, tél. 67.37.14.60.
- **"Au Fil de l'Eau Sud",** société de location, tél. 67.37.14.23 - 42.26.42.00.

Marché : le jeudi.

/ / Restaurant du Château, tél. 67.37.06.93.
Dernière escale avant Béziers / *Last mooring before Beziers* **/ *Letzter Zwischenhalt vor Béziers.***

ECLUSES ET PENTE D 'EAU DE FONSÉRANNES (page 85)

<u>Les sept écluses de Fonsérannes</u> constituent un monument historique, sans doute le plus caractéristique du Canal du Midi. Elles sont maintenant doublées par une "Pente d'Eau".

A ces écluses, l'Administration recommande que les défenses des bateaux soient flottables afin de ne pas couler au fond des bassins ; les pneus peuvent être interdits.

Horaires : Descentes : 8h - 9h30 - 13h30 - 15h30
Montées : 10h - 12h - 45 mm avant fermeture

<u>La "Pente d'Eau" de Fonsérannes</u> fonctionne selon le même principe que celle de Montech (voir page 60). Ses caractéristiques sont les suivantes :

Hauteur de chute : 13,60 m - Pente : 5 % - Longueur de la pente : 272 m - Parcours effectué en 6 minutes - Bouclier-moteur de 160 tonnes, mû électriquement.

Attention ! La pente d'eau ne fonctionne pas de façon continue. La navigation de plaisance ne l'emprunte qu'exceptionnellement, les jours trop chargés, pour fluidifier le trafic.

Vous devez amarrer votre bateau à ses deux extrémités par un bout simple maintenu par un équipier (comme dans une écluse équipée de tubes verticaux) et débrayer le moteur.

Il est interdit **: de descendre du bateau - de rester sur les chariots d'amarrage - de se tenir debout sur les superstructures hautes de votre bateau.**

A la fin de l'opération, vous devrez attendre les instructions des éclusiers pour enlever les amarres et sortir du "coin d'eau".

<u>The staircase of seven locks at Fonsérannes</u> is a historic monument, probably the most characteristic of the Canal du Midi. They are now by-passed by a new water slope.

Operating times : heading downstream : 8:00 -9:30 - 13:30 -15:30
heading upstream : 10:00 - 12:00 - 16:00 - 45 minutes before closing.

<u>The Fonsérannes water slope</u> operates on the same principle as that of Montech (see page 60). Its characteristics are as follows :

Difference in level : 13.60 m - Gradient : 5 % - Length of flume : 272 m - 160-tonne electric traction unit and shield (pushing the wedge of water) - Distance covered in 6 minutes.

Note that the water slope does not operate continuously. Boats are only routed through it exceptionnally, on days of heavy traffic, to reduce waiting times at the locks.

See on p. 88

BÉZIERS (page 85)

Béziers est une importante ville de 90.000 habitants, plus ancienne que les Romains, et une capitale du vin. Elle est touristiquement intéressante (sa cathédrale romane St-Nazaire) et propose toutes les ressources au plaisancier mais le port est relativement éloigné du centre-ville. Base de la Société de location Amica-Tours.

Accostage au port : déconseillé pour les quillards à proximité de la rive Sud.

Béziers est la patrie du constructeur du Canal du Midi dont la statue s'élève sous les platanes des Allées Paul-Riquet. La cathédrale Saint-Nazaire est des 13e-14e siècles, avec cloître abritant le Musée Lapidaire. A voir aussi les musées des Beaux Arts et du Bitterois.

Béziers is an important town of 90.000 inhabitants, older than the Romans and a wine-growing capital. It has much of interest for the tourist (notably the romanesque cathedral of St-Nazaire) and offers all facilities for the navigator, but the port is relatively far from the town centre. Base of the hire Amica-Tours.

Mooring in the port : not recommended for deep-keeled yachts towards the South bank.

Béziers is the home town of Riquet, builder of the Canal du Midi, whose statue can be seen under the plane-trees of the Allées Paul Riquet. The cathedral of St-Nazaire is 13th/14th century, its cloister housing the lapidary museum. Also to be seen are the museum of Fine Arts and a regional museum (Musée du Bitterois).

Béziers ist eine bedeutende Stadt von 90.000 Einwohnern, älter als die Römer, und ein bedeutender Weinort. Sie ist touristisch sehenswert (ihr romanischer Dom St-Nazaire) und bietet dem Sportschiffer all Hilfsmöglichkeiten, doch liegt der Hafen ziemlich weit von der Stadtmitte. Stützpunkt der Charter Firma Amica-Tours.

Anlegen im Hafen : abzuraten für Segelboote mit Kiel in der Nähe des Südufers.

Béziers ist die Heimat Riquets, Erbauer des Canal du Midi, dessen Statue sich unter den Platanen der Allées Paul-Riquet erhebt. Das Münster Saint-Nazaire ist aus dem 13.-14. Jahrhundert. Im anliegenden Kloster befindet sich eine Glyptothek Ebenfalls besichtigunswert die Kunstgalerie "Musée des Beaux-Arts et du Bitterois".

Société de location : Amica-Tours - Tél. 67 35 28 70.
Service Navigation : Pont Rouge - Tél. 67 35 95 70.
Office du Tourisme : 27, rue du 4 septembre - Tél. 67 49 24 19.
Marché : Tous les jours (sauf dimanche) en différents endroits de la ville.
Taxis : Tél. 67 28 49 90 - 67 28 49 91 - 67 35 00 85.
Piscine : voir carte page 85.
Fêtes locales et manifestations : Festival musical de Béziers et de la côte languedocienne (2e quinzaine de juillet) - Concours Hippique international (juin) - Festival de musique militaire (juin) - Rallye des Stars - Stage d'Orchestre des Jeunes et Stage International de Danses (juillet) - Féria de Béziers (5 au 15 août) - Fête du vin nouveau (30 octobre).

/ Cigale, 60 Allées P. Riquet, tél. 67.28.21.56.
Assez loin (1 kilomètre) mais sur les jolis allées Riquet. Prendre la rue qui monte, face à la gare / A longish walk, but on the attractive Riquet boulevard. Take the road up the hill opposite the railway station ***/ Ziemlich weit (ein Kilometer), aber an den hübschen Riquet-Alleen. Nehmen Sie die Strasse bergauf, dem Bahnhof gegenüber.***

En attendant l'éclusage dans le port de Béziers

VILLENEUVE LES BÉZIERS (page 85).

Aux portes de Béziers, halte nautique avec eau, électricité, sanitaires, téléphone, jumelée à un complexe de loisirs avec piscines que les plaisanciers amarrés peuvent utiliser. Visites du vieux village.

Boat moorings with water points and electricity, sanitary building and telephone, all part of a recreational complex with swimming pools, which the occupants of boats may use.

Trinkwasser und elektr. Strom, sanitäre Anlagen, Telefon. Das Ganze gehört zu einer Freizeitanlage mit Schwimmbädern, die von den dort liegenden Sportschiffern benutzt werden können.

Halte nautique et camping : Tél. 67 39 36 09.

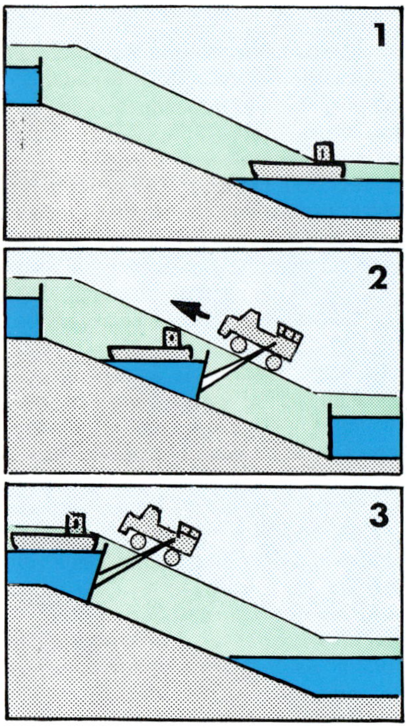

Make the boat fast by a single line fixed at the bow and held at the stern by a crew member (as in the case of a lock equipped with vertical tubes), and leave the engine in neutral.
It is forbidden : to step off the boat - to stand on the boat mooring beams - to stand on the upper parts of the boat.
At the end of the operating cycle, wait for the lock-keeper's instructions before untying and leaving the wedge of water.

Die 7 Schleusen von Fonserannes sind ein historisches Baudenkmal, zweifellos das hervorstechendste am Kanal du Midi. Sie werden jetzt vom "Wasserkeil" umgangen.

Betriebszeiten : Talfahrt : 8 - 9.30 Uhr, 13.30 - 15.30 Uhr.

Bergfahrt : 10 - 12 Uhr, 16 Uhr bis 45 Minuten vor Betriebschluss.

Der "Wasserkeil" von Fonserannes arbeitet nach dem gleichen Prinzip, wie der Wasserkeil von Montech (siehe Seite 60). Nachfolgend die technischen Daten :

Hubhöhe : 13,60 m - Neigung : 5 % - Länge der Neigung : 272 m - Durchfahrzeit : 6 Minuten - Gewicht des Motorschildes : 160 Tonnen, elektr. Antrieb.Achtung ! Der Wasserkeil ist nicht ständig in Betrieb. Die Sportschiffahrt benutzt ihn nur im Ausnahmefall an verkehrsreichen Tagen, um den Verkehr in Fluss zu halten.

Fonctionnement de la pente d'eau (dans le sens de la montée)

Sie sollten dann Ihr Boot an beiden Enden mit einer einfachen Leine festmachen, die von einem Besatzungsmitglied gehalten wird (wie in einer Schleuse mit senkrechten Rohren) und den Motor abstellen.

Es ist verboten : von Bord zu steigen - sich auf den Festmachewagen aufzuhaltenauf den hohen Aufbauten Ihres Bootes zu stehen.

Am Ende des Vorgangs sollten Sie die Anweisungen des Schleusenpersonals abwarten, um die Leinen loszuwerfen und aus dem Wasserkeil auszufahren.

Les sept écluses de Fonsérannes vues d'en haut...

... et la pente d'eau

LES BONNES TABLES DU BORD DE L'EAU

- CANAL DU MIDI -

RESTAURANT DE L'ECLUSE
Clos Saint Michel - RN 112
34420 VILLENEUVE LES BEZIERS
Tél. 67 62 11 02
Fax 67 62 29 36

A 50 m en amont de l'écluse d'Ariège (rive droite).
Terrasse ombragée sur le canal, accostage facile.
Vins et produits régionaux.
Spécialités de poissons et viandes grillées.
Menus à partir de 97 F.
Menus enfants.

RESTAURANT PIZZERIA

"La Crémade"

Quai du Canal
34420 VILLENEUVE LES BEZIERS
Tél. 67 39 41 70

Au bord du canal, face à la halte nautique.

L'Auberge de la Croisade

PORT SERIEGE
HAMEAU DE LA CROISADE

34310 CRUZY
TÉL. 67 89 36 36

Sous une terrasse ombragée, au bord du Canal du Midi, l'équipe de l'Auberge de la Croisade vous proposera ses menus avec leurs spécialités régionales et gastronomiques.
Menus à partir de 89 F.
En bateau, vous êtes à 1 heure de Capestang et du Somail, à 3 heures de Homps et de Colombiers.
Vente de produits régionaux, alimentation, eau, point phone.

OUVERT TOUS LES JOURS EN SAISON.

English spoken.

RESTAURANT
LE PRESSOIR

Une cuisine raffinée dans un cadre typique
AIR CONDITIONED
PORTIRAGNES-VILLAGE
3, bd Frédéric Mistral
Tél. 67 90 80 52

AUBERGE de l'ARBOUSIER

HÔTEL - RESTAURANT

Route de Carcassonne
11200 HOMPS
Tél. 68 91 11 24
Sur les berges du canal du Midi, à 300 m en amont de Homps.
Terrasse ombragée, chambres.
Cuisine traditionnelle.

PORT CASSAFIERES

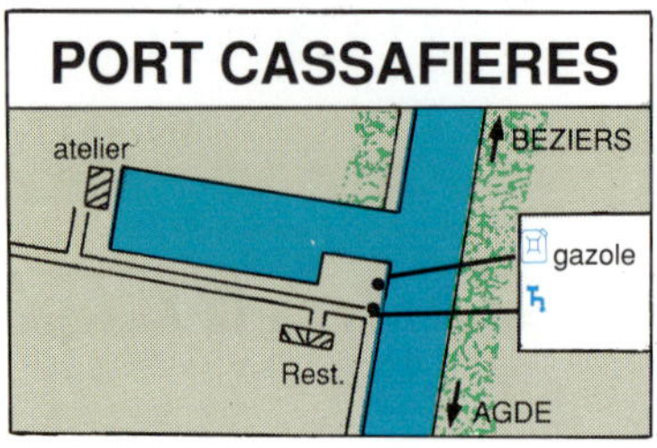

C'est la base de la Société de location Crown Blue Line. Les bateaux de passage y trouvent eau, gazole et restaurant.

This is a base of the Crown Blue Line hire firm. Passing boats may take advantage of the water point, diesel pump and restaurant.

Hier ist ein Stützpunkt der Bootsverleiher Crown Blue Line. Durchreisende Schiffe finden hier Wasser, Gasoil und Restaurant zu ihrer Verfügung.

Crown Blue Line, société de location, tél. 67.90.91.70.

AGDE

Ville vieille de 2500 ans, ancien port de mer encore relié à celle-ci par l'Hérault. Le plaisancier y trouvera toutes les ressources nécessaires avant de terminer son voyage dans le Bassin de Thau ou le commencer en direction de Toulouse et de l'Atlantique.

Accostage au quai, devant le bâtiment de l'Equipement (eau, poubelle, mais pas d'ombre) ou un peu en amont, sous les arbres du chemin de halage. Un moderne port de plaisance est en projet en face, rive gauche, avec 300 mètres de quai pour les bateaux de passage.

La cathédrale Saint-Etienne (12è siècle), en style roman fortifié, est construite en pierres volcaniques noires. On peut voir aussi les vestiges d'un rempart grec (6ème siècle avant J-C), l'Hôtel-de-Ville du 17ème et l'Hôtel de la Charité (17ème) qui abrite le Musée Agathois (ethnologie, archéologie, peinture, maquettes de bateaux).

2500 years old, this town is a former sea-port, still linked to the sea by the Hérault. The navigator will find here all the necessary facilities.

Mooring on the quay in front of the public works ("Equipement") headquarters (water, rubbish bin, but no shade) or a short distance upstream, in the shade of the trees along the towpath.

A modern boat harbour is projected opposite, on the left bank.

2500 Jahre alte Stadt, ehemaliger Seehafen, mit dem Meer noch durch den Fluss Hérault verbunden. Besitzt einen befestigte. Dom aus dem 12. Jahrhundert. Der Sportschiffer wird hier alle benötigten Hilfsmöglichkeiten finden.

Anlegeplatz am Quai, vor dem Gebäude "Equipement" (Wasser, Mülltonne, jedoch kein Schatten) oder etwas stromaufwärts, unter den Bäumen des Treidelpfad.

Gegenüber am linken Ufer ist ein moderner Sporthafen geplant.

Das Münster Saint Etienne (12. Jahrhundert) in befestigter romanischer Architektur, wurde aus schwarzen vulkanischen Steinen erbaut. Besuchenswert sind ebenfalls eine griechische Befestigungsmauer (6. Jahrhundert v. Chr), das Rathaus aus dem 17. Jh. sowie das alte Krankenhaus ("Charité", 17. Jh.), das das Musée Agathois beherbergt (ethnologische, archäologische und Gemäldesammlungen, Schiffsmodelle.

Service Navigation : Conducteur des TPE - Tél. 67 94 10 99.
Flot'Home : Société de location - 1, rue de la Corderie - Tél. 67 94 94 20.
Office de Tourisme : Espace Molière - Tél. 67 94 29 68.
Marché : Jeudi matin.
Taxis : Tél. 67 94 36 52 - 67 94 13 93 - 67 94 84 20 - 67 94 37 31.
Piscine : Voir carte de la page 91.
Fêtes locales et manifestations : Fête des Pêcheurs (août) - Tournoi de Joutes (en saison) - Fête d'Agde (1re semaine d'août) - Festival méditerranéen (juillet et août) - Fête du vin nouveau (octobre).

Ecluse ronde d'Agde

PARCOURS DANS L'HÉRAULT

Après l'écluse ronde, le canal débouche dans l'Hérault (dans l'autre sens, l'entrée du canal est peu visible et parfois difficile à prendre à cause du vent). Le chenal remonte l'Hérault sur environ 700 m et le canal reprend à droite, tout près de l'écluse de garde de Prades.

L'Hérault est navigable sur 7 kilomètres jusqu'à Bessan.

Navigation in the Herault. After the circular lock, the canal enters the Herault (in the other direction the entrance to the canal is not clearly visible and can be difficult of approach when there is a wind). The navigation follows the Herault upstream for about 700 metres before re-entering the canal on the right, close to the stop-lock of Prades.

The river Hérault is navigable over a distance of 7 km, up to the village of Bessan.

Durchfahrt durch den Fluss Hérault. Nach der runden Schleuse mündet der Kanal in den Fluss Hérault (in der Gregenrichtung ist die Kanaleinfahrt schlecht sichtbar und bei Wind manchmal ziemlich schwierig). Der Fahrweg geht etwa 700 Meter flussaufwärts und führt dann nach rechts in den Kanal, direkt beim Sperrtor von Prades.

Der Fluss Hérault ist schiffbar auf 7 km bis Bessan.

Port-Cassafières
S[té] location
Crown-Blue Line
K.222.800

▲ **Traversée du fleuve côtier Libron. Passage très étroit. Aller lentement. Photo p. 89.**
Crossing of the torrential river Libron through a most unusual structure. Narrow passage. Proceed slowly.
Kreuzung des Küstenflusses Libron. Sehr enge Durchfahrt. Langsam manövrieren.
K.225.224

★ **A voir : église 14è.15è en pierre noire volcanique.**

▲ **Chenal d'évacuation (non navigable). Courant traversier possible** / Drainage channel (not navigable). Possible cross-current / ***Entwässerungs-Kanal (nicht schiffbar). Mögliche Querströmung.***

Accostage à Agde.
K.231.300

★**Agde. Voir page 90.**

S[té] de location Nautic

Ecl. ronde d'Agde t. 67.94.23.09.
K.231.420
K.232.040
Ecl. de garde de Prades
▲ **Ecluse ouverte** / Lock permanently open
Schleuse steht immer offen.

Ecl. de Bagnas (1.51).
K.235.300

Les Onglous.
Base nautique des Glénans
K.239.750

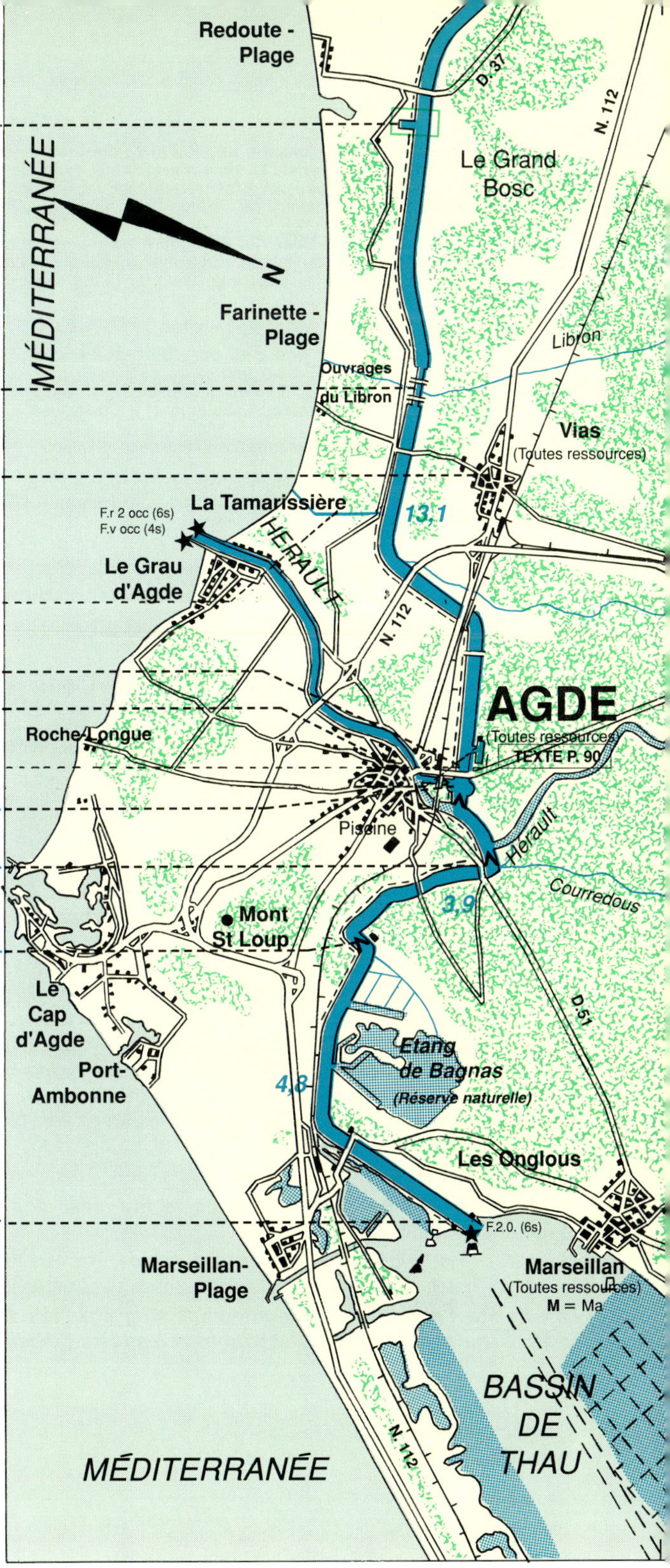

JONCTION AVEC LA MER, A AGDE

A l'écluse ronde d'Agde, on peut rejoindre l'Hérault et la mer par un canal étroit, au tirant d'eau de 1,60 mètre (mais variable suivant le mouvement de la mer) et long de quelques centaines de mètres, qui débouche dans l'Hérault en amont du pont. Passer dans l'arche droite de ce pont.

A noter que les portes à la mer de l'écluse ronde ne donnent accès qu'aux bateaux de mer en transit.

From the circular chamber of Agde lock it is possible to enter a narrow canal a few hundred metres long, which joins the Hérault upstream of the bridge, thus giving access to the sea.

It is to be noted that the round lock gates giving access to the Hérault are operated only for sea-going vessels in transit.

An der runden Schleuse von Agde kann man auf den Fluss Hérault und aufs Meer kommen durch einen geraden Kanal von einigen hundert Metern Länge, der oberhalb der Brücke in den Fluss Hérault mündet.

Anzumerken, dass die runde Schleuse nur den Booten dient, die zum Meer durchfahren.

L'Etang de Thau est un vaste bassin, très joli mais dont la traversée exige certaines précautions. Un petit bateau doit se renseigner si l'Etang est praticable, avant de s'y engager. Le vent du Nord-Ouest surtout peut en effet creuser des vagues dangereuses.

Les bateaux de plaisance fluviaux ne peuvent pas naviguer sur l'Etang par un vent supérieur à Force 3 Beaufort (12 à 19 km/heure).

Il leur est rappelé que sur le Bassin s'appliquent les règles de barre et de route maritimes, qu'ils trouvent dans le "Code Vagnon de la mer" (Editions du Plaisancier) et qu'ils doivent posséder à bord :

- le règlement pour prévenir les abordages en mer (il est contenu en entier dans le Code Vagnon de la mer) ;

- la carte SHOM N° 6839 ;

- la planche des signaux de sauvetage.

La moitié du plan d'eau est occupée par des parcs à coquillages, sur la rive Ouest. Rester également à distance de la rive Est aux limites imprécises.

Les petits ports de Marseillan et de Mèze (ci-dessous) offrent les ressources nécessaires. Escales possibles (pour petits bateaux seulement) à Bouzigues, Balaruc, Base du Barrou (0,80 m). Aucune ressource aux Onglous.

La navigation de nuit sur le Bassin de Thau est déconseillée.

The Etang de Thau is a vast and attractive lagoon, but navigation requires certain precautions. The owner of a small boat must ask whether conditions in the lagoon are appropriate before venturing out into it. The north-west wind especially can set up nasty waves.

Inland cruising boats are not authorised to cross the lagoon when the wind is blowing at more than force 3 on the Beaufort scale (12 to 19 km/h).

It is recalled that the rules of navigation on the lagoon are the same as apply at sea, and are set out in the Vagnon maritime navigation code ("Code Vagnon de la mer"), published by Editions du Plaisancier. Boats must have on board :

- the rules for avoiding collision at sea (these are set out in full in the Vagnon maritime navigation code),
- the SHOM chart N° 6839
- the board indicating all distress signals.

Half of the area of the lagoon is occupied by shellfish beds, ont the western shore. Also Keep well away from the eastern shore, the limits of which are imprecise. The use of maritime chart 6839 is recommended.

The small ports of Marseillan and Mèze (below) offer the essentiel shops and services. Other possible moorings (for small craft only, draught 0,80 m) are at Bouzigues, Balaruc and Pointe du Barrou. There are no facilities at Les Onglous.

Night-time navigation across the Etang de Thau is not recommended.

BASSIN DE THAU (carte ci-contre)

Der Strandsee von Thau ist ein ausgedehntes Becken, sehr schön, aber seine Überquerung erfordert gewisse Vorsichtsmassnahmen. Ein kleines Fahrzeug sollte sich vor der Fahrt erkundigen, ob der Strandsee befahrbar ist. Besonders der Nordwestwind kann gefährliche Wellen auswerfen.

Die Hälfte der Wasserfläche wird von Muschelbänken eingenommen, auf dem Westufer. Ebenso vom Ostufer Abstand halten, dessen Begrenzung verschwommen ist. Es ist von nun an verpflichtet die Seekarte Nr. 6839 zu benutzen.

Die kleinen Häfen von Marseillan und Mèze (unten) bieten die nötigen Hilfsmöglichkeiten. Mögliche Anlaufplätze (nur für kleine Boote) in Bouzigues, Balaruc, Pointe du Barrou (0,80 Meter). Keine Hilfsmöglichkeiten in Onglous.

Von einen Schiffahrt bei Nacht auf dem Strandsee von Thau wird abgeraten.

MARSEILLAN

Petite ville offrant des ressources très intéressantes. Hôtel, restaurant et autres prestations au Château du Port.

Small town offering a wide range of facilities. A base for Canal du Midi hire-cruising companies. Hotel, restaurant and other services at the Château du Port.

Kleine Stadt mit sehr interessanten Hilfsmöglichkeiten. Stützpunkt von Charterfirmen für den Canal du Midi. Hotel, Restaurant und andere Dienstleistungen im Hafenschloss.

Office de Tourisme, tél. 67.21.97.27
Marché : le mardi.
Château du Port, tél. 67.77.65.55
Fête locale : le 15 août.

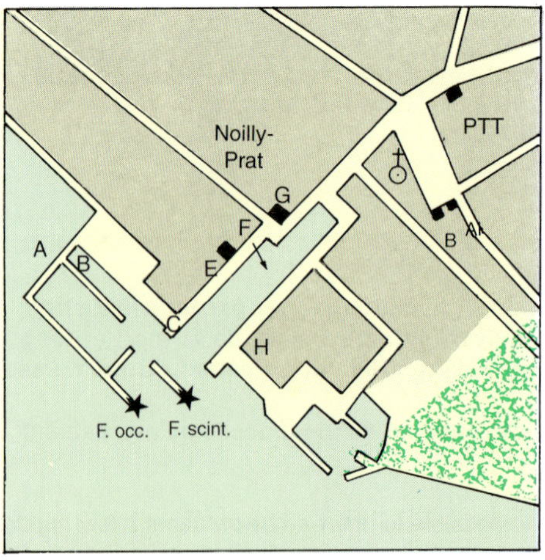

MARSEILLAN

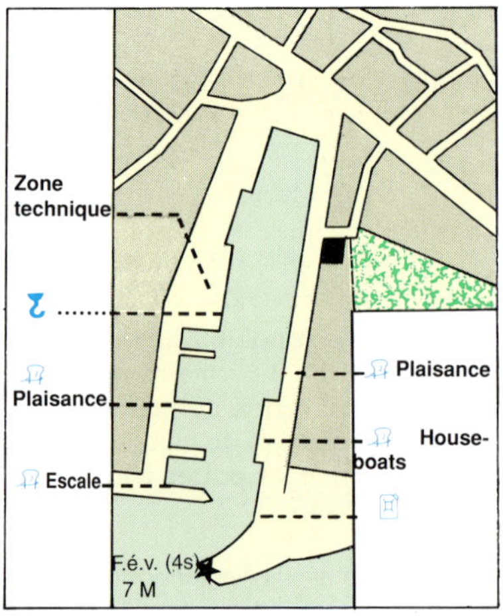

MEZE

A - Eau
B - Plaisance, 2 pontons
C - (essence)
(grue 2,5 tonnes)

E - Château du Port (Hôtel, rest. nautisme)
F - Amarrage plaisance
G - Téléphone, boîte aux lettres
H - Plusieurs bollards d'amarrage pour bateaux de passage, 8 postes d'eau

Les Onglous.

Navigation sur le Bassin de Thau : voir page 92

Canal de Pisse-Saumes, T.E. 1 m. T.A. 2,20 m

Marseillan. Texte et plan p. 92

Attention aux parcs à huitres.

Ne pas s'approcher de la rive Sud.

Mèze. Plan p. 92. texte p. 93.

Attention aux parcs à huitres.

Bouzigues. Plan p. 94. Texte p. 93.

Navigation sur le Bassin de Thau : voir page 92.

Accès à Sète. Voir photo p. 95.

Appontement pour accostage très court.

Entrée du Canal du Rhône à Sète.

Se repérer sur les cuves de carburant.

Balaruc. Plan p. 94. Texte p. 93.

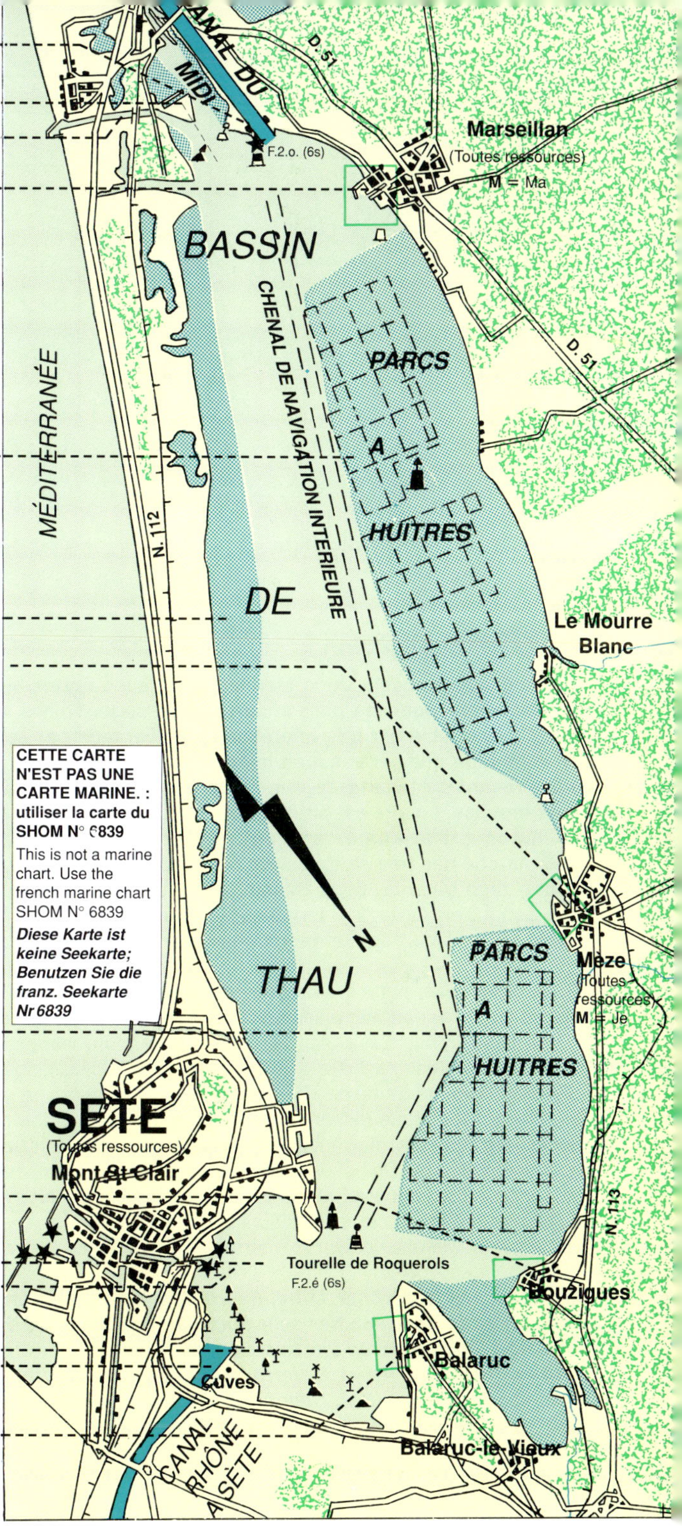

MEZE (plan p. 92)

Le port offre 11 postes pour house-boats et postes d'eau.
A voir à Mèze le Centre Scientifique (lagunage, aquariums) très intéressant.

The harbour is currently being reorganised, with the creation of 11 berths for inland cruisiers and water. At Mèze there is a most interesting scientific centre to be visited (lagooning, and aquarium).

Der Hafen wird z.Z.t. neu gestaltet, mit der Schaffung von 11 Liegestellen für Hausboote, mit Trinkwasser. Sehenswert in Mèze das sehr interessante Wissenschaftliche Zentrum (Lagunen-Kunde, Aquarium).

Marché : jeudi

BOUZIGUES (plan page suivante)

Petit port qui possède de nombreux restaurants gastronomiques. Musée de la Conchyliculture.

This small harbour has a number of gastronomic restaurants. Museum of shelfish breeding.

Kleiner Hafen mit vielen Restaurants für Feinschmecker. Museum der Muschelkultur.

BALARUC (plan page suivante)

Petite ville connue pour son thermalisme et qui possède maintenant plusieurs professionnels du bateau.

This small town, known as a spa, now has several boating firms.

Kleine und wegen ihrer Ileilquellen gut bekannte Stadt, in der sich inzwischen mehrere Schiffsfachleute niedergelassen haben.

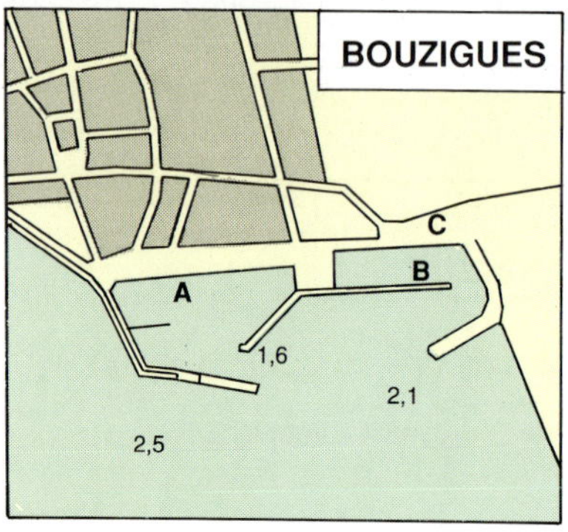

A - Plaisance

B - Pêcheurs

C - Musée de la Conchyliculture

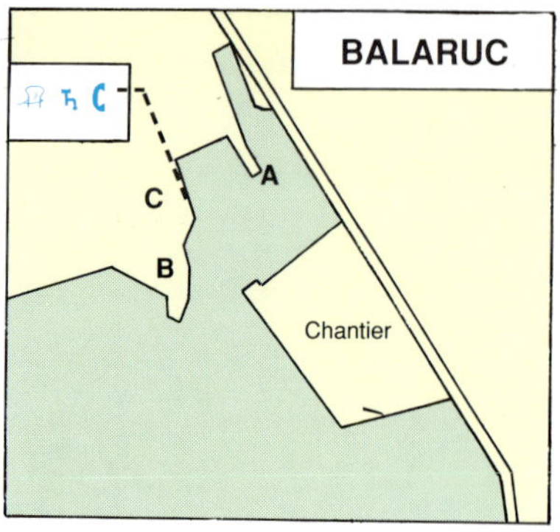

A - Plaisance

B - Grue 2,5 T.

C - Chantier naval, menuiserie, Réparation moteurs bateaux

SÈTE (carte ci-contre)

Grand port français de la Méditerranée, avec énormément de couleur locale, mais très encombré pour les plaisanciers de passage. Toutes ressources. Au pied du Mont Saint-Clair, la ville est très intéressante, davantage par son site (entre mer et étang) et son animation que par ses monuments.

En venant de l'Etang de Thau, accostage à Pointe-Courte, sur la gauche avant les ponts mobiles. Le site est pittoresque (maisons de pêcheurs) mais le vacarme des trains est important et l'amarrage est agité quand le vent souffle. Station-service et supermarché pas très éloignés. Ne pas emprunter le Canal de Sète pour aller à la mer.

Accostage dans le Vieux Bassin, à la Société Nautique. Carburant et postes d'eau à quai. Sanitaires. Grue de 6 tonnes. Restaurant au club.

Sète dispose de très nombreux chantiers navals et réparateurs de coques et moteurs.

One of the main ports on the French Mediterranean coast ; very picturesque and colourful, but also very crowded with pleasure craft passing through. All facilities, of course.

Dominated by the Saint-Clair hill, this town is more interesting for its unique site (between sea and lagoon) and its bustling life than for its historic buildings.

Coming from the Etang de Thau, moor at Pointe-Courte, on the left before the swing bridges. The site is picturesque (fishermen's houses), but there is the noise of the passing trains, and the mooring can be somewhat uncomfortable when there is a wind blowing. Service station and supermarket nearby. Do not use the Sète canal to reach the sea.

Mooring in the old basin, at the Société Nautique. Fuel and water points on the quay. Toilets and showers. 6-tonne crane. Restaurant in the clubhouse.

Sète has numerous boatyards where hull or engine repairs can be carried out.

Grosser französischer Mittelmeerhafen, sehr malerisch und farbenfroh, aber für durchfahrende Sportschiffer sehr überfüllt. Natürlich alle Hilfsmöglichkeiten. Nicht den Kanal von Sète benutzen um zum Meer zu fahren.

Anlegeplatz im Alten Hafenbecken, bei der Société Nautique. Treibstoff und Wasserzapfstelle am Kai. Sanitäre Einrichtungen. Kran von 6 Tonnen. Restaurant im Klub. Sète hat zahlreiche Schiffswerften und Reparaturbetriebe für Schiffsrumpf und Motoren.

Service Navigation : (Subdivision Canal du Rhône à Sète) : quai Caramus - Frontignan - Tél. 67 46 35 90 (voir carte page 107).
Subdivision Maritime Ouest de Sète (Bassin de Thau) : quai d'Alger prolongé - Tél. 67 46 35 30.
Affaires Maritimes : 16, rue Hoche - Tél. 67 46 33 00.
Douane Maritime : Tél. 67 74 84 10 et 67 74 85 87.
Capitainerie du Port : Quai du Maroc - Tél. 67 46 34 90.
Société Nautique : 1, quai de la Consigne - Tél. 67 74 98 97. Restaurant Tél. 67 74 49 50.
Eau, électricité, carburant, sanitaires, grue, restaurant : A la Société Nautique.
Ressources : Très importantes pour le navigateur.
Taxis : Tél. 67 48 62 98 (gare) et 67 74 05 61 (station Civette, quai Mal Delattre de Tassigny).
Point Librairie Vagnon : Optique Marine - 5, quai Commandant Samary - Tél. 67 74 56 51 - Accastillage et librairie maritime.
Office de Tourisme - Syndicat d'Initiative : 60, Grande Rue Marie Roustan - Tél. 67 74 71 71.

A voir : Site du Canal de Sète - Musée Paul Valéry - Mont Saint-Clair - La Corniche et la mer - Le Vignerai - Espace Brassens.

/ **Le Chante Mer - 16, promenade Jean-Baptiste Marty - Tél. 67 46 01 75.**
Bouillabaisse et fruits de mer avec vue sur le port.
Bouillabaisse and other seafood specialities, with view over the harbour.
Bouillabaisse und Meeresfrüchte bei einer Aussicht über den Hafen.

// **La Palangrotte - 1, rampe Paul Valéry - Tél. 67 74 80 35.**
Restaurant très fréquenté, au bon poisson / Good restaurant. Good fish /
Viel besuchtes Restaurant, gute Fischgerichte.

Bassin de Thau

Les Onglous

Arrivée à Sète en venant du Bassin de Thau

SÈTE

Pointe Courte.

Ponts levants. Photo ci-dessus.

Ne pas s'engager dans le Canal de Sète.

Esso.

Pont mobile.

Pont mobile.

Service Maritime et de Navigation
Subdivision Ouest de Sète

Société Nautique.

Carburant, aire de carénage.

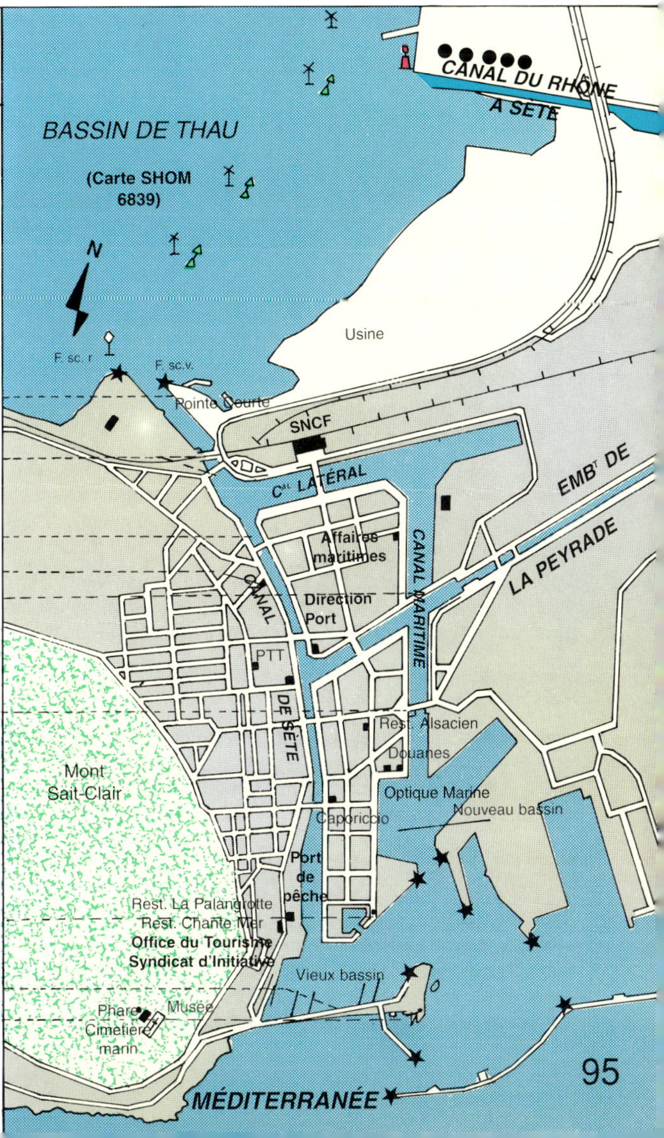

L'EMBRANCHEMENT DE LA NOUVELLE

Cet embranchement permet de rejoindre directement, depuis le Canal du Midi, la Méditerranée à Port-La-Nouvelle, pour la direction de Port-Vendres, la Costa Brava et les côtes espagnoles. Il comprend successivement :

- le canal de jonction du canal du Midi à l'Aude ;
- la traversée de l'Aude ;
- la robine de Narbonne, de l'Aude à Port-La-Nouvelle.

Les caractéristiques techniques de la voie sont les mêmes que celles du canal du Midi (voir page 7) mais toutes les écluses ont été allongées à 38,50 mètres. La voie est en général plus étroite que le canal du Midi. Dans le canal de jonction, tirant d'eau 1,60 mètre au centre, vase sur les bords, pas de roches. Dans la Robine, jusqu'à Mandirac, tirant d'eau généralement supérieur à 1,60 mètre.

Principalement sur le Canal de jonction, on traverse de très jolis biefs comportant des pins-parasols.

LA NOUVELLE BRANCH

This branch gives direct access to the Mediterranean at Port-La-Nouvelle.

The characteristics of the waterway are the same as those of the Canal du Midi, but all the locks have been lengthened to 38,50 m. The waterway is generally narrower than the Canal du Midi. In the junction canal (as far as the Aude), the depth is 1,60 m in the centre, while the banks are silted up, although there are no rocks. From the Aude to Mandirac, the depth is generally greater than 1,60 m.

Mainly on the junction canal, there are some attractive sections, with umbrella pines.

ZWEIGKANAL VON LA NOUVELLE

Über diese Abzweigung kommt man direkt zum Mittelmeer bei Port-La-Nouvelle.

Dieser Wasserweg hat die gleichen Kennzeichen wie der Canal du Midi, jedoch sind alle Schleusen auf 38,50 m verlängert. Die Fahrrinne ist im allgemeinen enger als der Canal du Midi. In dem "Canal de Jonction" (Verbingungskanal) ist der Tiefgang etwa 1,60 m in der Mitte der Fahrrinne, mit Schlamm an den Ufern, keine Felsen. Von der Aude bis Mandirac ist der Tiefgang allgemein über 1,60 m.

Besonders auf dem Verbindungskanal fährt man durch sehr hübsche Stauhaltungen, mit Pinien.

SALLELES D'AUDE

Après tous ces biefs bordés de pins parasols, voici une jolie escale très ombragée et très fleurie. Les commerçants sont à proximité immédiate. Port aménagé rive droite et rive gauche. Bornes d'eau et d'électricité. Poubelles.

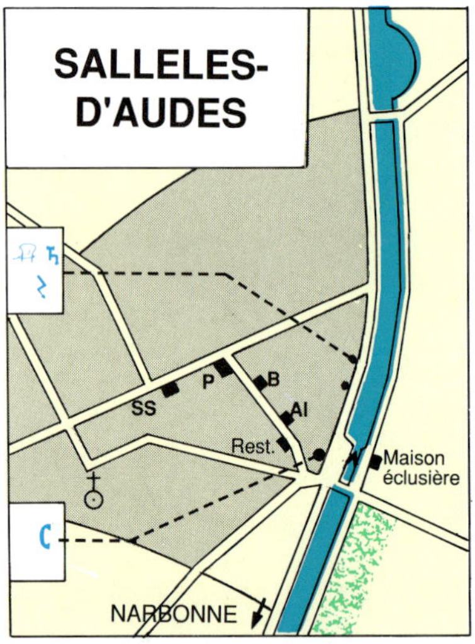

After the series of pounds bordered by umbrella pines, here is a most attractive mooring, shaded, with flower gardens. The shops are close by. Harbour and facilities developed on both banks. Water and electricity points. Refuse bins.

Nach all den piniengesäumten Kanalstrecken ist diese schöne, sehr schattige und blumenübersäte Zwischenstation äusserst willkommen. Ausgebauter Hafen am rechten und linken Ufer. Trinkwasser-Zapfstellen und elektr. Strom, Müllbehälter.

ECLUSE SEMI-AUTOMATIQUE DE NARBONNE

150 mètres avant l'écluse, tourner d'un quart de tour à droite la commande suspendue. Dès que les feux avancés et rapprochés sont tous verts, avancer et s'amarrer dans le sas de l'écluse. Actionner verticalement la manette d'écluse pour commander la fermeture des portes. Actionner une seconde fois pour réouvrir les portes. Ne plus toucher la commande suspendue après la sortie de l'écluse.

SEMI-AUTOMATIC LOCK AT NARBONNE

150 metres before reaching the lock, give a quarter turn clockwise to the suspended pole. As soon as the lights ahead of and at the lock are both green, proceed and tie up in the lock chamber. Pull down the lock control rod to close the gates behind you and start the locking cycle. Pull it down a second time to re-open the gates. Take care not to touch the suspended pole after leaving the lock.

HALB-AUTOMATISCHE SCHLEUSE VON NARBONNE

150 Meter vor der Schleuse drehe man die über dem Kanal hängende Bedienungsstange eine Vierteldrehung nach rechts. Sobald die Lichter des Vorsignals und des Hauptsignals alle grün sind, fahre man in die Schleusenkammer und mache fest. Den Handgriff der Schleuse senkrecht betätigen, um das Schliessen der Tore einzuleiten. Ein zweites mal betätigen, um die Tore zu öffnen. Nach der Ausfahrt aus der Schleuse nicht die über dem Kanal hängende Bedienungsstange berühren.

4bis Embranchement de La Nouvelle

Les écluses de Cesse à Sallèles doivent être automatisées à partir de 1995. Il sera remis à chaque plaisancier un code à 4 chiffres qu'il devra composer sur un pupitre situé 50 mètres avant l'ouvrage pour demander son éclusage. Cette demande devra être renouvelée à chacune de ces 6 écluses.
The locks from Cesse to Sallèles are to be automated from 1995. Each boater will be given a four-figure code to be keyed in on a control panel situated 50 m before the lock to request passage through the flight. This request is to be repeated at each of the six locks.
Bis 1995 sollen die Schleusen zwischen Cesse und Sallèles automatisiert werden. Zukünftig wird dem Sportschiffer bei der Anfahrt eine vierstellige Kennzahl zugeordnet, die er mittels einer Tastatur 50 Meter vor jeder der zu betreibenden Schleusenanlagen eingibt.

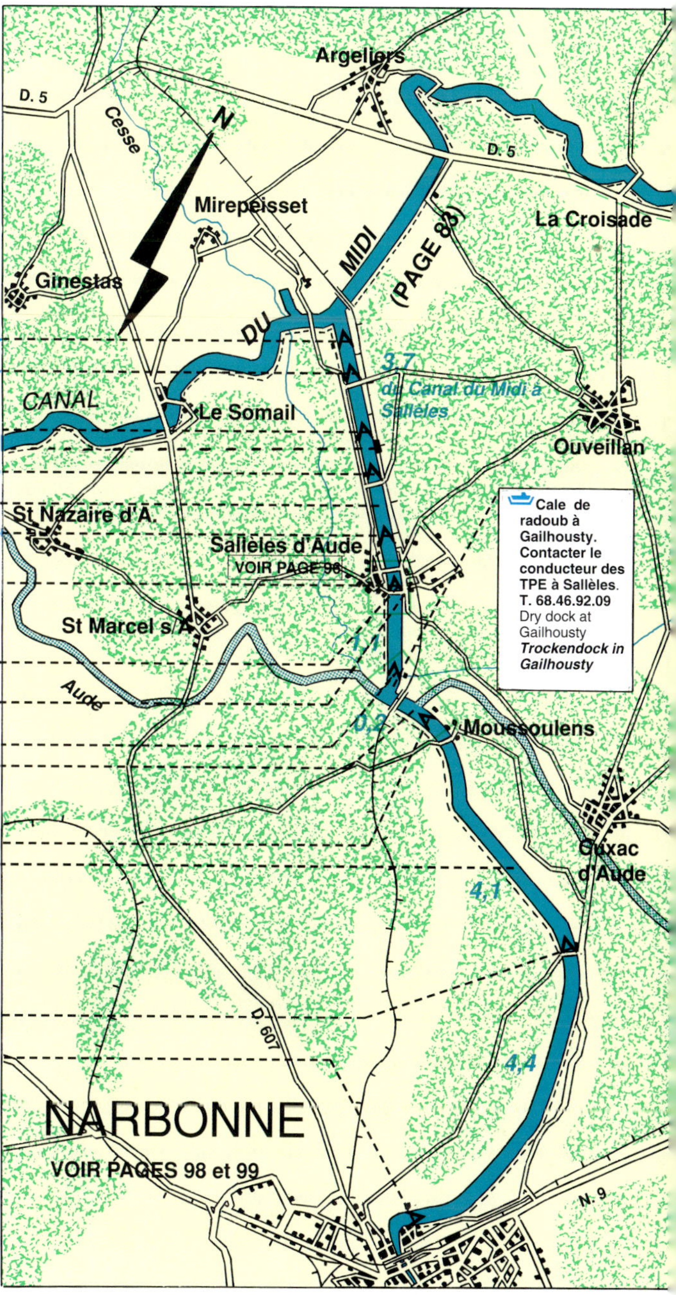

Ecl. Cesse (2.54). K.0.285

Ecl. Truilhas (3.11). K.0.951

Ecl.. Empare (2.95). K.1.624

Halte du Musée des Potiers. ....

Ecl. Argeliers (2.99). K.2.292

★ **Très jolis biefs.** ....

Ecl. St Cyr (2.71). K.2.964

K.3.733
Ecl. Sallèles (6.40). t. 68.46.92.09.

▲ **A l'écluse, barres verticales pour s'amarrer** / Lock with vertical bars for tying up / ***Schleuse mit senkrechten Stangen zum Festmachen.*** ....

Sallèles. Voir croquis p. 96. ....

Ecl. Gailhousty (3.46 au niveau zéro de l'Aude) K.4.894

▲ **Traversée de l'Aude.** K.0
Voir plan ci-dessous / Crossing of the Aude. See inset / ***Uberfahrt der Aude ; siehe Skizzenkarte.*** K.0.047

Ecl. Moussoulens, tél. 68.46.61.12.

▲ **De Moussoulens à l'écluse du Gua, amarrage forain impossible, canal trop étroit** / From Moussoulens to Gua lock, no wild mooring possibility ; the canal is too narrow / ***Von Moussoulens bis zur Schleuse Gua ist das Festmachen unterwegs unmöglich. Der Kanal ist zu eng.***

Ecl. du Raonel (1.96). K.4.125

Ecl. du Gua (2.10) t. 68.42.23.27. K.8.515

TRAVERSÉE DE L'AUDE (Plan ci- contre)

— • — • Route à suivre. Respecter les distances indiquées. Attention au barrage qui "aspire".
— • — • Follow course indicated. Keep clear of weir.
— • — • Einzuhaltender Fahrweg. Vorsicht. Wehr.
La cote probable des fonds est affichée aux écluses de : Gailhousty, Moussoulens, Raonel et Cesse.
The propable water depth is displayed at the following locks : Gailhousty, Moussoulens, Raonel, Cesse.
Die wahrscheinliche Höhe der Untiefen wird ausgehängt in den Schleusen von : Gailhousty, Moussoulens, Raonel, Cesse.
Cote 2.50 échelle de Moussoulens : traversée aux risques et périls du navigateur.
Cote 2.70 : navigation interrompue.
Elevation 2.50 on the Moussoulens gauge : crossing at the navigator's risk and peril. Elevation 2.70 : navigation forbidden.
Ab Hochwassermarke 2.50 am Schiffahrtspegel Moussoulens erfolgt die Durchfahrt auf Gefahr des Schiffsführers. Bei Marke 2.70 ist die Schiffahrt gesperrt.

TRAVERSÉE DE L'AUDE

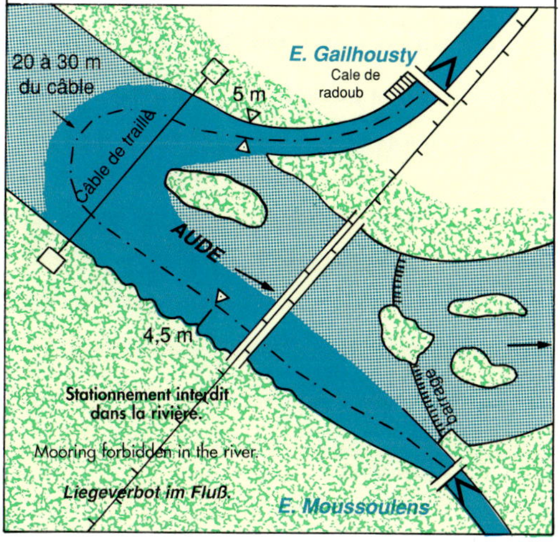

NARBONNE

La plus belle ville qu'un plaisancier traverse sur les canaux du Midi ! Un effort considérable a été fait en quelques années pour rendre l'escale narbonnaise aussi agréable. Les rives du canal maçonnées ; des quais aménagés avec bittes d'amarrage et postes d'eau ; des fleurs partout (lauriers-roses) et ceci sur une très grande longueur. Ajoutez-y une traversée pittoresque sous les maisons et le cachet de cette belle ville de 50.000 habitants qu'est Narbonne. La circulation automobile rend toutefois le stationnement un peu bruyant.

Vieille ville romaine (fondée en 118 avant J.-C.), ancien port de mer. C'est du Moyen Age que lui viennent les monuments les plus prestigieux : le Palais des Archevêques (hôtel-de-ville actuel, 13è - 14è), le Musée d'Art et d'Histoire, la cathédrale Saint-Just, construite de 1272 à 1354 (choeur gothique de 41 mètres de haut, chapelle de l'Annonciade, Trésor), le Musée archéologique. Tous ces monuments sont regroupés.

Narbonne est une des capitales françaises du vin.

This is the most remarkable passage through a town on the entire itinerary ! A considerable effort has been made in the last few years to make the visit by canal to Narbonne so pleasant. The canal banks have been built up as masonry quays, with mooring bollards and water points, flowers everywhere (rose laurel), and all this over a considerable length of the canal. There is also the picturesque passage under old houses, and all the charm of this fine town of 50 000 inhabitants. The only snag is the traffic in the town, making the mooring rather noisy.

Narbonne is an old Roman city (founded in 118 BC) and a former seaport. Its most famous monuments date from the Middle Ages : the Archbishop's palace (now the townhall, 13th/14th centuries), the Museum of Art and History, the cathedral of St Just, built between 1272 and 1354 (gothic choir 41 m high, chapel of the 'Annonciade', and collection of relics and ornaments), and the archeological museum. All these monuments are grouped together in the town centre.

Narbonne is one of the French capitals for wine-growing.

Die schönste Stadt an den Kanälen Südfrankreichs ! Bedeutende Anstrengungen haben Narbonne in einigen wenigen Jahren in einen sehr angenehmen Aufenthaltsort für Sportschiffer verwandelt. Die Kanalufer wurden mit Mauerwerk befestigt, Kais mit Pollern und Wasserzapfstellen angelegt ; überall Blumen angepflanzt (Oleander), und dies alles über hunderte von Metern. Hierzu kommt eine malerische Wasserstrecke unter den Häusern und das besondere Gepräge dieser schönen Stadt von 50.000. Einwohnern. Leider sind die Liegestellen einem starken Verkehrslärm ausgesetzt.

Narbonne ist eine alte römische Stadt (gegründet 118 v. Chr.) und war ursprünglich Meereshafen. Seine hervorragendsten Baudenkmäler stammen aus dem Mittelalter : Das erzbischöfliche Palais (augenblickliches Rathaus, 13. - 14. Jh), das Museum für Kunst und Geschichte, das Münster Saint Just, erbaut 1272 - 1354 (41 m hoher gotischer Chor, Kapelle "Annonciade", Domschatz), das archäologische Museum. Alle diese Denkmäler liegen in einem sehr engen Umkreis.

Narbonne gehört zu den französischen Hauptstädten des Weins.

Les quais de Narbonne

Sleep-way

Sté de location Connoisseur-Cruisers

Ecluse du Gua

Courant traversier (chute) à l'aval

Ecluse de Narbonne

Le canal passe sous les maisons supportées par un ancien pont romain / The navigation passes underneath the houses / *Man fährt unter den Haüsern durch.*

Bateau "Tramontane"

W-C

Rive droite

Sté de location Nicols

Rive droite

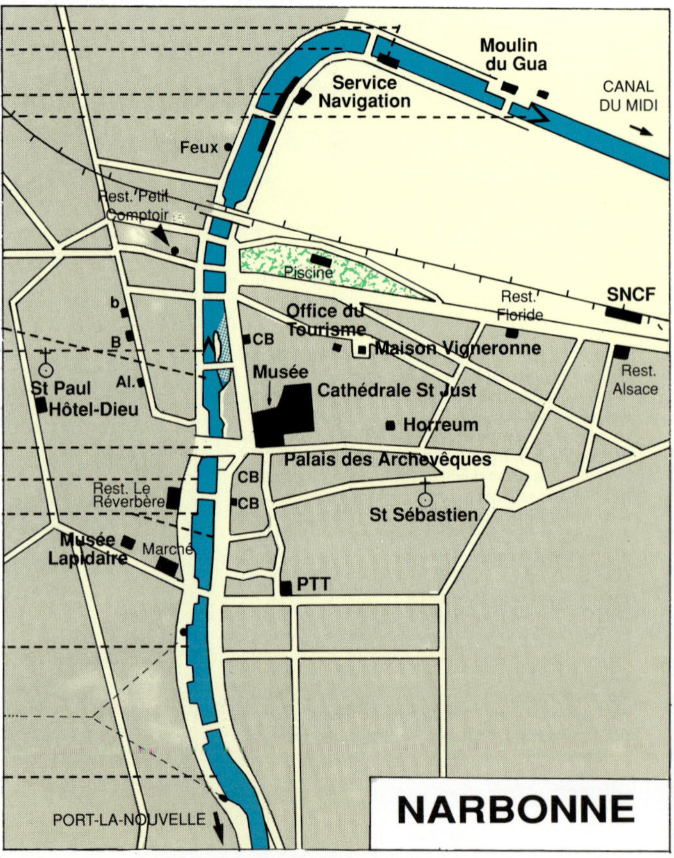

Ecl. du Gua (2.10).

Connoisseur Cruisers.
K.9.631

Ecl. Narbonne (1.94) A (v.p. 96).

Quais de Narbonne.

★ **Narbonne.** **Voir page 98.**

▲ **Bief sale. Attention aux hélices et aux filtres** / Dirty pound. Watch out for your propeller and filter / ***Schmutzige Stauhaltung. Auf Schrauben und Filter achten.***

Ecl. Mandirac (1.50).
K.18.433

▲ **Bief étroit. Roseaux** / Narrow pound. Reeds / ***Enge Haltung. Schilf.***

★ **Ile de Sainte-Lucie : site naturel protégé. Faune et flore particulières** / Ste Lucie island : protected natural site. Particular fauna and flora / ***Insel St. Lucie : Naturschutzgebiet. Seltene Tiere und Pflanzen.***

Ed. Ste Lucie (0.80).
K.28.636

K.31.473
Port La Nouvelle.
Voir page 100.

▲ **L'accès au port maritime est interdit aux bateaux de location** / Access to the seaport is forbidden to hire boats / ***Die Zufahrt zum Seehafen ist für Charterboote verboten.***

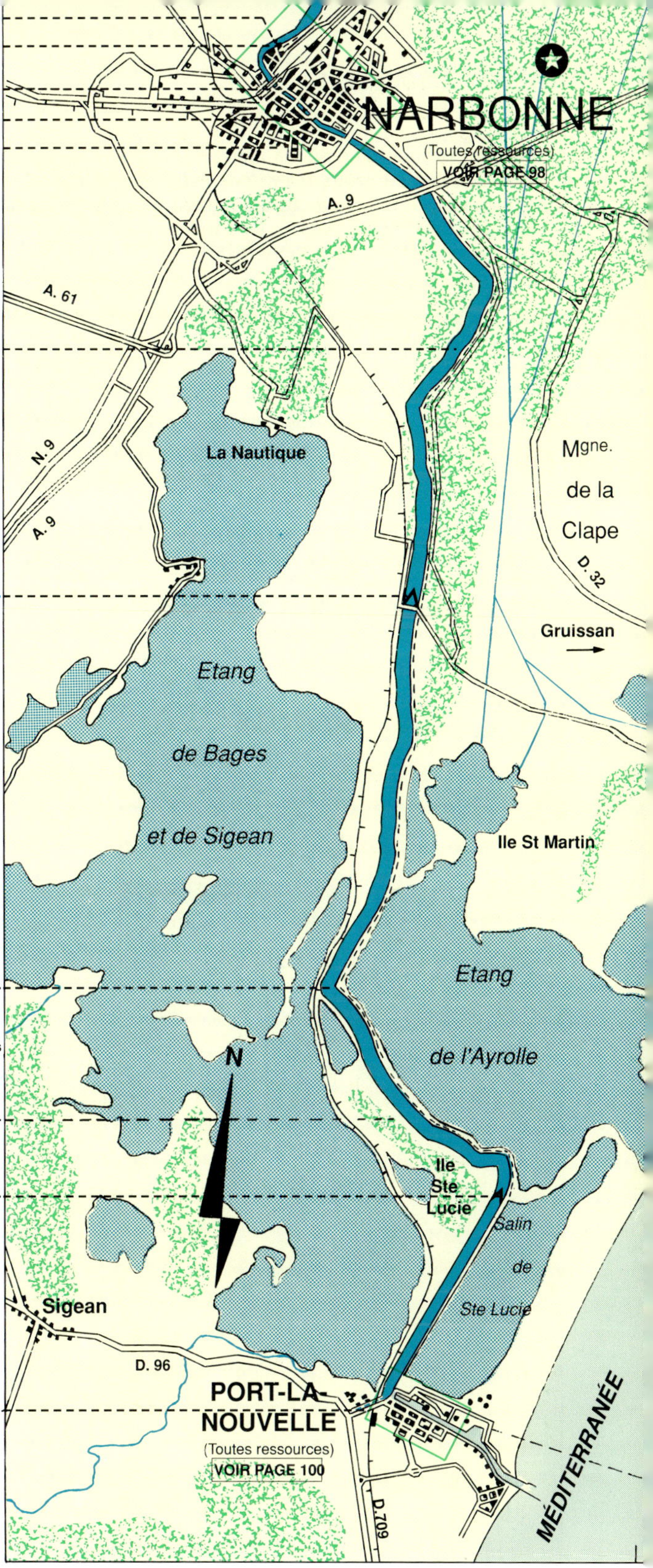

RENSEIGNEMENTS PRATIQUES SUR NARBONNE

Service Navigation : 9, quai d'Alsace - Tél. 68 32 02 35.
Sociétés de Location : - Connoisseur Cruisers - 7, quai d'Alsace - Tél. 68 65 14 55.
- Nicols - Tél. 41 56 46 56
La Tramontane : Bateau de promenade - Tél. 68 32 30 16.
Office de Tourisme : Place Roger Salengro - Tél. 68 65 15 60.
Marché : Jeudi (Antiquités, brocante, fleurs, alimentation, habillement) ; Cours de la République ; marché couvert sous les halles, tous les matins.
Piscine.
Taxis : Tél. 68 32 03 00.
Fêtes locales et manifestations : Feux de la Saint-Jean (21 juin) - Fête du vin (1er vendredi et samedi après le 15 août).

/ Le Petit Comptoir, 4 Boulevard Maréchal-Joffre, tél. 68.42.30.35.
Simple et sympathique, pas très loin du port /*Sraightforward and friendly, not far from the harbour* / ***Einfach und sympathisch, nicht sehr weit vom Hafen.***

PORT LA NOUVELLE

C'est le port maritime où les plaisanciers pourront remâter, faire les vivres et prendre contact avec les autorités maritimes avant de passer en Méditerranée. Port peu touristique mais disposant de toutes les ressources et de tous les services.

Accoster au fond du bassin. Courant sensible quand souffle la tramontane. Eau, carburant, grutage à proximité immédiate.

A busy sea-port where the yachtsman can remast, take on provisions and contact the maritime authorities before heading out into the Mediterranean. Port of little interest for the tourist, but with all facilities.

Moor at the end of the basin. Strong current when tramontane wind is blowing. Water, fuel and cranes in immediate vicinity.

Dies ist ein Seehafen, wo die Sportschiffer den Mast wieder setzen, Verpflegung einkaufen und mit den Schiffahrtbehörden Verbindung aufnehmen können, bevor sie aufs Mittelmeer hinausfahren. Der Hafen ist dem Fremdenverkehr wenig erschlossen, verfügt aber über alle Hilfsmöglichkeiten

Service Navigation : Tél. 68 48 45 17 (Service Maritime et de Navigation).
Affaires Maritimes : Tél. 68 33 20 36.
Capitainerie : Tél. 68 33 20 37.
Eau, carburant, grue (5 tonnes) : A la fin du canal.

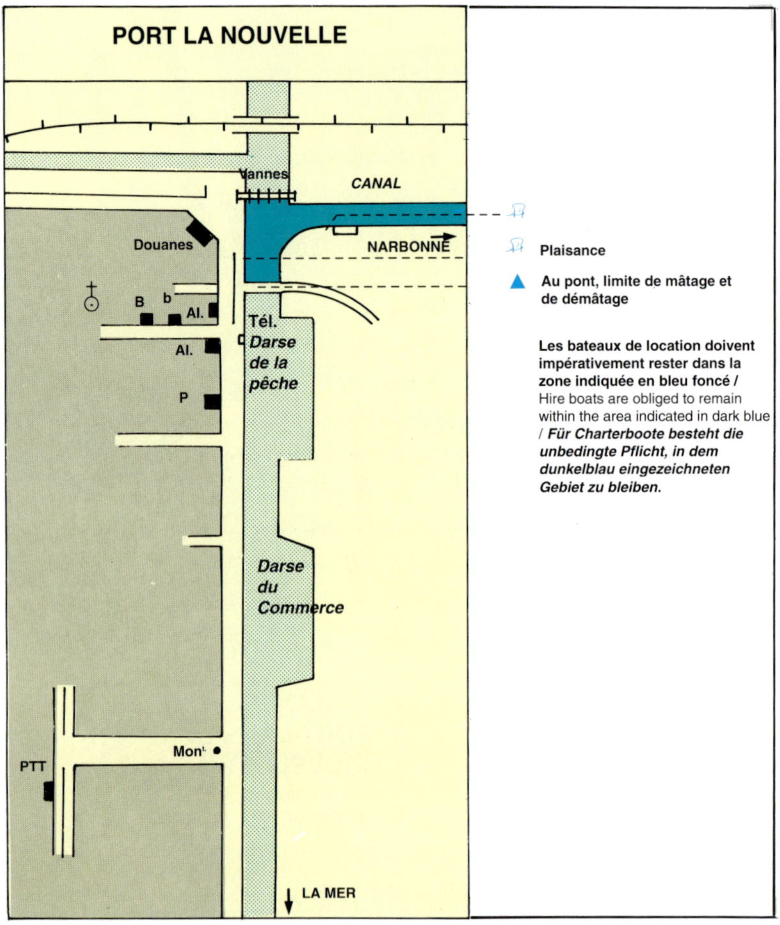

Au fond, le départ du canal en direction de Narbonne.
Au premier plan, le bassin de plaisance.

TEXTES
ET CARTES DE NAVIGATION

TEXTS
AND NAVIGATION MAPS

ERLÄUTERUNGEN
UND SCHIFFAHRTSKARTEN

5. Canal du Rhône à Sète

6. Petit Rhône, de St Gilles à Arles

6bis. Petit Rhône, de St Gilles au Grau d'Orgon

Les bateaux de location pourront utiliser le Canal du Rhône à Sète dans son intégralité, de Sète à Beaucaire, pages 103 à 121.

Le navigateur désirant passer de l'Etang de Thau au Rhône (et vice-versa), par le Canal du Rhône à Sète et le Petit Rhône, se rapporteront aux pages 103 à 117 puis 122 à 127.

La partie du Petit Rhône qui n'est accessible qu'aux petites unités, mais qui est très pittoresque, de Saint-Gilles à la mer, est traitée aux pages 128 à 131.

Consulter la carte d'assemblage de la page 4.

Hire boats may cruise throughout the Rhône-Sète canal, from Sète to Beaucaire, pages 103 to 121.

The navigator en route from the Etang de Thau to the Rhone (or vice versa) via the Rhône-Sète canal and the Petit Rhone will refer to pages 103 to 117 and then 122 to 127.

The part of the Petit Rhone which is accessible only to small boats, from St Gilles to the sea, is covered on pages 128 to 131. The river is most attractive, and well worth the detour.

Die Charterboote können den gesamten Kanal von der Rhone nach Sète befahren, von Sète bis Beaucaire, Seiten 103 bis 121.

Der Schiffer, der vom Etang de Thau zur Rhone (oder umgekehrt) über den Kanal von der Rhone nach Sète und die Kleine Rhone fahren will, findet seine Informationen auf den Seiten 103 bis 117 und danach 122 bis 127.

Die Strecke der Kleinen Rhone von St. Gilles zum Mittelmeer wird auf den Seiten 128 bis 131 beschrieben. Sie ist nur für kleine Boote befahrbar, aber sehr malerisch.

Siehe die Kartenübersicht auf Seite 4.

5. Canal du Rhône à Sète

Echelle / Scale / ***Masstab*** 0 0,5 1 1,5 2 2,5

1 / 50.000 2 cm = 1 km

CARACTÉRISTIQUES TECHNIQUES

De Beaucaire au Bassin de Thau : 97 km - 1 écluse de 80x12 m.
Du Petit Rhône (écluse de Saint-Gilles) au bassin de Thau : 70 km.
Tirant d'air : 5,00 mètres.
Enfoncement : 1,80 m de Beaucaire à l'embranchement de l'écluse de Saint-Gilles ; 2,20 m de l'écluse de Saint-Gilles au Bassin de Thau.
Le règlement particulier du canal est en cours de révision et doit modifier les tirants d'air et enfoncement.

RÉGLEMENTATION

Port du gilet obligatoire quand on se déplace dans une partie du bateau non protégée contre les risques de chute dans l'eau quand le bateau fait route. Le sens conventionnel est celui en direction de Sète. Les menues embarcations sont éclusées en groupe ou peuvent bénéficier d'un éclusage isolé si aucun bateau de commerce ne se présente au terme d'un délai maximum de 20 minutes.

CONSEILS DE NAVIGATION

Le canal du Rhône à Sète comporte de très longues lignes droites. Il est étroit et le croisement d'un autre bâtiment oblige à ralentir fortement (même à s'arrêter s'il s'agit d'une péniche). Chaque pont provoque un rétrécissement. Le canal traverse les rivières Vidourle et Lez par des ouvrages à niveau : des feux réglementent le passage sous ces ouvrages. Le kilométrage de la voie n'est pas porté sur des panneaux de rive mais il y a des bornes kilométriques blanches, sur la rive droite, souvent peu visibles et cachées par des roseaux. Entre Aigues-Mortes et Sète, le canal traverse des étangs entre deux levées de terre qui protègent assez bien des vents dominants.

Trois ponts levants ou tournants : Aigues-Mortes, Maguelonne, Frontignan (attention ! ce dernier n'est ouvert que trois fois par jour et pas longtemps ; voir page 106). En ce qui concerne l'amarrage en pleine nature, les canons d'amarre sont souvent éloignés ; les piquets de fer sont nécessaires souvent, avec de longs filins. Tout au long du canal, attention aux filets des pêcheurs fort nombreux.

Sur l'embranchement de Beaucaire, on rencontre l'écluse du Nourriguier qui est automatisée. Des consignes sont données aux plaisanciers pour leur permettre de s'écluser eux-mêmes. Voir page 121.

RESSOURCES ET ACCOSTAGES

Beaucaire, Saint-Gilles et Aigues-Mortes sont des villes aux ressources importantes pour le navigateur. Après Aigues-Mortes, le canal passe plus ou moins près de Carnon et de Palavas, aux possibilités importantes. Puis après Frontignan, c'est Sète, grand port de commerce. Il n'y a pas de souci à avoir en ce qui concerne le ravitaillement en vivres et en carburant.

L'accostage sauvage n'est pas très recommandé en raison de l'étroitesse de la voie. Mais on trouve des ports de plaisance bien équipés à Beaucaire, Saint-Gilles, Aigues-Mortes et Palavas. Stationnement possible aussi à Carnon et à Frontignan.

RENSEIGNEMENTS ADMINISTRATIFS

Le Canal du Rhône à Sète dépend du Service Maritime et de Navigation du Languedoc-Roussillon, 7 rue Richer de Belleval, 34000 Montpelllier, tél. 67.63.01.10.
Deux Ingénieurs subdivisionnaires résident à :
- Beaucaire, quai du Canal, tél. 66.59.10.04.
- Frontignan, quai Caramus, tél. 67.46.35.90/91.

Leur bureau est positionné sur les cartes des pages 107 et 120.
Bourse d'affrêtement à Sète, quai Philippe-Régy, tél. 67.74.88.20. Bourse le mardi et le vendredi.

SOCIÉTÉS DE LOCATION

- Ancas-Away - Port de plaisance - 30300 Beaucaire - Tél. 66 58 66 71.
- Connoisseurs Cruisers - 30300 Beaucaire - Tél. 66 59 46 08.
- Crown-Blue Line - Quai du canal - 30800 Saint-Gilles - Tél. 66 87 22 66.
- Locaboat-Plaisance - 30220 Aigues-Mortes - Tél. 66 53 94 50.
- Camargue-Plaisance - BP 8 - 34280 La Grande-Motte - Tél. 67 50 77 00 ou 67 56 83 54, Canaux de France Plaisance - Tél. 67 29 15 76.
- Caminav - Base fluviale - Carnon - 34280 La Grande-Motte - Tél. 67 68 01 90.
- Aquarelle - Base fluviale P. Riquet - Bassin de plaisance - 34250 Palavas les Flots - Tél. 67 50 85 85.

DESCRIPTION TOURISTIQUE DU PARCOURS

Camargue et flamants roses, ce sont des images que vous conserverez d'une croisière sur le Canal du Rhône à Sète. D'autres images surgiront aussi : les taureaux, les chevaux, la mer de vignobles, la visite des caves, la langueur des villages languedociens écrasés de soleil.

Curieux canal qui étire de très longues lignes droites et qui sépare deux mondes. A gauche, c'est la Camargue, ses chevaux blancs et ses étangs derrière les arbres de la rive. A droite, c'est le Languedoc, déjà, et des pins parasols sur la ligne d'horizon. D'autres pins parasols procurent une arrivée splendide à Aigues-Mortes dont la tour nous regardait venir de très loin. Tout le monde sait que Saint-Louis créa la cité et s'y embarqua deux fois pour les Croisades. L'escale sous les remparts sera intéressante.

D'Aigues-Mortes à Sète, l'originalité du canal devient encore plus marquée. On longe de pittoresques cabanes de pêcheurs. On passe tout près de la Cathédrale de Maguelonne, blottie dans les pins, qui fut déchue au profit de Montpellier. Puis au milieu d'étangs dont le canal n'est séparé que par deux digues et d'où s'envolent des nuages de flamants roses. Il faut monter sur les superstructures du bateau pour contempler, à travers les échappées des "graus", les collines blanches des garrigues brûlées de soleil et le bleu très pur des étangs.

GASTRONOMIE

Les cent kilomètres du parcours ne permettent d'apprécier qu'une seule gastronomie : la sétoise, mais elle est savoureuse ! Citons les spécialités sétoises : bourride, encornets, tielle, rouille de sèches, moules farcies. Et, bien sûr, les huîtres et les moules du Bassin de Thau (Bouzigues). Pour les vins, le muscat de Frontignan, le vin des sables (Aigues-Mortes), les costières du Gard (Gallician).

CANAL DU RHONE A SETE

Over recent years, pleasure cruising has experienced a boom on the Rhone-Sète canal, from Beaucaire and St Gilles to the Etang de Thau.

The canal is also part of the itinerary followed by yachts coming from the north via the Rhone, the Petit Rhone and St Gilles lock. They can reach the sea either at Le Grau du Roi or at Sète.

Technical characteristics - From Beaucaire to the Etang de Thau : 97 km, with one lock 80 x 12 m.

From St Gilles lock to the Etang de Thau : 70 km.

Headroom : 5.00 m.

Maximum draught : 1.80 m from Beaucaire to the junction with St Gilles lock, then 2.20 m to the Etang de Thau.

Regulations - Maximum speed : 10 km/h for boats of less than 20 tonnes ; 4 km/h at river crossings.

The canal regulations are currently being revised, and new limits are to be defined for draught and air draught.

NAVIGATION RULES

It is obligatory to wear lifejackets when walking on any part of the boat where there is no protection against falling overboard.

At the locks, vessels of less than 20 tonnes have to wait for the opportunity to lock through with a commercial vessel ; they are finally locked through after 20 minutes if no commercial vessel has reached the lock in the meantime. Saint-Gilles lock is of the same type, with the same dimensions, as those of the Rhone.

RECOMMANDATIONS FOR NAVIGATION

The Rhône-Sète Canal has many long straight stretches. It is narrow and meetings with other craft will involve slowing right down (or even stopping against the bank if the other craft is a "péniche" or canal barge). The bridge holes are only as wide as a single barge. The canal crosses the rivers Vidourle and Lez by level structures, passage through which is controlled by lights. There are no kilometre markers on the banks. Between Aigues-Mortes and Sète, the canal crosses vast lagoons between earth-fill dykes which provide effective protection against the prevailing winds. There are three lift or swing bridges. Watch out for the lines of the countless anglers.

RESOURCES AND FACILITIES

Beaucaire, St Gilles and Aigues-Mortes are towns with substantial resources and facilities for the navigator. After Aigues-Mortes, the canal passes close to Carnon and Palavas, also with interesting possibilities. Then, after Frontignan, comes Sète, which is a major seaport.

There are well equipped pleasure harbours at Beaucaire, St Gilles and Aigues-Mortes. Mooring is also possible at Carnon, Palavas and Frontignan.

ADMINISTRATIVE DATA

Authority responsible for the Rhône-Sète Canal : Service Maritime et de Navigation du Languedoc-Roussillon, 7 rue Richer de Belleval, Montpellier, tel. 67.63.01.10.

The sub-divisional engineers have their offices at :

- Beaucaire, quai du Canal, tel. 66.59.10.04.
- Frontignan, quai Caramus, tel. 67.46.35.90 / 91

BOAT HIRE FIRMS

See addresses in French text on page 103.

DESCRIPTION OF THE ITINERARY

Camargue and pink flamingoes : these are the images which will remain fixed in the memory after a cruise on the Canal du Rhône à Sète. Other lasting impressions are of bulls, the sea of vineyards and visits to wine cellars and the languor of the sun-drenched Languedoc villages. The Camargue, with its marshes and its white horses, is still beyond the left bank, while behind the reeds on the right bank can be seen the umbrella pines that are so characteristic of Languedoc. A pause at the foot of the ramparts of Aigues-Mortes, whence King Saint-Louis departed on Crusade, is a must. Between Aigues-Mortes and Frontignan, the canal passes picturesque anglers' cabins.By climbing on to the cabin roof, it should be possible to glimpse the Languedoc mountains, reflecting the bright sun of the Midi. The decor suddenly becomes most unsavoury, from the Frontignan oil refinery to the entrance to the Sète lagoon (Etang de Thau), but its industrial interlude is soon forgotten once the boat has entered the lagoon, with its incomparable luminosity, and the town of Sète, with its attractive canals, bustling with Midi life.

GASTRONOMIC SPECIALITIES

- Bourride, encornets, tielle, rouille de sèches, moules farcies.
- Oysters and mussels of Bouzigues.
- Wines : muscat (Frontignan), vin des sables (Aigues-Mortes), costières du Gard.

KANAL VON DER RHONE NACH SETE

Seit einigen Jahren hat der Wassertourismus auf dem Kanal von der Rhone nach Sète einen beträchtlichen Aufschwung genommen, von Beaucaire und Saint-Gilles bis zum Strandsee von Thau.

Der Kanal ist auch ein Teil des Reisewegs der Sportschiffer, die vom Norden über Rhone, Kleine Rhone und die Schleuse Saint-Gilles kommen : sie können in Grau du Roi oder in Sète aufs Meer hinaus fahren.

Technische Angaben - Von Beaucaire bis zum Strandsee von Thau : 97 Km, 1 Schleuse von 80 Meter Länge und 12 Meter Breite.

Von der Schleuse St Gilles bis zum Strandsee von Thau : 70 Km.

Durchfahrthöhe : 5,00 Meter.

Tauchtiefe : 1,80 Meter von Beaucaire bis zur Verbindung mit der Schleuse St. Gilles. Dann 2,20 Meter bis zum Strandsee von Thau.

Verkehrsvorschriften - Höchstgeschwindigkeit : 10 km/st für Schiffe unter 20 Tonnen ; 4 km/st bei der Überquerung der Flüsse.

Die Kanalordnung befindet sich in Überarbeitung. Durchfahrthöhen und Fahrwassertiefen ändern sich.

SCHIFFAHRTSREGELN UND RATSCHLÄGE FÜR DIE SCHIFFAHRT

Die Schwimmweste muss getragen werden, wenn man sich an eine Stelle des Schiffes begibt, die nicht gegen die Gefahr eines Abstürzens ins Wasser gesichert ist.

In den Schleusen sollten Schiffe mit weniger als 20 Tonnen mit einem gewerblichen Schiff zusammen Schleusen ; sie werden nach 20 Minuten Wartezeit geschleust, wenn kein gewerbliches Schiff erscheint.

Der Kanal von der Rhone nach Sète besteht aus 3 langen geraden Strecken. Er ist schmal und die Begegnung mit einem anderen Fehrzeug verlangt eine starke Fahrtverminderung (selbst ein Stoppen, wenn es sich um eine Peniche handelt). Jede Brücke bedeutet eine Fahrwasserverengung. Der Kanal quert die Flüsse Vidourle und Lez mittels Wasserbauwerken auf gleichem Wasserspiegel : Signallichter regeln die Durchfahrt unter diesen Bauwerken. Die Kilometer werden an den Ufern nicht markiert. Zwischen Aigues-Mortes und Sète durchquert der Kanal die Strandseen zwischen 2 Erdwällen, die ziemlich gut vor den vorherrschenden Winden schützen. 3 Hebe- oder Drehbrücken. Auf die sehr zahlreichen Fischernetze achten.

HILFS- UND ANLEGEMÖGLICHKEITEN

Beaucaire, Saint-Gilles und Aigues-Mortes sind Städte mit bedeutenden Hilfsmöglichkeiten für den Bootsfahrer. Nach Aigues-Mortes führt der Kanal nahe an Carnon und Palavas vorbei, mit bedeutenden Hilfsmöglichkeiten. Dann kommt nach Frontignan der grosse Handelshafen Sète.

Gut ausgerüstete Sporthäfen gibt es in Beaucaire, Saint-Gilles, Aigues-Mortes. Man kann auch in Carnon, Palavas und Frontignan liegen.

ZUSTÄNDIGE SCHIFFAHRTSVERWALTUNG

Kanal von der Rhone nach Sète : Service Maritime et de la Navigation Languedoc-Roussillon, 7 rue Richer de Belleval, 34000 Montpellier, tél. 67.63.01.10.

Ingenieure dieser Behörde befinden sich in :

- Beaucaire, quai du Canal, tel. 66.59.10.04.

- Frontignan, quai Caramus, tel. 67.46.35.90 / 91

CHARTER FIRMEN

Siehe die Anschriften im französischen Text, Seite 103.

GASTRONOMISCHE SPEZIALITÄTEN

- Bourride, encornets, tielle, rouille de sèches, moules farcies, huîtres et moules de Bouzigues.

- Weine : muscat (Frontignan), vin des sables (Aigues-Mortes), costières du Gard.

TOURISTISCHE BESCHREIBUNG DER FAHRTSTRECKE

Camargue und rosafarbige Flamingos, das sind die Bilder, die Sie von einer Kreuzfahrt auf dem Kanal von der Rhone nach Sète im Gedächtnis behalten. Auch andere Bilder tauchen auf : die Stiere, die Pferde, das Meer der Weinberge, der Besuch der Weinkeller, die Stille der Dörfer des Languedoc, die in der Sonne schlafen. Zur Linken ist immer noch die Camargue, ihre Strandsee, ihre weissen Pferde. Zur Rechten ist es das Languedoc, mit Pinien hinter dem Schilf am Ufer. Am Fuss des Bollwerks von Aigues-Mortes - von wo König Ludwig der Heilige zu den Kreuzzügen aufbrach - sollte man einen Zwischenhalt einlegen. Von Aigues-Mortes bis Frontignan führt der Kanal an sehr malerischen Fischerhütten entlang. Wenn man auf die Aufbauten des Schiffes steigt, sieht man die Berge des Languedoc, die in der Sonne glänzen. Ab der Raffinerie von Frontignan bis zur Einfahrt in den Strandsee von Thau wird die Landschaft plötzlich sehr hässlich, aber man kommt schnell in den Strandsee mit seinem unvergleichlichen Licht und Sète erwartet uns mit seinem malerischen Kanälen und seinem südländischen Schwung.

LES ARESQUIERS

// L'Escale (chez Lucien), tél. 67.78.14.86.
Sur la butte qui domine la mer. Bonnes huitres / *On the mound overlooking the sea. Excellent oysters* ***/ Auf dem Hügel am Meer. Gute Austern.***

DÉVIATION DE FRONTIGNAN

Cette déviation ne doit pas être empruntée par les bateaux de plaisance qui ne sont pas homologués "Mer" et qui doivent continuer sur le canal en direction de Frontignan.

Frontignan by-pass canal - This canal is not to be taken by pleasure boats, which are to continue along the canal in towards Frontignan.

Zweigkanal von Frontignan - Dieser Zweigkanal darf von Sportbooten nicht befahren werden. Sportboote müssen auf dem Kanal in Richtung Frontignan weiter fahren.

FRONTIGNAN (carte ci-contre)

Cette petite ville est célèbre pour son vin (muscat).

Accoster à l'aval des ponts rive droite (ou à l'amont rive gauche). Peu d'ombre.

Attention ! Le passage à Frontignan est souvent un piège pour les navigateurs. Les heures d'ouverture du pont levant sont trop peu nombreuses (voir ci-dessous). Accostage gratuit mais aucune prestation (ni eau ni électricité) hormis les poubelles et présence de bateaux-ventouses laissant peu de place aux bateaux de passage. Situation regrettable car la ville est toute proche.

This little town is famous for its muscat wine.

Warning ! The passage through Frontignan is often a trap for navigators. The lift bridge is not often opened for boats (see times below). Mooring free of charge but with no services (neither water nor electricity), except for refuse bins. Permanently moored boats leave little room for visitors. These inadequacies are regrettable, for this would otherwise be an ideal mooring for the town close by.

Moorings upstream and downstream of the bridges. Little protection from the sun. Services a few hundred metres away. Lift bridge : 7.00 - 13.00 - 16.30. Week-end : 9.00 - 17.00

Die kleine Stadt ist berühmt wegen ihres Weines (Muskateller).

Achtung ! Frontignan entpuppt sich für den durchfahrenden Sportschiffer häufig als Falle : Die Hebebrücke ist nur selten geöffnet (siehe nachstehende Hinweise). Kostenlose Anlegeplätze ohne jegliche Versorgungsmöglichkeit (weder Wasser noch Strom), aber mit Mülltonnen, stehen zur Verfügung. Dauerlieger behindern den Verkehr durchfahrender Boote. Die Lage ist bedauerlich, da die Stadt nur einen Katzensprung entfernt ist.

Anlegemöglichkeiten oberhalb oder unterhalb der Brücken. Wenig Schatten. Geschäfte in einigen hundert Metern. Hebebrücke : Woche 7.00 - 13.00 - 16.30 Uhr. Samstag, Sonntag : 9.00 - 17.00 Uhr.

Ressources : Commerces à quelques centaines de mètres.
Ouverture du pont levant : La semaine : 7h - 13h - 16h30. Le week-end : 9h - 17h.
Tirant d'air sous le pont abaissé : 1 mètre au-dessus des P.H.E.N..
Service Navigation : Quai Caramus - Tél. 67 46 35 90.
Office de Tourisme : Rond-Point de l'Esplanade - Tél. 67 48 33 94.
Marché : samedi - dimanche.

L'Escale. Voir page 106

Vue sur bois de pins
View over the pine forest
Blick auf den Pinienwald

Vue sur le Mont Saint-Clair

Déviation de Frontignan. Bateaux de commerce seulement / Frontignan by-pass canal : barge traffic only / ***Zweigkanal von Frontignan : nur Güterschiffahrt***

Pont levant de Frontignan. Ouvertures peu nombreuses.
Voir texte page 106. / Frontignan lift bridge. Opening times infrequent and covered by regulations. See text page 106
Hubbrücke von Frontignan. Wenige Öffnungszeiten, durch Betriebsordnung festgesetzt. Siehe Seite 106.

Aval du pont levant R.D.
Mooring downstream of the lift bridge on the right bank.
Festmachen am rechten Ufer stromab der Hebebrücke.

Plan incliné très large

Bollards et anneaux

Passage étroit sous les ponts
Restricted width under the bridges
Enge Durchfahrt unter den Brücken

Halte fluviale : Ste Sète-Navy Plaisance - 1, quai du Pavois d'or

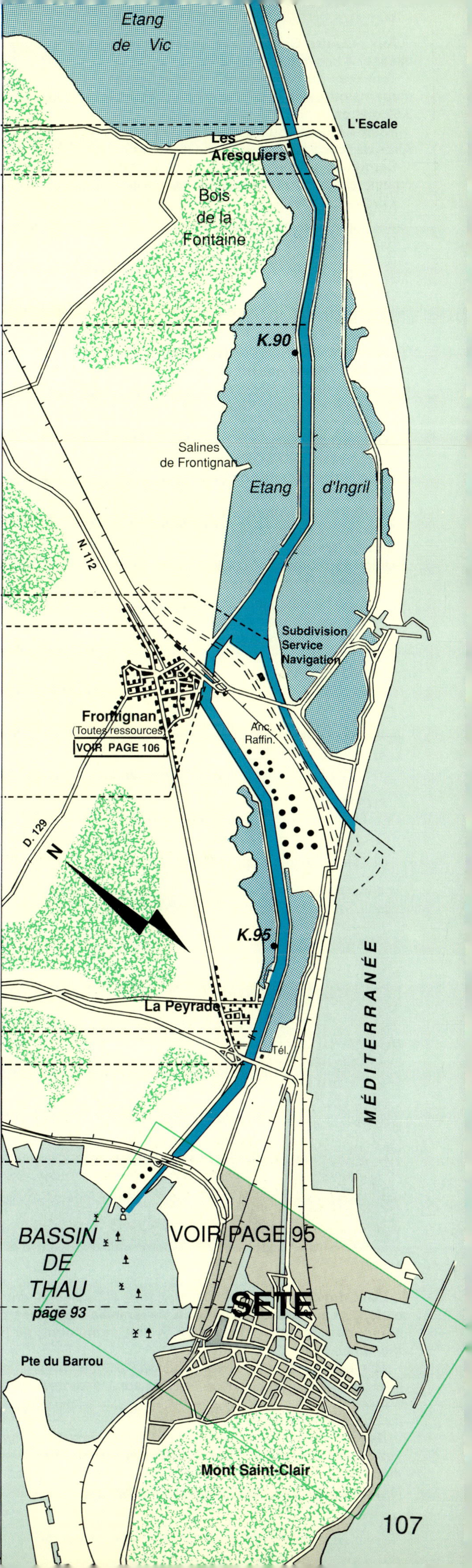

PALAVAS

Aux "Quatre Canaux", le canal coupe le Lez à angle droit. Passage réglementé, vitesse : 4 kilomètres à l'heure.

Tout près du croisement, en direction de Palavas et de la mer, une belle réalisation moderne offre une base d'accueil confortable, accessible à tous les bateaux (tirant d'air : 3,50 mètres).

Postes à quai équipés (eau et électricité) permettant l'amarrage par tous les temps. Aires de repos ombragées avec jeux d'enfants et barbecues.

Carburant, grutage et réparations au port de plaisance, station-service toute proche, commerces à 200 mètres. Nombreux restaurants en ville.

At the Quatre Canaux, the canal is intersected by the Lez at right angles. Passage is regulated, with speed limited to 4 km/h.

Right beside the junction, on the canal leading to Palavas and the sea, a fine modern harbour offers a comfortable mooring and good services, accessible to all boats (headroom 3.50 meters).

Quayside berths (water and electricity) for mooring in all weathers. Shaded park with children's play area and barbecues.

Fuel, crane and boat and engine repairs at the pleasure harbour ; service station nearby, shops at 200 metres. Numerous restaurants in town.

Bei den "Vier Kanälen" quert der Kanal den Fluss Lez im rechten Winkel. Vorschrift für die Durchfahrt : Höchstgeschwindigkeit 4 km/st.

Ganz nahe bei der Kanalkreuzung in Richtung von Palavas zum Meer bietet eine schöne, moderne Anlage einen gut eingerichteten Stützpunkt, für alle Boote zugänglich (Festhöhe 3,50 Meter).

Liegestellen am Kai mit Trinkwasser und elektr. Strom erlauben das Anlegen zu jeder Zeit. Schattige Ruheflächen, Kinderspielplatz und Grillplatz.

Treibstoff, Kranarbeiten und Reparaturen im Sporthafen, Tankstelle ganz in der Nähe, Geschäfte in 200 Metern. Zalreiche Restaurants in der Stadt.

Base de Tourisme fluvial : Tél. 67 07 73 48.
Service Navigation : Les 4 Canaux - Tél. 67 68 00 32.
Office de Tourisme : Boulevard Joffre - Tél. 67 07 73 34.
Fête locale : 1er dimanche de juillet (Fête de la mer).

// **Le Blue Fin - Quatre Canaux - Tél. 67 68 04 44.**
Au bord du canal. Piscine/On the canal bank. Swimming pool/***Am Kanalufer. Schwimmbad.***

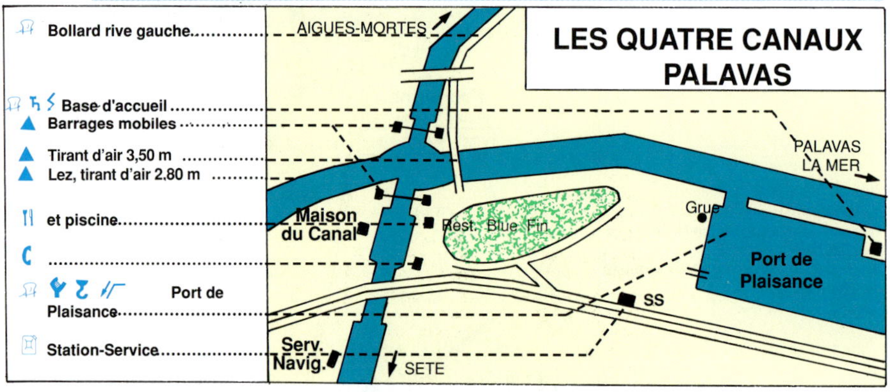

Les Quatre Canaux. Vue en direction de Carnon

L'ancienne cathédrale de Maguelonne (12e siècle), entourée de pins sur une petite butte, dort en bordure du canal. A visiter mais il convient, pour le faire, de passer par la plage, soit un détour très long. A voir également, au passage, un curieux arc de triomphe.

The former cathedral of Maguelonne (12th century), on a small mound surrounded by pines, sleeps beside the canal. This cathedral is worth visiting, but to do so it is necessary to approach from the side of beach, involving quite a long detour. Also to be seen in passing is a curious "Arc de Triomphe".

Der alte Dom von Maguelonne (12. Jahrhundert), auf einem kleinen Hügel umgeben von Pinien, schläft am Rand des Kanals. Diesen Dom kann man besichtigen, aber man muss dazu an den Strand fahren, was einen sehr langen Umweg bedeutet. Ebenfalls im Vorbeigehen ein eigenartiger Triumphbogen.

2 bollards en pierre

★ **Vue sur l'arrière-pays**

▲ **Les Quatre Canaux. Voir p. 110**

★ **Cabanes de l'Arnel**

▲ **Vent latéral fort.**
Strong side wind.
Starker Seitenwind

★ **Vue sur la butte de Maguelonne**

▲ **Passerelle mobile. Corner. Le pontier (dans la petite maison) ouvre. Suivre le balisage** / Sound horn / ***Schallsignal geben.***

10 bollards rive gauche

Petits bollards. Accostage pratique pour aller à la mer.
Small bollards. Convenient mooring for walking across to the sea.
Kleine Poller. Brauchbarer Anlegeplatz um ans Meer zu gehen

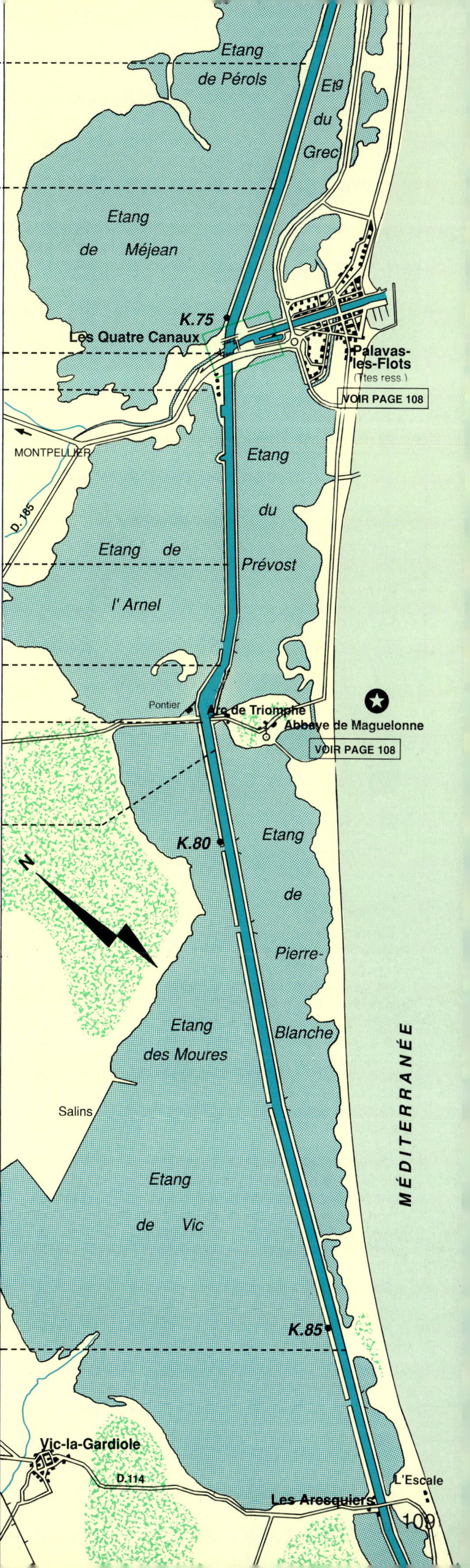

Les "Cabanes", le long du canal.

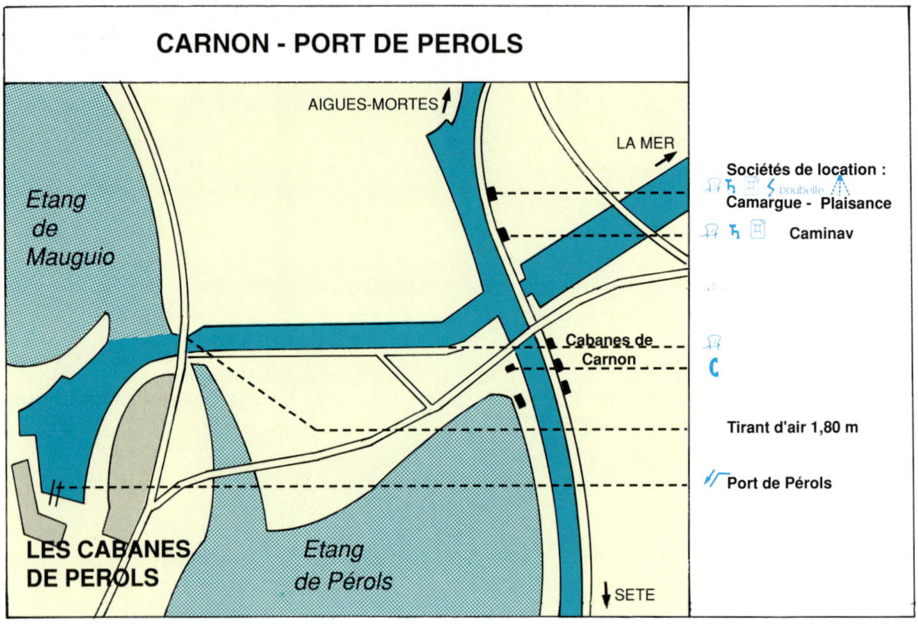

CARNON

Carnon est un port de plaisance important de la côte du Languedoc. Le canal du Rhône à Sète passe tout près. Sur la rive gauche, bases des sociétés de location Camargue-Plaisance et Caminav.

Ne pas stationner dans le Canal du Rhône à Sète mais dans le Canal du Hangar (à droite en venant d'Aigues-Mortes) . En amont du pont du CD 62, le bassin de plaisance de Pérols n'est accessible qu'avec un tirant d'air de 1,80 m maximum.

Carnon is one of the major marinas along the Languedoc coast. The Rhone-Sète canal passes close by. On the left bank are the hire bases of Camargue-Plaisance and Caminav.

Moor in the Hangar Canal. Vessels requiring less than 1,20 m headroom (sometimes only 0,80 m) can proceed to the pleasure harbour (fuel, water, electricity, repairs, crane) , then to the sea.

Carnon ist ein wichtiger Sporthafen an der Küste des Languedoc. Der Kanal von der Rhone nach Sète führt ganz nahe vorbei. Auf dem linken Ufer liegen die Stützpunkte der Charter-Firmen Carmargue-Plaisance und Caminav.

Im Kanal du Hangar festmachen. Boote mit weniger als 1,20 Meter Festhöhe (manchmal nur 0,80 m) können bis zum Sporthafen fahren (Treibstoff, Trinkwasser, elektr. Strom. Reparaturen, Kran) dann weiter ins Mittelmeer.

Sociétés de location :

- Camargue-Plaisance, tél. 67.50.77.00 et 67 56 83 54 - Canaux de France Plaisance - Tél. 67 29 15 76.
- Caminav, tél. 67.68.01.90.

▲ **Tournant serré, puis "S"**
Sharp bend, followed by "S" bend
Enge Fahrwasserkrümmung, Schallsignal geben.

▲ **Canal de Lunel. Impraticable. Filets. Passerelle**
Lunel canal. Impracticable. Fishing nets. Footbridge
Kanal von Lunel. Unbefahrbar. Fischernetze. Fussgängersteg.

▲ ★ **Ralentir au droit des Cabanes. Filets** / Slow down past the Cabanes du Roc. Fishing nets
Bei den Fischerhütten von Roc Fahrt vermindern. Auf Leinen achten.

Pour la Grande Motte. Au droit du transformateur.
Mooring level with the transformer station.
Anlegen beim Transformator.

★ **La Grande Motte. Pyramides.**

★ **Echappée sur l'Etang.**
View across the lagoon.
Blick auf den Strandsee.

★ **Vue sur l'Etang et l'arrière-pays.**
View across the lagoon.
Blick auf den Strandsee.

▲ **Corner. Vitesse limitée à 4 km/h** /Sound horn. Speed restricted to 4 km/h /
Schallsignal geben. Höchstgeschwindigkeit 4 km/st.

Sociétés de location Camargue-Plaisance et Caminav.

Voir texte et croquis p. 112.
See text and sketch plan p.112.
Siehe Text und Zeichnung Seite 112.

★ **Cabanes de Carnon. Oliviers.**

Quelques bollards.

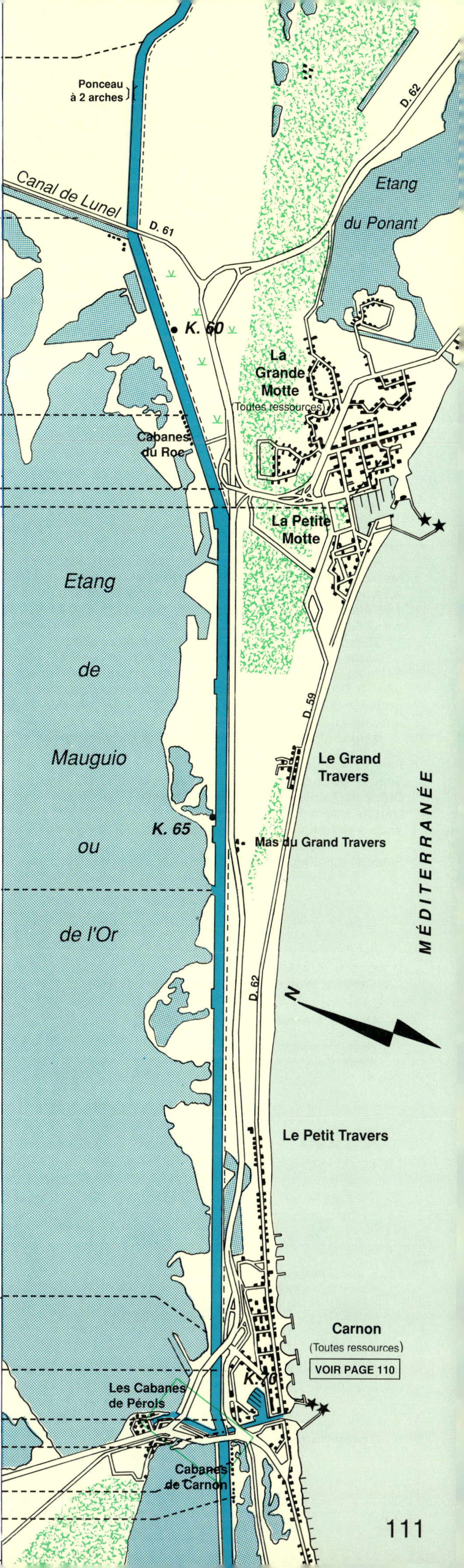

AIGUES-MORTES

Cette ville peut être évitée, grâce à une déviation, par les navigateurs qui ne désirent pas s'y arrêter.

Aigues-Mortes est une vieille et pittoresque cité fortifiée, créée par Saint-Louis qui s'y embarqua par deux fois pour les Croisades. Accoster sous les remparts, dans le port fluvial (12 heures maximum) et dans le chenal maritime. Capitainerie : celle de Port-Camargue. Tirant d'eau pouvant être limité à 1,20 m. Eau et électricité à quai. Station-service sur le port fluvial. Il y a des chantiers navals sur place et tous les professionnels au Grau-du-Roi, à Port-Camargue et à la Grande Motte. Toutes ressources dans la ville.

Base de l'importante société de location Locaboat-Plaisance (dans le chenal maritime).

Le site d'Aigues-Mortes est remarquable, dans un cadre d'étangs et de salines. Les remparts (du 13e siècle) ceinturent la ville avec 6 portes et 10 tours. On y accède près de la Tour de Constance, la plus imposante. L'église gothique est des 17e et 18e. La place Saint-Louis est caractéristique.

Aigues-Mortes est forcément une escale sur le canal du Rhône à Sète.

Boaters not wishing to stop in this town may take the new high-capacity cut which by-passes it.

Old and picturesque fortified town. It is forbidden to moor in the commercial inland port. Sound horn to request opening of the railway swing bridge. Moor in the pleasure harbour, at the beginning of the channel leading to the sea. Depth : 1,20 m to 1,60 m. Water and electricity on quayside. All services in the town. Boatyards in the harbour and all boating services at Grau-du-Roi, Port-Camargue and La Grande Motte.

Bases of the large hire firm Locaboat, (in the maritime channel).

The site of Aigues-Mortes is remarkable, in a decor of lagoons and salt-marshes. The ramparts encircling the town are 13th century, and have 6 gates and 10 towers. Access to the ramparts is through the Tour de Constance, the most imposing tower. The gothic church dates from the 17th/18th centuries. Also to be seen is the Palace Saint-Louis.

Aigues-Mortes is an indispensable stopping place on the Rhone-Sète canal.

Wenn die Stadt nicht angefahren werden soll, ist ein Umfahren auf einem Umleitungskanal möglich.

Alte, befestigte und sehr malerische Stadt. Es ist verboten, im Flusshafen festzumachen. Mit einem akustischen Signal das Öffnen der Einsenbahnbrücke verlangen. Im Sporthafen des Seekanals festmachen, an dessen Beginn. Tiefe : 1,20 bis 1,60 Meter. Trinkwasser und elektr. Strom am Kai. Alle Geschäfte in der Stadt. Werkstätten am Ort und alle Schiffsfachleute in Grau-du-Roi, Port-Camargue und Grande Motte.

Stützpunkt der grossen Charter-Firma Locaboat.

Aigues-Mortes ist bemerkenswert in seiner Lage inmitten der Lagunen und Salzmoorstätten. Die Stadtmauer (13. Jahrhundert) umschliesst die Stadt mit ihren 6 Toren und 10 Türmen. Zugang neben dem "Tour de Constance", der beeindruckendste Turm. Die gotische Kirche stammt aus dem 17. - 18. Jh. Der Platz Saint-Louis ist ebenfalls von Interesse.

Aigues-Mortes ist ein unumgänglicher Zwischenhalt auf dem Canal du Rhône nach Sète.

Service Navigation : Tél. 66 53 61 00.
Société de Location : Locaboat-Plaisance - Tél. 66 53 94 50.
Office de Tourisme : Porte de la Gardette - Tél. 66 53 73 00.
Marché : Mercredi - dimanche.
Visites techniques : Salins du Midi (mercredi et vendredi. Office du Tourisme) - Caves de Listel Tél. 66 53 63 65.
Fêtes et manifestations : Route du Sel (fin juin - début juillet) - Festival d'Art dramatique (fin juillet - début août) - Fête de la Saint-Louis (fin août - défilés, joutes médiévales).

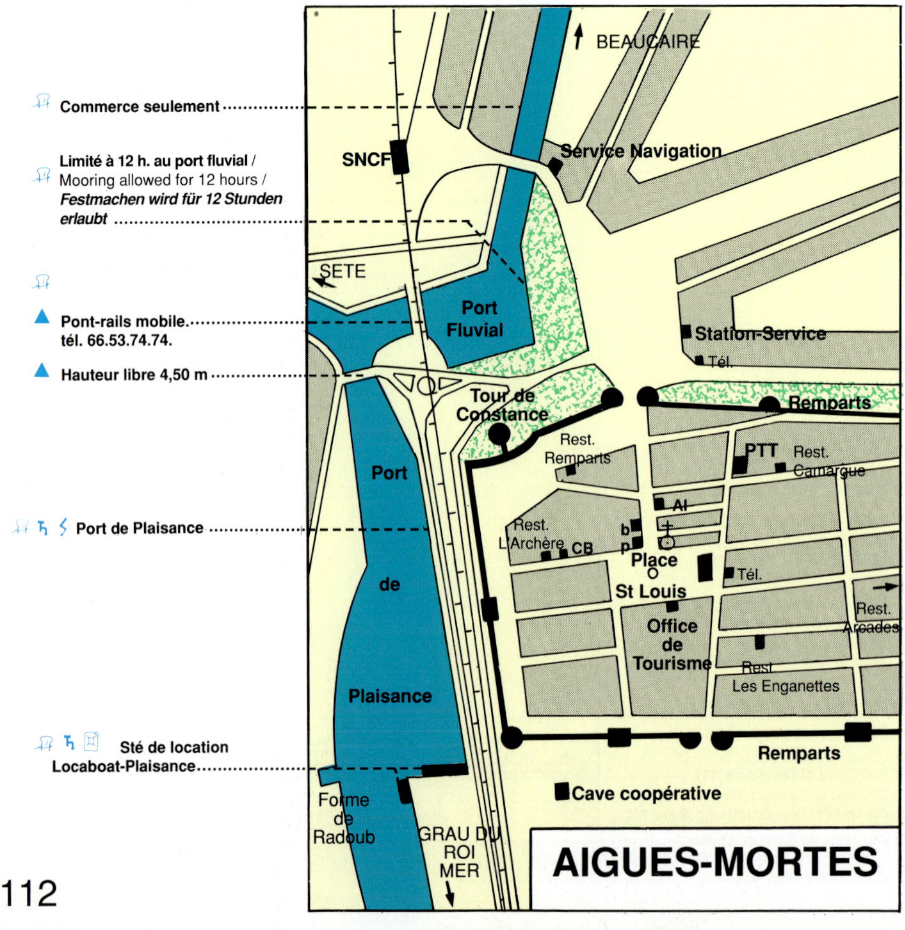

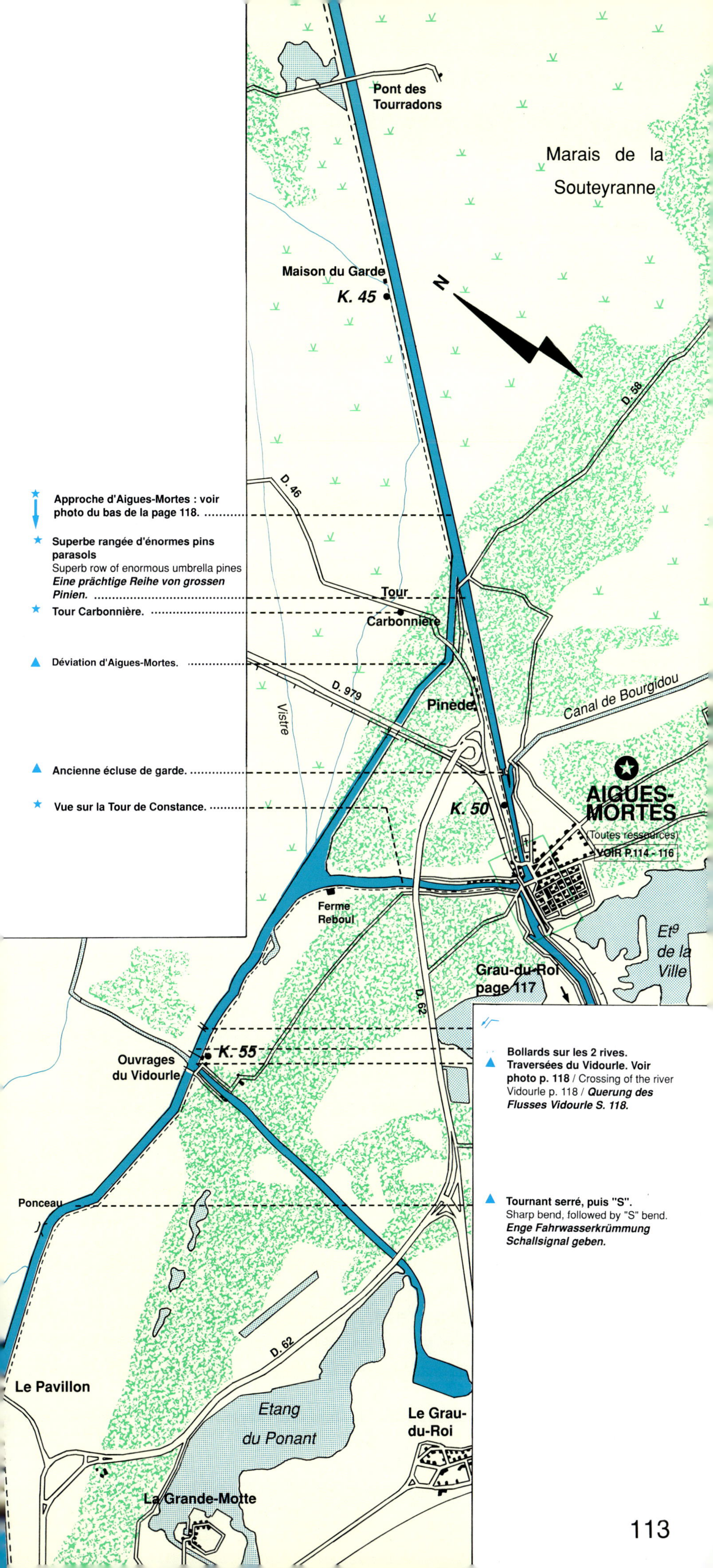

★ **Approche d'Aigues-Mortes : voir photo du bas de la page 118.**

★ **Superbe rangée d'énormes pins parasols**
Superb row of enormous umbrella pines
Eine prächtige Reihe von grossen Pinien.

★ **Tour Carbonnière.**

▲ **Déviation d'Aigues-Mortes.**

▲ **Ancienne écluse de garde.**

★ **Vue sur la Tour de Constance.**

Bollards sur les 2 rives.

▲ **Traversées du Vidourle. Voir photo p. 118** / Crossing of the river Vidourle p. 118 / ***Querung des Flusses Vidourle S. 118.***

▲ **Tournant serré, puis "S".**
Sharp bend, followed by "S" bend.
Enge Fahrwasserkrümmung Schallsignal geben.

// **Les Arcades - 23 boulevard Gambetta - Tél. 66 53 81 13.**
Très bon rapport qualité prix / Very good value for money /
Sehr gutes Preis-Leistungs-Verhältnis.

Professionnels du bateau à Aigues-Mortes et au Grau-du-Roi :

- Chantier Sirvent, tél. 66.53.71.89 - 66.53.70.24.
- Carénage, gardiennage Argam Marine, tél. 66.51.47.88 - 66.53.80.65.
- Chantier Spano, port de pêche, Le Grau du Roi, tél. 66.51.50.55
- Chantier Berg, port de pêche, Le Grau du Roi, tél. 66.51.50.33.
- Vega Voiles, port de pêche, Le Grau du Roi, tél. 66.51.50.88.
- Girard Plaisance, port de pêche, Grau-du-Roi, tél. 66.51.44.37.

Aigues-Mortes. Au premier plan : le port de plaisance. Au fond : le canal en direction de Saint-Gilles.

LE VIDOURLE

Le Vidourle est navigable jusqu'au Grau du Roi pour des petites unités de faible tirant d'eau (1 mètre).

Avec de telles unités, on peut ainsi accomplir un agréable circuit au départ d'Aigues-Mortes, en empruntant successivement le chenal maritime, le VIdourle et le canal du Rhône à Sète. En amont des ouvrages de la traversée du canal, on peut remonter le Vidourle jusqu'au barrage. Ne pas stationner entre les deux portes.

The Vidourle is navigable down to the Grau du Roi for small craft with shallow draught (1 metre). Upstream of the canal crossing, it can be navigated as far as the weir. Do not moor between the two gates of this structure.

Der Vidourle ist schiffbar bis Grau du Roi für kleine Fahrzeuge mit geringem Tiefgang (1 Meter). Oberhalb der Kreuzung mit dem Kanal man den Fluss bis zum Wehr befahren. Nicht stilliegen zwischen den beiden Toren des Bauwerks.

LE GRAU DU ROI

Le chenal qui conduit au Grau-du-Roi et à la mer a 5,4 kilomètres de long et une profondeur moyenne de 1,20 mètre (variable). Tirant d'air du pont levant du Grau-du-Roi : 2,40 mètres ; du pont tournant, à l'aval : 1,80 mètre. Le pontier est au pont tournant, tél. 66.51.91.86, VHF canal 12. Heures d'ouverture variables.

The channel which leads down to le Grau du Roi is 5.4 km long, with a mean depth of 1.20m (variable). The headroom under the lift bridge at Le Grau du Roi is 2,40 m, and under the swing bridge further downstream : 1.80 m. The bridge keeper is at the swing bridge : tél. 66.51.91.86, VHF channel 12. Opening times vary.

Das Fahrwasser, das von Grau du Roi zum Mittelmeer führt, ist 5,4 Kilometer lang mit einer mittleren Wassertiefe von 1,20 Meter (veränderlich). Durchfahrthöhe der Hebebrücke von Grau du Roi : 2.40 Meter; der Drehbrücke Stromab : 1,80 Meter. Der Brückenwärter hält sich bei der Drehbrücke auf : Tel. 66.51.91.86, UKW Kanal 12. Die Öffnungszeiten wechsein.

Capitainerie : quai Christian Gozioso, tél. 66.51.43.09.
Office de Tourisme : Boulevard du Front-de-Mer, tél. 66.51.67.70, Télex 485 024.
Point Librairie Vagnon à Port Camargue : Gierden-Plaisance, Quai d'Honneur,
Le Grand Pavois, tél. 66.53.00.69
Marché : mardi, jeudi, samedi.
Fêtes locales : 1ère quinzaine de juin - 1ère quinzaine de septembre.

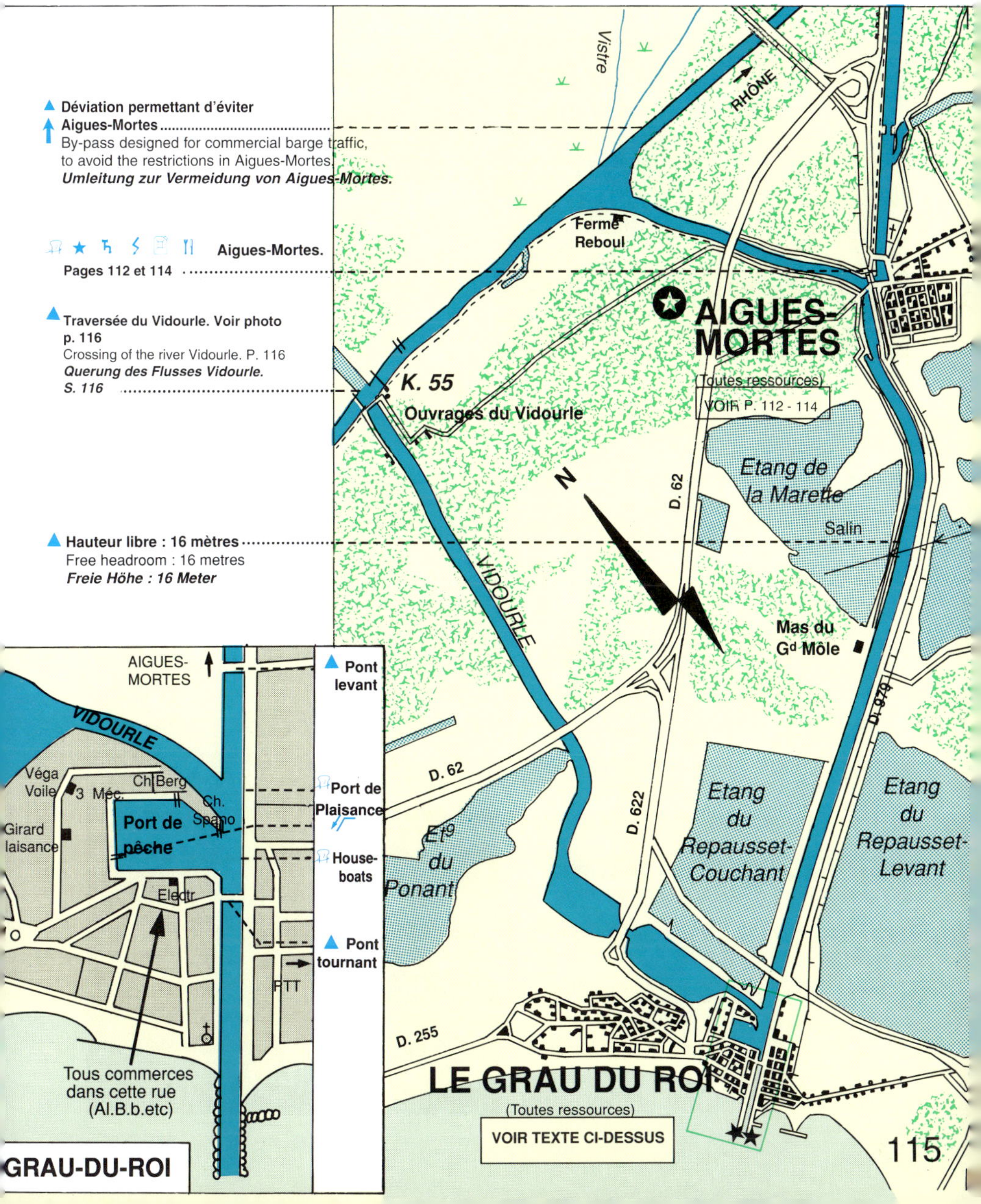

Ouvrage de traversée du Vidourle (page 115)

Aigues-Mortes. La Tour de Constance.

Départ d'Aigues-Mortes vers Beaucaire

▲ **Tournant sans beaucoup de visibilité.**
Bend with little visibility
Fahrwasserkrümmung mit schlechter Sicht

★ **Point de vue sur les marais**
/ View over the salt marshes
/ Aussichtspunkt über die Sümpfe.

▲ **Tournant qui n'en finit pas.**
This bend seems never to end.
Eine endlose Flussbiegung.

Halte nautique avec bollards et accueil. Produits régionaux. Exposition de peinture ou œuvres d'art
/ Pleasure craft moorings with bollards.Regional produce. Art gallery
/ Nautischer Stützpunkt, mit Pollern. Landesprodukte. Ausstellung von Gemälden oder Kunstwerken.

★ **On commence à apercevoir la Tour de Constance d'Aigues-Mortes.**
The "Tower of Constance" in Aigues-Mortes can first be sighted from here.
Man kann jetzt den Constance-Turm von Aigues-Mortes sehen.

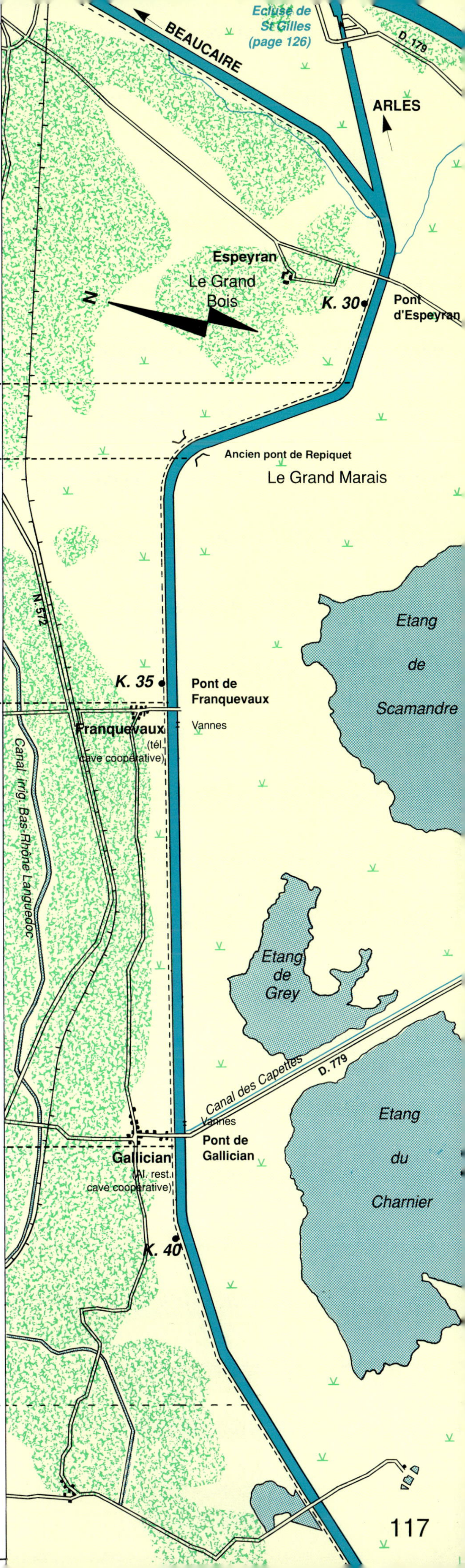

SAINT-GILLES (carte ci-contre)

Saint-Gilles est un haut-lieu de l'art roman. Son église abbatiale du 12è siècle est célèbre dans le monde entier.

De cette abbatiale, il subsiste un portail à trois ouvertures ornées de tympans sculptés et une crypte à triple nef avec le tombeau de Saint-Gilles. A voir aussi un célèbre escalier à vis, de vieilles maisons et le Musée ethnologique.

Depuis quelques années, avec l'arrivée de la société de location Blue Line, le bassin de Saint-Gilles a été très bien aménagé. On y trouve tous les services nécessaires. Bravo Saint-Gilles ! La ville compte 10.000 habitants.

Town of Roman Art. 12th century abbey church famous throughout the world.

Of this former abbey church, there remain a door with three openings decorated by sculptured spandrels, and a crypt with triple nave, containing the tomb of Saint-Gilles. Also to be seen are a famous spiral staircase, oldhouses and the ethnological museum.

Since the installation of the hire firm Blue Line, the Saint-Gilles basin has seen extensive development, and makes an attractive mooring. All necessary services are to be found here. The town has 10.000 inhabitants.

Stadt römischer Kunst.

Von dieser Abtei wurde unserer Zeit ein dreigliedriges Portal mit skulpturenverzierten Bogenfeldern und einer Krypta mit dreiteiligem Schiff überliefert, die das Grabmal des Saint-Gilles beherbergt. Ebenfalls sehenswert eine berühmte Wendeltreppe, alte Häuser und das völkerkundliche Museum.

Im Verlaufe der letzten Jahre wurde im Zug der Anseidlung die Vermietungsfirma Blue Line das Hafenbecken Saint-Gilles sehr gut ausgebaut und bietet heute angenehme Liegeplätze mit allen Versorgungsmöglichkeiten. Die Stadt hat 10.000 Einwohner.

Société de location : Crown-Blue Line - Tél. 66 87 22 66.
Office de Tourisme : Place Frédéric Mistral - Tél. 66 87 33 75.
Marché : Jeudi - dimanche.
Piscine : (sur D.42, voir carte).
Fête locale : Septembre.

/ Le Clèment IV, quai du Canal, tél. 66.87.00.66.
Au N° 36 du Port de Plaisance / *At N° 36 in the boat harbour* / ***Bei Nr. 36 des Sporthafens.***

Le port de Saint-Gilles

Rive droite.

Restogrill.

Amarrage et mouillage interdits dans cette section.
Mooring and anchoring forbidden in this section.
Festmachen und Ankern sind auf diesem Abschnitt verboten.

St Gilles. Voir page 120.

Port de Saint-Gilles.
Société de location Crown-Blue Line.

Pont-route et pont-rails, passes rétrécies / Restricted width / ***Enge Brückendurchfahrten.***

Bassin de virement.

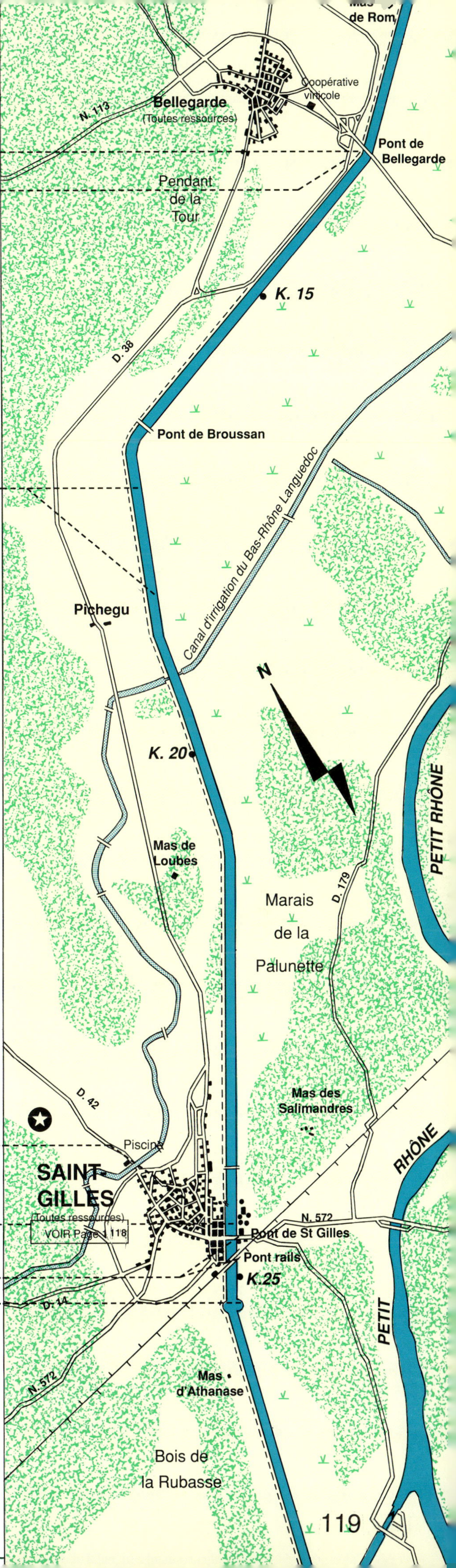

BEAUCAIRE

Beaucaire est le terminus (ou le départ) du canal du Rhône à Sète mais le port a fait l'objet d'aménagements très importants (140 anneaux), offrant toutes les commodités (eau, électricité, sanitaires). Capitainerie : tél. 66.59.02.17 (Horaires d'ouverture : 7.30-11.30 et 16.30-20.30). Bases des sociétés de location Ancas-Away et Connoisseurs Cruisers. Heures d'ouverture de la passerelle du port (pour les gros bateaux) : 7.30 - 12.30 - 18.00 La ville est importante (15.000 habitants).

Du 13è au 18è siècle, une foire célèbre attirait des centaines de milliers de visiteurs venus en bateau de Méditerranée et d'ailleurs. Les ruines du château sont à visiter ; très beau panorama sur la vallée du Rhône. A voir aussi la collégiale N-D des Pommiers (18è), l'église St Paul (14è-15è), le secteur sauvegardé avec ses hôtels particuliers (17e à 19e) et ses maisons anciennes. A 5 km, abbaye troglodyte de St Roman (5e siècle).

Beaucaire is the terminus (or point of departure) of the Rhone-Sète canal, but has also seen substantial development as a marina (140 moorings), offering all facilities (water, electricity, sanitary building). Harbourmaster's office, tel 66.59.02.17 (open 7:30 - 11:30 and 16:30 - 20:30). Bases of the hire firms Ancas-Away and Connoisseurs. The bridge at the marina entrance is opened for craft to pass at 7:30, 12:30 and 18:00. Beaucaire is a sizeable town (with a population of 15 000).

From the 13th century to the arrival of the railways, a famous fait attracted hundreds of thousands of visitors who came by boat from the Mediterranean and further afield. The castle ruins are worth visiting, and offer splendid views across the Rhone valley.

Also worh visiting are the collegiate church of Notre-Dame-des-Pommiers (18th century), the church of St Paul (14th/15th centuries), and the preserved part of town with its town houses and other old buildings.

Beaucaire ist Endpunkt (oder der Anfang) des Kanals von der Rhone nach Sète, aber der Hafen hat einen bedeutenden Ausbau erfahren (140 Ringe zum Festmachen), er bietet alle Einrichtungen (Trinkwasser, elektr. Strom, sanitäre Anlagen). Hafenkapitän : Tel. 66.59.02.17 (7.30 bis 11.30 und 16.30 bis 20.30 Uhr). Stützpunkt der Charter-Firmer Ancas-Away und Connoisseurs. Öffnungszeiten der Fussgängerbrücke im Hafen : 7.30, 12.30, 18.00 Uhr. Die Stadt ist bedeutend (15 000 Einwohner).

Vom 13. bis zum 18. Jahrhundert zog ein berühmter Jahrmarkt hunderttausende Besucher an. die mit dem Schiff vom Mittelmeer ober anderswoher kamen. Die Schlossruinen kann man besichtigen, sehr schöner Rundblick auf das Rhonetal. Sehenswert auch die Stiftskirche Notre-Dame des Pommiers (18. Jahrhundert), die Kirche Saint-Paul (14. und 15. Jahrhundert), der geschützte Bezirk mit seinen Privathäusern und seinen alten Gebäuden.

Service Navigation : 27, quai Général de Gaulle - Tél. 66 59 80 50.
Sociétés de location : Ancas-Away - Port de plaisance - Tél. 66 58 66 71.
Connoisseur Cruisers - Tél. 66 59 46 08.
Office de Tourisme : 24, cours Gambetta - Tél. 66 59 26 57.
Marché : Jeudi et dimanche matin.
Piscine : (voir carte ci-dessous).
Fêtes et manifestations : Fête du Drac (1er week-end de juin) - Fête des vins du canton (juillet) - jeux taurins et feux d'artifice (21 au 31 juillet).

Port de plaisance
de Beaucaire

▲

Port fluvial et maritime.
Sociétés de location Ancas-Away et Connoisseur-Cruisers.

★ **Beaucaire, voir page 120.**

Sté location Connoisseur-Cruisers

▲ **Pont à passe étroite.**
Restricted width.
Enge Durchfahrt.

Ecl. de Nourriguier
tél. 66.59.22.46.

Cette écluse est automatisée. Un équipier du bateau doit se rendre au mirador d'où il commandera la manœuvre en appuyant sur le bouton "ouverture" de la porte qui devra s'ouvrir pour la continuation du voyage (ou pour renverser la bassinée). La manœuvre d'éclusage se fait automatiquement et dure de 20 à 30 minutes. A la fin de l'opération, une lampe verte s'allume. En cas d'urgence, pour stopper la manœuvre, appuyer sur le bouton rouge. En cas d'accident ou d'incident, tél. 66.87.30.19.

This lock operates automatically. A member of the crew must go to the control cabin where he will start the cycle by pressing the button 'ouverture' for the gates to be opened to enter the lock (this will reverse the lock cycle if the lock is set against you). The locking cycle is effected automatically, and takes 20 to 30 minutes. On completion of the operation, a green light appears. To stop the cycle in case of emergency, press on the red button. In case of an accident or operating incident, phone 66.87.30.19

Die Schleuse arbeitet automatisch. Ein Besatzungsmitglied muss sich zur Schleusenkabine begeben. Dort setzt er die Schleusung in Gang, indem er auf den Knopf "Ouverture" der Tür drückt, die sich öffnen soll, um die Reise fortzusetzen (oder um die Schleuse umzustellen). Die Schleusung läuft automatisch ab und dauert 20 bis 30 Minuten. Am Ende des Vorgangs leuchtet eine grüne Lampe auf. Um im Notfall das Schleusenmanöver zu stoppen : auf den roten Knopf drücken. Bei Unfall oder Störung anrufen: Tel. 66 87 30 19.

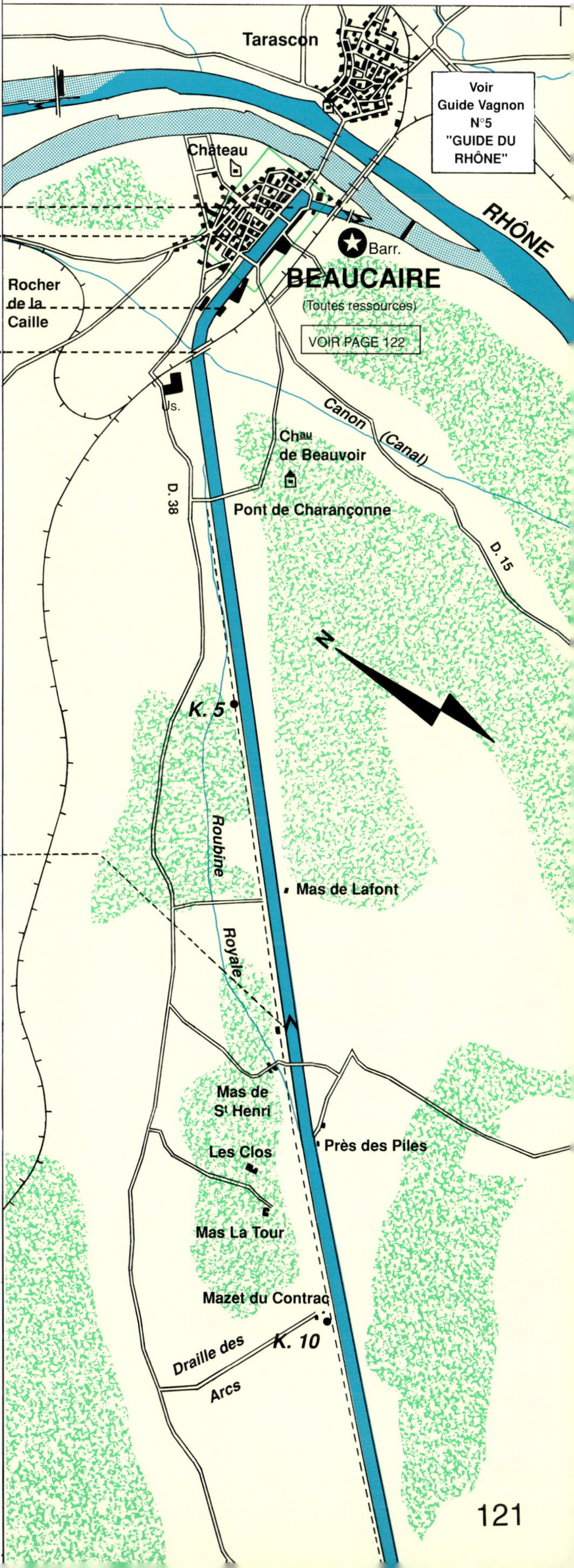

6. Le Petit Rhône de St Gilles à Arles

Echelle / Scale / ***Masstab*** 0 0,25 0,5 0,75 1 1,25

1 / 25.000 4cm = 1 km

Les bateaux venant du Rhône ou y allant doivent emprunter le Petit Rhône d'Arles à l'écluse de Saint-Gilles au-delà de laquelle se trouve le raccordement au canal du Rhône à Sète (carte de la page 117).

CARACTÉRISTIQUES

Du Rhône à l'écluse de Saint-Gilles : 21 kilomètres.
Tirant d'air : 5,70 m.
Enfoncement autorisé : 2,20 m.
Dimensions de l'écluse de St Gilles : 195 x 12 m.

RÉGLEMENTATION

Vitesse maximum autorisée : 15 km/heure.

Le Petit Rhône dépend du Service Navigation de Lyon - 2 rue de la Quarantaine - 69321 Lyon Cedex 05 - Tél. 72 56 59 00 - Télex 33308 Sernavig Lyon. Ingénieur subdivisionnaire à Arles - quai de la Gare Maritime - Tél. 90 96 00 85 - Fax 90 49 92 17.

CONSEILS DE NAVIGATION

Le Petit Rhône, **du Rhône à l'écluse de Saint-Gilles, est assez étroit et sinueux mais les croisements ne posent pas de problème. Le chenal est balisé par des pieux rouges et blancs ou des bouées rouges (côté rive droite) et par des pieux noirs et blancs ou des bouées noires (côté rive gauche) :** bien suivre ce balisage. **Le navigateur qui vient du Rhône ne trouvera pas, sur le Petit Rhône, d'échelles de gabarit rouges et blanches placées contre les piles des ponts. De même, les panneaux kilométriques et semi-kilométriques sont placés rive droite uniquement et sont souvent à découvrir dans la végétation de la rive, mais les indications kilométriques sont également marquées sur les pieux rouges et blancs et noirs et blancs. Il est difficile d'avoir d'autres points de repère (maisons, par exemple) car les rives sont bordées uniquement de végétation. Beaucoup de pêcheurs sur les rives ; ralentir à leur hauteur. On rencontre des hors-bords qui font des évolutions et un peu de navigation commerciale.**

L'écluse de Saint-Gilles **a les mêmes dimensions que celles du Rhône : 195 mètres sur 12 mais sa chute est très faible et elle ne comporte pas de bollards flottants. Son franchissement ne pose aucun problème.**

D'Arles à l'écluse de Saint-Gilles, aucune possibilité de se ravitailler mais il n'y a guère qu'une vingtaine de kilomètres, une heure et demie de route.

DESCRIPTION TOURISTIQUE DU PARCOURS

Quand on s'engage dans le Petit Rhône, au Km 279, tout près d'Arles, on a l'impression de s'enfoncer dans une avenue de verdure. Pas une ville, pas une maison, pas un village : le feuillage à droite et à gauche. Le plan d'eau est calme. Une vie animale intense trahit la Camargue par dessus les arbres : un héron s'envole, des aigrettes, sur une branche, nous regardent. De temps en temps passent un pont qui ne parvient pas à rompre le bercement de la descente rêveuse au fil de l'eau ou une station de pompage dans une éclaircie de la rive.

Petit Rhône, from Arles to St Gilles lock

Boats coming from or bound for the Rhone must take the Petit Rhône from Arles to St Gilles lock, which connects with the Rhône-Sète canal.

CHARACTERISTICS :

From the Rhone to St Gilles : 21 kilometres. Headroom 5.70 m.
Authorised draught : 2.20 m.
St Gilles lock : 195 x 12 m.

REGULATIONS :

Maximum authorised speed : 15 km/h.

The Petit Rhône depends on the Lyon waterway authority (Service Navigation de Lyon) - 2 rue de la Quarantaine - 69321 Lyon Cedex 05 - Tél. 72 56 59 00 - Télex 33308 Sernavig Lyon. The subdivisional engineer at Arles is at the quai de la Gare Maritime - Tél. 90 96 00 85.

RECOMMENDATIONS FOR NAVIGATION

The Petit Rhône, from the Rhone to St-Gilles lock, is a relatively narrow, winding channel, but not enough to cause difficulties in meeting other craft. The channel is indicated by red-and-white stakes or red buoys (on the right-bank side) and by black-and white stakes or black buoys (on the left-bank side). The kilometre and half-kilometre markers, on the right bank only, are often concealed by vegetation. It is difficult to identify one's position because of the complete absence of landmarks, both banks being entirely covered by vegetation. Many anglers will generally be seen on the banks, and possibly a number of small power boats will be met, but there is little commercial trafic.

DESCRIPTION OF THE ITINERARY

The Rhone is left upstream of Arles to enter the Petit Rhône and an enchanting world over a distance of 20 km, without a single village or even a house in sight, just the uninterrupted vegetation on each bank. The water is calm. The intense animal activity is characteristic of the Camargue, behind the trees. The otherwise wild decor is punctuated by the occasional passage under a bridge or past a pumping station in a clearing on the bank.

Die Kleine Rhone, von Arles bis zur Schleuse von St Gilles

Die Boote, die von der Rhone kommen oder dorthin fahren, müssen die Kleine Rhone zwischen Arles und der Schleuse Saint-Gilles befahren. In der Nähe dieser Schleuse ist die Verbindung mit dem Kanal von der Rhone nach Sète.

TECHNISCHE ANGABEN

- Von der Rhone bis zur Schleuse St Gilles : 21 km ;
- Durchfahrthöhe : 5,70 Meter ;
- Höchstzulässiger Tiefgang : 2,20 Meter ;
- Schleuse von St Gilles : 195 Meter Länge, 12 Meter Breite.

VERKEHRSVORSCHRIFTEN

Verkehrsvorschriften - Zulässige Höchstgeschwindigkeit : 15 km/st.
Die Kleine Rhône untersteht der Schiffahrtsverwaltung in Lyon - 2 rue de la Quarantaine - F - 69321 Lyon Cedex 05 - Tél. 72 56 59 00 - Télex 33308 Sernavig Lyon. Schiffahrtsamt in Arles, quai de la Gare Maritime - Tél. 90 96 00 85.

RATSCHLÄGE FÜR DIE SCHIFFAHRT

Die Kleine Rhone, von der Rhone bis zur Schleuse St. Gilles, ist ziemlich schmal und gewunden, aber die Schiffsbegegnungen bringen keine Probleme. Das Fahrwasser ist bezeichnet mit rot-weissen Pfählen oder roten Bojen (rechte Ufeseite) und mit schwarz-weissen Pfählen oder schwarzen Bojen (linke Uferseite). Die Pfosten mit Angaben der Kilometer und halben Kllometer stehen nur auf dem rechten Ufer und sind oft von der Vegetation verdeckt. Es ist schwierig, Anhaltspunkte für seinen Standort zu finden, denn die Ufer sind nur von der Vegetation gesäumt. Viele Fischer an den Ufern, kleine schnelle Sportboote, aber wenig Berufsschiffahrt.

TOURISTISCHE BESCHREIBUNG DER FAHRTSTRECKE :

Man verlässt die Rhone oberhalb Arles und fährt in die Kleine Rhone, und auf 20 Kilometern hat die Fahrt einen besonderen Reiz : keine Ortschaft, kein Haus ; nur der ununterbrochene Blätterwald auf jedem Ufer. Der Wasserspiegel ist ruhig. Intensives Tierleben erinnert über die Baumwipfel hinaus, dass wir die Camargue durchqueren. Von Zeit zu Zeit ziehen wir an einen Brücke oder einer Pumpstation in einer Uferbucht vorbei.

Le Petit Rhône

▲ **Serrer la rive gauche.**
Keep in to the left bank.
Am linken Ufer entlang fahren.

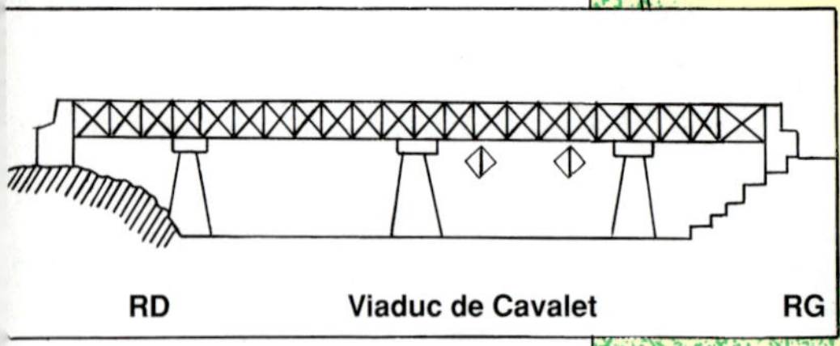

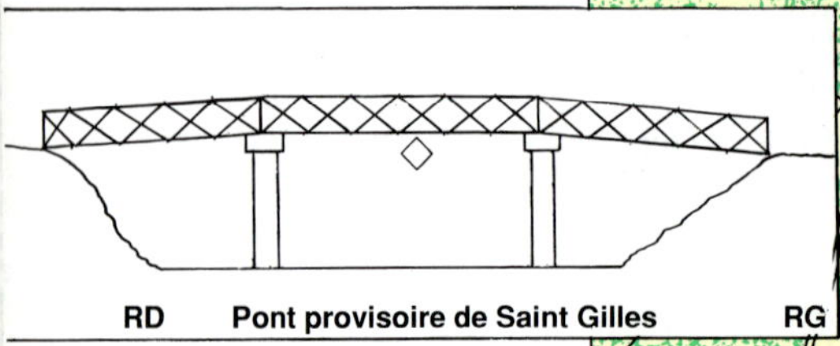

▲ **Pont provisoire de St Gilles et pont suspendu** / Temporary bridge at Saint-Gilles and suspension bridge
Behelfsbrücke von Saint-Gilles und Hängebrücke.

▲ ↓ **Ne pas couper en direction de l'écluse. Garder la bouée rouge à droite** / Craft heading downstream : do not head straight for the lock. Keep the red buoy on the right
Talfahrer : Nicht direkt auf die Schleuse zufahren. Die rote Boje rechts halten.

Ecl. de St Gilles
t. 66.87.30.19
VHF Canal 18

▲ ↓ **Direction Grau d'Orgon :**
voir page 129.

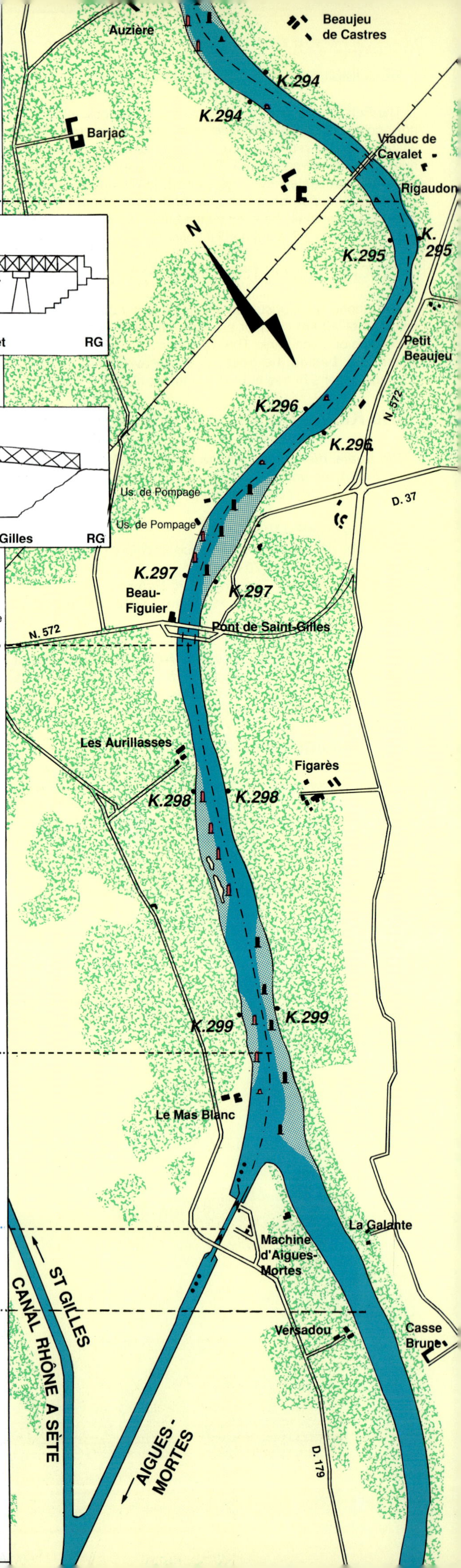

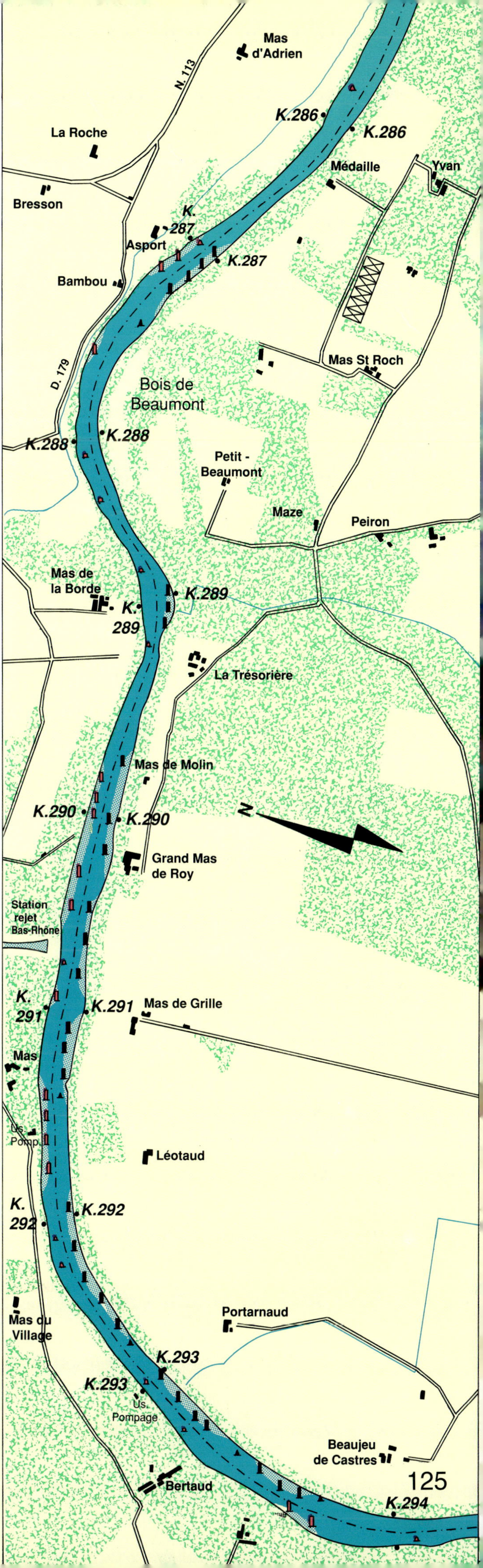
Mas d'Adrien
N. 113
K.286
K.286
La Roche
Médaille
Yvan
Bresson
K. 287
Asport
K.287
Bambou
Mas St Roch
D. 179
Bois de Beaumont
K.288
K.288
Petit - Beaumont
Maze
Peiron
Mas de la Borde
K.289
K. 289
La Trésorière
Mas de Molin
K.290
K.290
N
Grand Mas de Roy
Station rejet Bas-Rhône
K. 291
K.291
Mas de Grille
Mas
Us. Pomp.
Léotaud
K. 292
K.292
Mas du Village
Portarnaud
K.293
K.293
Us. Pompage
Beaujeu de Castres
Bertaud
K.294

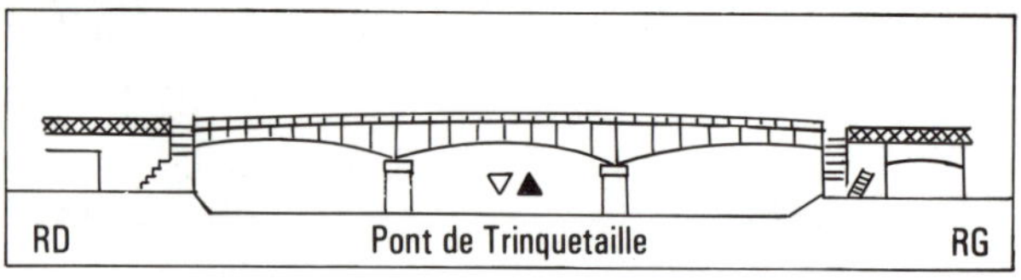

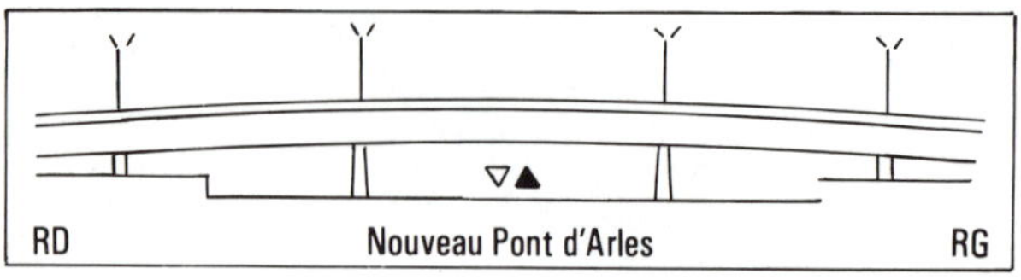

ARLES (carte ci-contre)

Au coeur de la Provence la plus pure et à la lumière incomparable, Arles contient de nombreux vestiges qui témoignent de son riche passé de colonie grecque et de capitale romaine : les Arènes, le Théâtre antique, Saint-Trophime. Le plaisancier qui veut y faire escale peut s'arrêter rive droite, entre les deux ponts. Pour les réparations éventuelles, il trouvera un bon chantier en passant l'écluse du Canal d'Arles à Fos. Toute les ressources et les commerces dans cette ville remarquable.

In the heart of the purest Provence, with that incomparable sunlight of the Midi, Arles boats numerous vestiges of its rich history as a Greek colony and a Roman capital : the arena, the ancient theatre, the church of St-Trophime, etc. The boatman who wishes to stop here can moor at the upstream end of the town, on the right bank ("Halte fluviale" see map page 127).

If repairs are necessary, there is a good boatyard in the Arles-Fos canal basin (through the lock).

Arles, direkt im Herzen der Provence und ind einem unvergleichlichen Licht, besitzt zahlreiche Spuren, die von seiner reichen Vergangenheit als griechische Kolonie und römische Hauptstadt zeugen : die Arenen, das antike Theater, Saint-Trophime, usw.

Der Sportschiffer, dier hier einen Zwischenhalt einlegen will kann an der oberen Einfahrt, am rechten Ufer, ("Halte fluviale", siehe Seite 127) festmachen.

Für Reparaturen findet er aber eine gute Werft, wenn er die Schleuse des Kanals von Arles nach Fos durchfahren hat.

Service Navigation, quai de la Gare Maritime, tél. 90.96.00.85, fax 90.49.92.17.
Eau, électricité : 3 bornes sur les pannes de la halte fluviale.
Carburant : Pichon (300 mètres à l'aval de la halte. Peut livrer par camions). Mobil (aval pont autoroute).

Professionnels du bateau : - Chantiers Navals du Lion, tél. 90.96.26.20 - Chantiers de Barriol, tél. 90.93.74.60 - Sports et Loisirs : 30 rue André-Benoît, tél. 90.96.24.32. Tousten, 26 rue de la Verrerie, tél. 90.96.12.47.

Office de Tourisme : Esplanade des Lices - Tél. 90 96 40 28.

A voir : Arènes, un peu plus grandes que celles de Nîmes, relativement bien conservées - Théâtre antique : il mesure 102 m de diamètre - Eglise St-Trophime (11è-15è), style roman provençal avec portail du 12è, tableaux de Finsonius (17è), retables, tapisseries - Cloître de St-Trophime, un des plus beaux cloîtres romans - Musée Lapidaire païen, dans ancienne église Ste-Anne (17è) : vestiges gallo-romains - Musée Réattu, dans l'ancien grand prieuré de Malte (15è) : art contemporain principalement, dessins de Picasso - Thermes de Constantin (4è s.) dont il subsiste une abside - Les Alyscamps, nécropole avec église St-Honorat et son clocher octogonal roman.

A voir aussi à Arles : Musée d'art chrétien, dans l'ancienne chapelle des Jésuites (17è): sarcophages, galeries souterraines (cryptoportiques) - Musée Arlaten, dans hôtel de Castellane-Laval (16è), musée créé par F. Mistral et consacré à la vie du pays d'Arles - Hôtel de ville (17è) - Eglises : St-Jean-du-Moustier (abside romane) - St-Blaise (12è-14è) - N-D de la Major (façade 17è) - Pont dit de Van Gogh, sur le canal d'Arles à Fos.

A 6 kilomètres : Abbaye de Montmajour. **A 18 kilomètres :** Les Baux-de-Provence.

Marché : Mercredi - samedi.
Piscine.
Taxis : Tél. 90 96 90 03 - 90 96 07 94 - 90 96 09 00.
Fêtes et manifestations : Feria Pascale (Pâques) - Fête des gardians (fin avril) - Festival d'Arles (juillet) - Fête des costumes de Provence et course à la cocarde (début juillet) - Courses de taureaux (juillet et septembre) - Salon des Antiquités et de la Brocante (fin septembre).

/ **Hostellerie des Arènes - 62, rue Refuge - Tél. 90 96 13 05.**
Au pied des arènes / Beneath the Roman arena / ***Am Fuss der Arenen.***
// **Le Mireille - 2, place St-Pierre - Tél. 90 93 70 74.**
Le plus près du port / The closest to the harbour / ***Das nächste am Hafen.***
// **L'Olivier - 1 bis, rue Réattu - Tél. 90 49 64 88.**
Le calme, dans le vieil Arles / Calm, in the old town centre / ***Ruhig, in der Altstadt von Arles.***
/// **Lou Marquès - boulevard des Lices - Tél. 90 93 43 20.**
La grande classe ! / The highest class ! / ***Die grosse Klasse.***

Musées :

1 Musée d'Art paien
2 " d'Art chrétien
3 " Arlaten
4 " Réattu

Pichon et Mobil

Halte fluviale. Pannes flottantes.
Boat moorings on pontoons.
Nautischer Stützpunkt. Schwimmstege.

Réservé aux bateaux à passagers.
Mooring reserved for trip boats.
Festmachen nur für Fahrgastschiffe.

Piles de l'ancien pont.
Piers of the former bridge.
Pfeiler der ehemaligen Brücke.

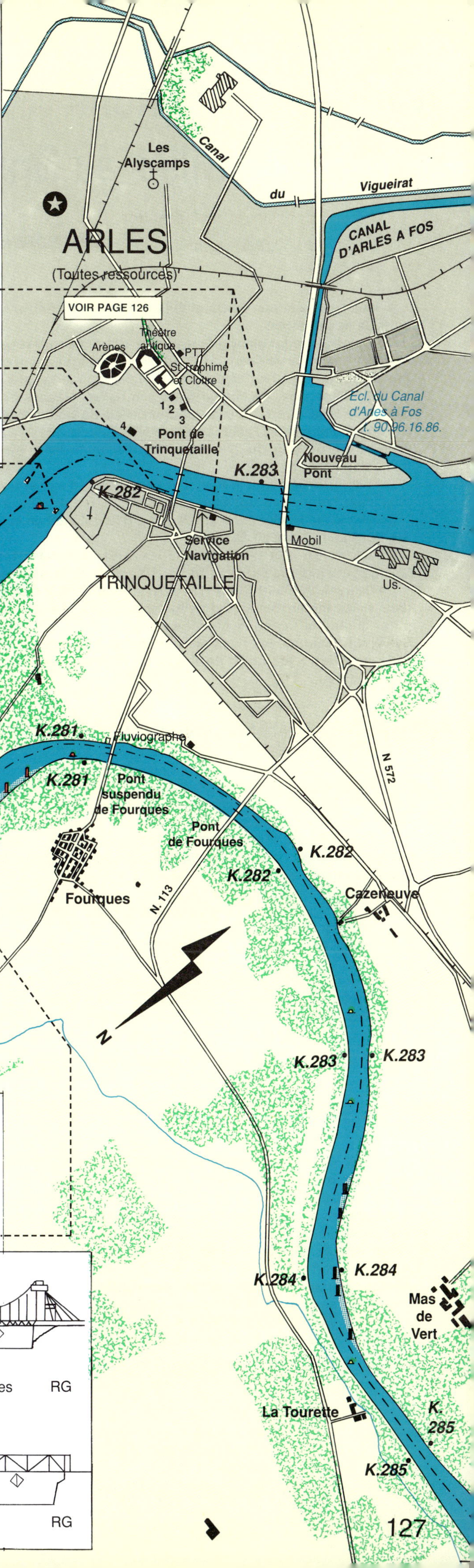

Conditions de navigation dans le Petit-Rhône : voir page 122.
Conditions of navigation Petit-Rhône : see page 122.
Kleine Rhone : Schiffahrtsbedingungen, siehe Seite 122.

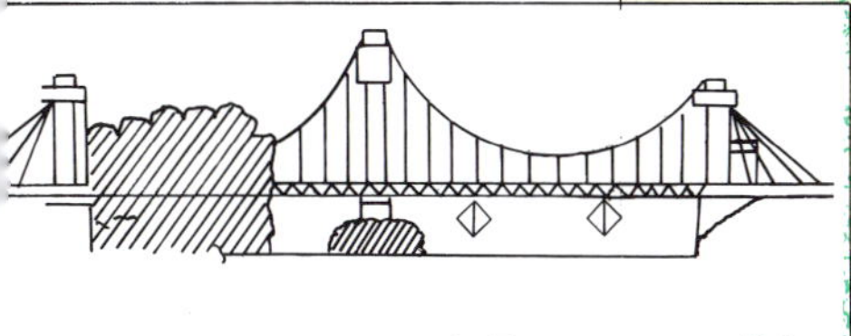

Pont suspendu de Fourques

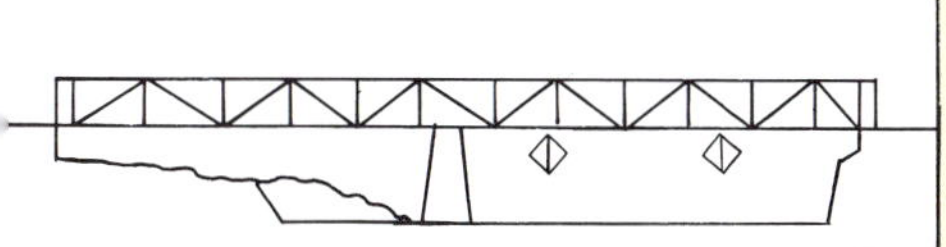

Pont de Fourques

6bis Le Petit Rhône de St Gilles au Grau d'Orgon

Echelle / Scale / ***Masstab***

1 / 50.000 2cm = 1 km

0 1 2 3 km

A l'aval de l'écluse de Saint-Gilles, le Petit Rhône n'est accessible qu'à de petits bateaux de plaisance.

De Saint-Gilles au bac du Sauvage, le tirant d'air n'est pas limité (le pont de Sylvéréal ne pose pas de problème). Le tirant d'eau est légèrement supérieur à 1 mètre. Se méfier des hauts-fonds qui se déplacent ; on les reconnaît assez souvent par les branches qui y sont accrochées, Le chenal n'est pas balisé. L'accostage est rendu souvent difficile par les arbres morts. Peu de courant. Peu de bateaux et peu de pêcheurs. Un point d'arrêt recommandé : le Mas de Baumelles (voir p. 131).

Le câble du bac du Sauvage impose un tirant d'air de 2,70 mètres dans l'axe (davantage près des rives).

Du bac du Sauvage à la mer, il y a davantage d'eau et une activité nautique beaucoup plus importante : bateaux à passagers et bateaux de plaisance.

Service de la Navigation : subdivision d'Arles, quai de la Gare Maritime à Arles, tél. 90. 96.00.85, fax 90.49.92.17.

La sortie en mer peut être délicate par mauvais temps. Pour l'entrée, suivre l'alignement indiqué par la carte 131. Utiliser la carte marine 6693.

De l'écluse de Saint-Gilles à la mer, soit sur 37 kilomètres, le Petit Rhône coule entre deux haies ininterrompues de végétation. Quelques tournants serrés, des bosquets de pins, quelques maisons blanches noyées dans le feuillage : c'est le décor jusqu'à Sylvéréal ; ensuite, les rives sont un peu moins boisées. Après le bac du Sauvage, les trois ou quatre maisons de Port-Dromar annoncent le Grau d'Orgon, c'est-à-dire l'embouchure.

PETIT RHONE, FROM ST GILLES LOCK TO THE SEA (GRAU D'ORGON).

Downstream of St-Gilles, the Petit Rhône is accessible only to small pleasure craft.

From St Gilles to the Sauvage ferry, the air draught is unlimited (Sylvéréal bridge poses no problem). The draught is a little over 1 metre. Watch out for the shifting shoals. They can often be identified by the branches which snag on them. The channel is not marked by buoys. Mooring is often made difficult by dead trees. There is little current. Few boats and few fishermen will be encountered. A recommended mooring on the way is at the Mas des Baumelles (map 131).

The cable of Sauvage ferry limits air draught to 2.70 m.

From Sauvage ferry to the sea, there is a greater depth, and more boating activity on the river : trip boat and private boats.

The outlet to the sea can present difficult conditions for navigation in bad weather. To enter the river, follow the alignment shown on map 131. Use maritime chart 6693.

From St-Gilles lock to the sea, that is a distance of 37 km, the Petit Rhône flows between two uninterrupted strips of dense vegetation. There are a few sharp bends and some pine groves, and occasionally a white house will be spotted through the leaves. This is the scenery down to Sylvéréal ; thereafter the banks become less wooded. After the Sauvage ferry, the few houses at Port-Dromar announce the arrival at Grau d'Orgon, the outlet into the Mediterranean.

KLEINE RHONE, VON DER SCHLEUSE ST GILLES ZUM MITTELMEER (GRAU D'ORGON)

Unterhalb der Schleuse St-Gilles kann die Kleine Rhone nur von kleinen Sportbooten befahren werden.

Von St. Gilles bis zur Fähre von Sauvage ist die Durchfahrtshöhe nicht beschränkt (die Brücke von Sylvéréal bietet keine Probleme). Der Tiefgang ist etwas über 1 Meter. Vor den Untiefen in acht nehmen, sie können sich verlagern ; man erkennt sie ziemlich oft an den Ästen, die dort hängen bleiben. Das Fahrwasser ist nicht bezeichnet. Das Anlegen ist oft schwierig wegen der toten Bäume. Wenig Strömung. Wenige Boote und wenige Fischer. Ein Haltepunkt wird empfohlen : Mas des Baumelles (siehe Seite 131).

Das Fährseil der Fähre von Sauvage hat eine Durchfahrtshöhe von nur 2,70 Meter.

Von der Fähre von Sauvage bis zum Mittelmeer nimmt die Wassertiefe und die Schiffahrt zu : Fahrgastschiffe und Sportboote.

Die Ausfahrt ins Mittelmeer kann bei schlechtem Wetter heikel werden. Bei der einfahrt folgen Sie den Richtbaken, die auf der Karte 131 eingezeichnet sind. Benutzen Sie die Seekarte Nr. 6693.

Von der Schleuse St. Gilles bis zum Mittelmeer, d.h. auf eine Strecke von 37 Kilometern, fliesst die Kleine Rhone zwischen den beiden ununterbrochenen Reihen der Ufervegetation. Einige enge Flusskrümmungen, Pinienwäldchen, einige weisse Häuser, fast verdeckt von der Belaubung : so bleibt die Landschaft bis Sylvéréal ; dann sind die Ufer etwas weniger bewaldet. Nach der Fähre von Sauvage weisen die 3 oder 4 Häuser von Port-Dromar auf den Grau d'Orgon hin, d.h. auf die Mündung ins Mittelmeer.

Remerciements à l'Institution interdépartementale du Bassin Rhône-Saône (M.M. Ayzac et Durand), au Service de la Navigation (M.M. Briand et Meunier) et à M. J-P Rivière pour leurs renseignements complémentaires sur le Petit Rhône.

Ecl. de St-Gilles
Tél. 66 87 30 19 - VHF Canal 18

▲ **Haut-fond, depuis le début du canal jusqu'au Mas du Versadou** / Shoal / ***Untiefe***

▲ **Haut-fond,** Shoal / ***Untiefe***

▲ **Rocher non visible à environ 20 m de la rive droite. Se tenir sur rive gauche /** Invisible rock 20 m from right bank. Keep close to left bank ***/Unsichtbarer Felsblock in 20 Meter abstand vom Lechten Ufer. Am linken Ufer entlang fahren***

▲ **Dans la courbe, serrer la rive gauche, à 10 m de la rive /** Keep close into the left bank in the bend (10 m) ***/ In der Flusskrümmung am linken Ufer entlang fahren (10 Meter)***

▲ **Haut-fond, (voir page suivante)** Shoal / ***Untiefe***

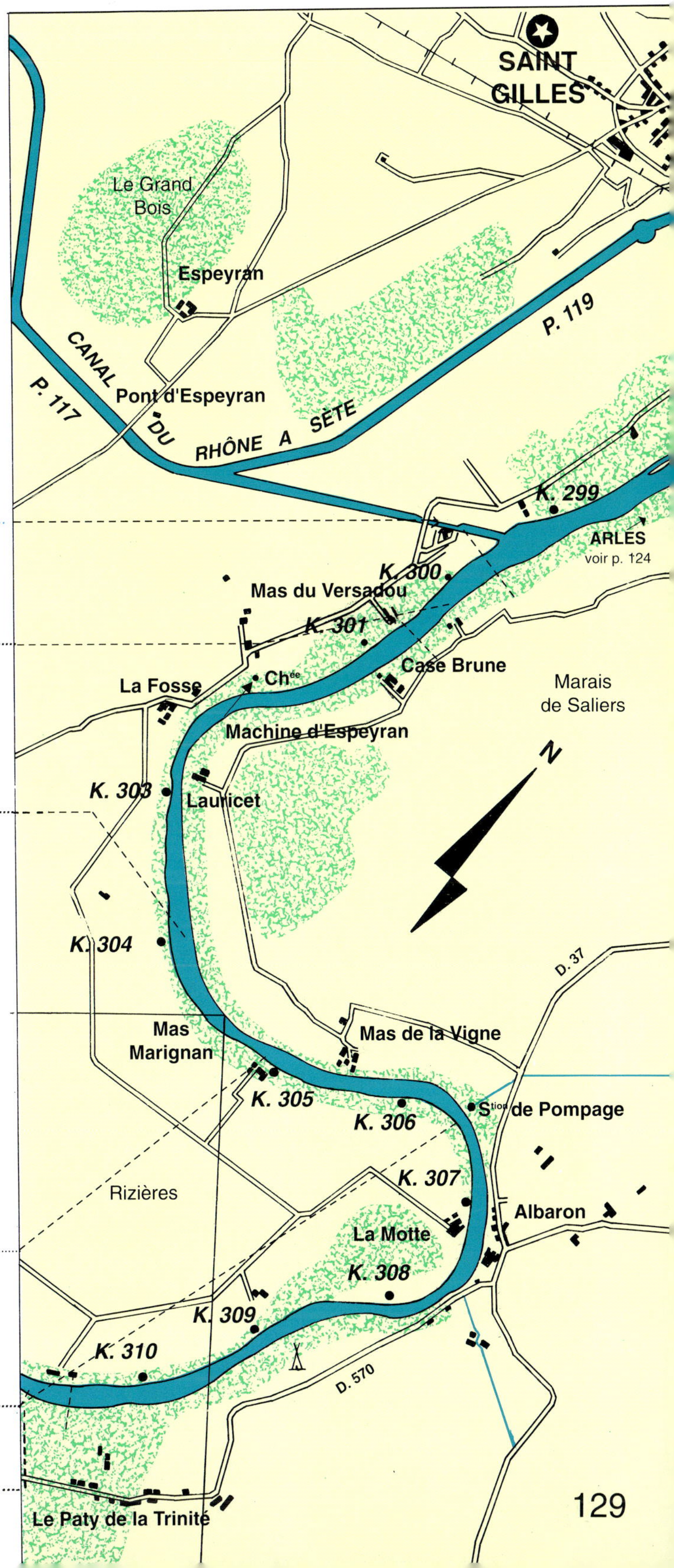

▲ **Haut-fond, depuis le Mas de Beauregard jusqu'à la station de pompage du K. 312.8** /Shoal / ***Untiefe***

▲ **Dans la courbe, appuyer en rive gauche. Se tenir à 10 m de la rive /** Keep close into the left bank in the bend (10 m) ***/ In der Flusskrümmung am linken Ufer entlang fahren (10 Meter)***

★ **A voir : Arboretum**

Appontement rive gauche
Pontoon mooring on left bank.
Anlegebrücke am linken Ufer.

▲ **Haut-fond**
Shoal / ***Untiefe***

▲ **Haut-fond de l'aval du pont de Sylvéréal au Mas des Mantilles** / Shoal / ***Untiefe***

Restaurant "Le Mas du Juge"

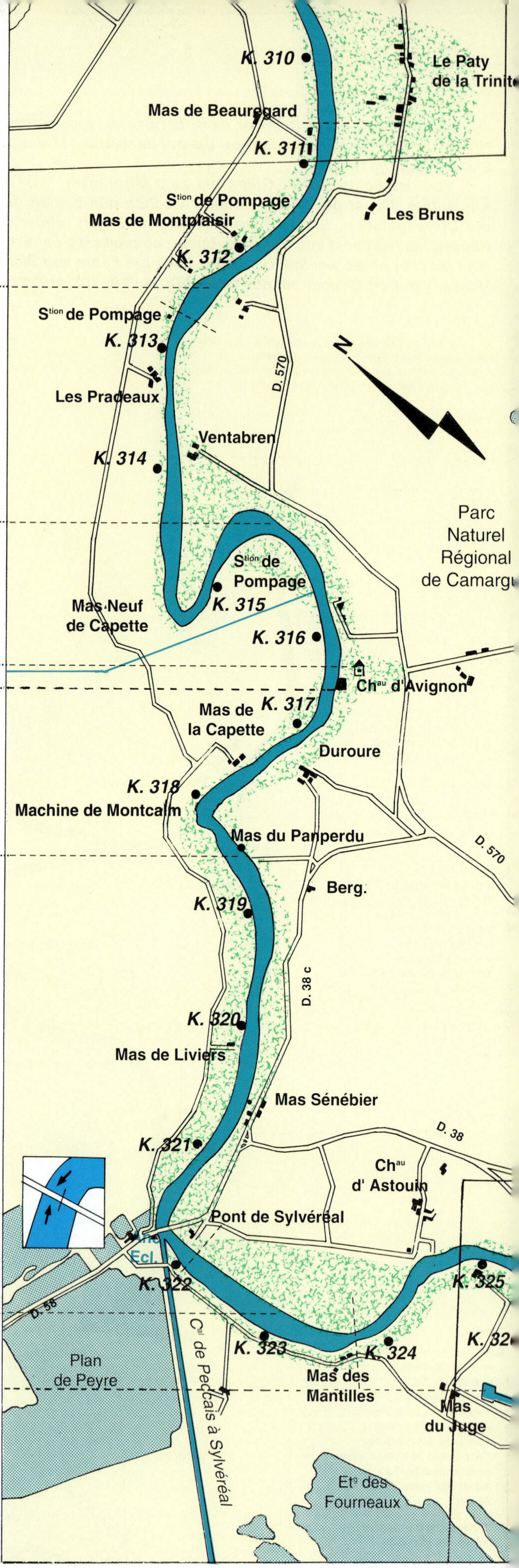

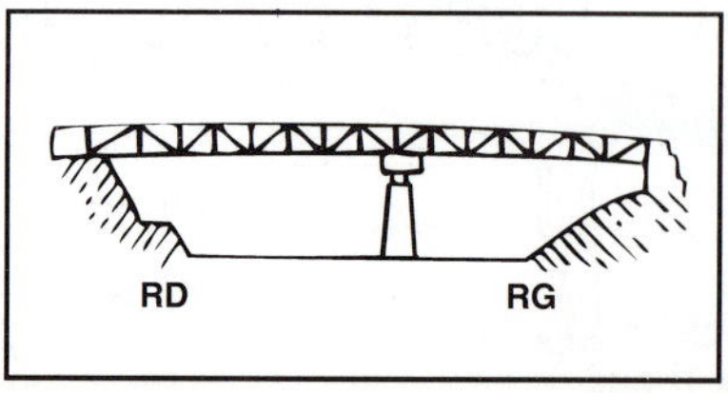

Pont de Sylvéréal

Mas des Baumelles......................
("Robert et Céline")
-restaurant -voiture
0.97.86.96 / Pontoon with sign board "Robert
line" at the Mas des Baumelles. Tel.
.86.96 / Possibility of filling water tank.
urant. Bar. Bread. Telephone. Car for hire
*on mit dem Schild "Robert et Céline" bei
des Baumelles. Tel. 90.97.86.96.
ichkeit das Trinkwasser aufzufüllen.
aurant. Bar. Brot. Telefon.
uto steht zur Verfügung.*

-fond / Shoal / ***Untiefe***..........................

du Sauvage (photo p.131). Tirant
limité. Max. 2,70 m dans l'axe (câble). 4 m
des rives.
Sauvage Ferry. Low cable. Maximum height :
m.
*e von Sauvage. Niedriges Kabel.
nste Durchfahrtshöhe 2,70 m*......................

ntion aux carrelets
gauche et aux pieux
droite. Le fleuve est
rement barré lors de la
ntée du filet / Watch out for
shermen's square dipping-nets
e left bank and for stakes on
ght bank / ***Achtung auf Fischernetze am
n Ufer und auf
le am rechten Ufer***...

de l'Aramée..

ntion à la barre /
h out for the steep wave forming over the bar
e river mouth / ***Achtung auf die Flutwelle
le bei der Mündung des
ses)***..

r l'entrée, suivre l'alignement des
x à 337 / To enter the river, follow the
ment (2 lights) 337 / ***Bei der Einfahrt folgen
den Richtbaken 337***.................
x directionnels scintillants verts /
ctional green flashing lights / ***Richtfeuer -
funkelnd).***

,5 M à l'Est :
Port Gardian. Tél. 90.47.85.87...........................

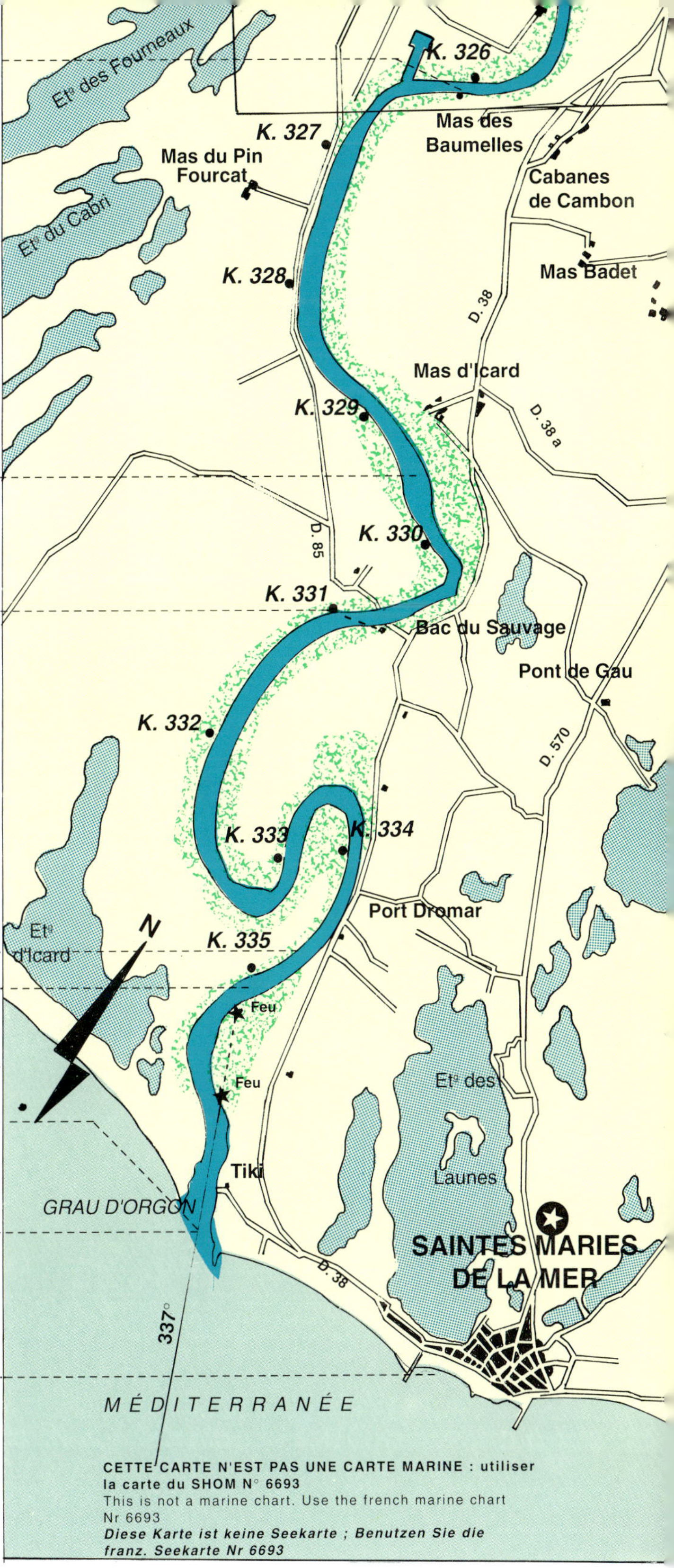

Le Bac du Sauvage

L'embouchure du Petit Rhône et la barre

Imprimerie Chirat - St-Just-la-Pendue
Dépôt légal : mars 1995
ISBN 2-85725-129-7